2

Wie lernt man die Fremdsprache Deutsch?

Sandra Ballweg
Sandra Drumm
Britta Hufeisen
Johanna Klippel
Lina Pilypaitytė

Ernst Klett Sprachen
Stuttgart

Fort- und Weiterbildungsreihe des Goethe-Instituts
Allgemeiner Herausgeber: Goethe-Institut e.V.
Herausgeber dieser Einheit: Karin Ende, Goethe-Institut e.V.
Fachlektorat: Karin Ende, Imke Mohr
Redaktion: Coleen Clement
Manuskriptbetreuung: Steffi Borneleit
Illustrationen: Daniela Kohl, heutebunt
Filmproduktion: Magnus Froböse, Context Film

Diese Einheit ist Bestandteil des Fort- und Weiterbildungsprogramms *Deutsch Lehren Lernen* BASIS.

Das Projekt *Deutsch Lehren Lernen* BASIS wurde wissenschaftlich begleitet durch folgende Mitglieder des Beirats Sprache des Goethe-Instituts: Prof. Hans Barkowski (FSU Jena), Prof. Rüdiger Grotjahn (RU Bochum), Prof. Britta Hufeisen (TU Darmstadt) und Prof. Michael Legutke (JLU Gießen).

Lina Pilypaitytė ist als Autorin verantwortlich für Kapitel 1 und 4 dieser Einheit; Sandra Drumm, Britta Hufeisen und Johanna Klippel sind als Autorinnen verantwortlich für Kapitel 2, Johanna Klippel und Sandra Ballweg für Kapitel 3. Kapitel 5 entstand gemeinschaftlich.

1. Auflage 1 10 9 8 | 2023 22 21

Koordination: Sabine Wenkums
Verlagsredaktion: Manuela Beisswenger
Covergestaltung: Bettina Lindenberg, München
Innengestaltung: Ute Weber GrafikDesign, Geretsried
Satz: kaltner verlagsmedien GmbH, Bobingen
Gesamtherstellung: Elanders GmbH, Waiblingen
ISBN 978-3-12-606966-3
9 783126 069663

Symbole

Arbeitsblatt/Arbeitsmaterialien

www-Link

Auszug aus einem Lehrwerk

Video-QR-Code: weitere Informationen auf Seite 6. Video

Information zum verwendeten Video

Aufgabe möglichst in Partner- oder Gruppenarbeit zu bearbeiten

relevant für Präsenzphase, wenn kombinierte Fortbildungsveranstaltung besucht wird

Blau gesetzte Begriffe werden im Glossar erklärt. Sie sind dann blau, wenn sie eingeführt werden.

Weitere Informationen finden Sie auf www.goethe.de/dll.

Inhalt

Vorwort

Wir freuen uns, dass Sie sich entschieden haben, Ihre Kompetenz im Unterrichten von Deutsch als Fremdsprache mit der Fort- und Weiterbildungsreihe *Deutsch Lehren Lernen* weiterzuentwickeln.

Die ersten sechs Einheiten sind:

- Lehrkompetenz und Unterrichtsgestaltung
- Wie lernt man die Fremdsprache Deutsch?
- Deutsch als fremde Sprache
- Aufgaben, Übungen, Interaktion
- Lernmaterialien und Medien
- Curriculare Vorgaben und Unterrichtsplanung

Vorgaben = guidelines

Diese sechs Einheiten beschäftigen sich mit den Lehrenden als Hauptakteuren von Unterricht und den grundlegenden Elementen von Unterricht: den Lernenden, der deutschen Sprache als fremder Sprache, der Interaktion im Klassenzimmer, den Lernmaterialien und Medien sowie mit der Unterrichtsplanung und den Vorgaben für Unterricht wie Curricula und didaktisch-methodischen Prinzipien für die Unterrichtsplanung. In jeder der sechs Einheiten werden zunächst die grundlegenden Bedingungen des Lehrens und Lernens dargestellt, um besser zu verstehen, was das Lehren und Lernen einer Fremdsprache ausmacht. Anschließend wird erarbeitet, wie Lehrende in der Unterrichtspraxis mit diesen Erkenntnissen arbeiten können.

Die sechs Einheiten können Sie in jeder Reihenfolge bearbeiten. Sie sind so gestaltet, dass sie auch einzeln gelesen werden können.

Neben diesen Einheiten der Basisqualifizierung erscheinen künftig noch weitere Einheiten, mit denen Sie Ihr Wissen und Können als Lehrende vertiefen können.

Damit Sie dieses Material erfolgreich bearbeiten können, erhalten Sie hier einige Hinweise:

Bearbeitung der Aufgaben

Deutsch Lehren Lernen ist ein Material, das sich durch die Bearbeitung der Aufgaben erschließt. Es gibt unterschiedliche Aufgabentypen. Zu den geschlossenen Aufgaben mit nur einer richtigen Lösung finden Sie die Antworten im Lösungsschlüssel. Zu halb offenen Aufgaben gibt es mehrere Antwortmöglichkeiten. Die hierzu im Lösungsschlüssel angebotenen Antworten sind also lediglich als eine von vielen vorstellbaren Lösungen zu verstehen. Es kommt sehr häufig vor, dass Sie in den Aufgaben Ihre persönlichen Erfahrungen oder die Bedingungen, unter denen Sie unterrichten, Ihre Beobachtungen und Einschätzungen reflektieren. Zu solchen Fragestellungen finden Sie keine Lösungen.

Im Buch selbst gibt es aus Platzgründen nur jeweils eine Schreibzeile. Schreiben Sie, wenn nötig, auf separaten Blättern. Wir empfehlen Ihnen, sich einen Ordner anzulegen, in dem Sie diese Blätter sammeln.

Arbeit mit den Unterrichtsmitschnitten

Dieses Symbol zeigt Ihnen, dass Sie einen Unterrichtsmitschnitt sehen werden.

Durch die Beobachtung von Unterricht können Sie etwas über das Lehren und Lernen und damit indirekt auch etwas über Ihren eigenen Unterricht lernen. Die in dieser Einheit eingesetzten Unterrichtsdokumentationen zeigen keinen modellhaften, sondern authentischen Unterricht, sind also nicht immer als Best Practice zu verstehen. Sie sollen Ihnen helfen, Unterricht zu reflektieren und Antworten auf Fragen zu finden, die Ihnen in Ihrer Professionalisierung begegnen.

Die Unterrichtsmitschnitte sind in Sequenzen aufgeteilt und zum Teil für die Entwicklung von *Deutsch Lehren Lernen* aufgenommen worden, zum Teil handelt es sich um Archivaufnahmen, daher variiert die technische Qualität. Zusätzlich zu diesen Sequenzen finden Sie auch Zusammenschnitte zu bestimmten Themen oder Interviews mit Lehrenden.

Am Ende des Buches finden Sie eine Übersicht über die verwendeten Videos, die auf der beiliegenden DVD zu finden sind.

Die DVD ist so programmiert, dass Sie sie in einem DVD-Player oder aber an Ihrem Computer ansehen können. Um die Videos am Computer ansehen zu können, installieren Sie am besten den kostenfreien VLC-Player.

QR-Code

Über den QR-Code neben den Video-Icons können Sie die Videos auch direkt von Ihrem mobilen Endgerät sehen. Sie müssen dafür online sein: QR-Code einscannen, Passwort „Fremdsprache Deutsch lernen" eingeben und Video ansehen. Weitere Informationen zu QR-Readern finden Sie unter: www.goethe.de/dll/qr.

Austausch mit Kollegen

Der Austausch mit Kolleginnen und Kollegen ist im Rahmen von Fort- und Weiterbildung besonders wertvoll. Selbst wenn Sie diese Einheit als Selbstlernmaterial bearbeiten, haben Sie vermutlich Gelegenheit, andere Lehrerinnen und Lehrer um ihre Einschätzungen zu bitten oder könnten sie einladen, sich gemeinsam mit Ihnen ein Interview oder einen Unterrichtsmitschnitt anzusehen und zu diskutieren. Dieses Icon markiert Aufgaben, die Sie in Kooperation mit einer Kollegin oder einem Kollegen bearbeiten können.

Praxiserkundungsprojekte

Das fortbildungsdidaktische Konzept von *Deutsch Lehren Lernen* ist der Aktions- oder Handlungsforschung verpflichtet: Das Lernen im Klassenzimmer/Kursraum kann dadurch optimiert werden, dass Sie als Lehrkraft fremden und eigenen Unterricht beobachten und reflektieren, neue Handlungsmöglichkeiten erkennen und in Ihrem Unterricht erproben. Sie erhalten deshalb in Ihren Fort- und Weiterbildungseinheiten immer wieder Anregungen dafür, Fragen an Ihren eigenen Unterricht zu stellen, sich mit anderen Fortzubildenden über Unterricht auszutauschen und über die Erweiterung Ihrer Handlungsmöglichkeiten zu reflektieren. Wenn Sie dieses Material im Rahmen eines Fort- oder Weiterbildungskurses an einem Goethe-Institut oder an einer Universität absolvieren, bearbeiten Sie zu jeder Einheit themenbezogen eine konkrete Fragestellung aus Ihrer Praxis in Form eines sogenannten Praxiserkundungsprojekts.

Präsenzphase

In einer Präsenzphase innerhalb dieses Kurses präsentieren Sie dann Ihre Ergebnisse in der Gruppe. In diesem Sinne ermöglicht Ihnen *Deutsch Lehren Lernen* forschendes und reflektierendes Erfahrungslernen.

Informationen

Weitere Informationen finden Sie unter www.goethe.de/dll.

Einleitung

Wir lernen von Geburt an. Lernen erfolgt in jeder Lebenssituation: Wir lernen nicht nur in der Schule oder etwas, was wir bewusst lernen wollen. Wir lernen vieles ganz natürlich und beiläufig: Wir merken uns z.B. die Namen und Gesichter unserer Nachbarn, die Telefonnummer der besten Freundin, wir lernen, einen Computer zu bedienen oder Kaffee zu kochen. So gesehen sind wir alle bereits erfahrene Lernerinnen und Lerner – und wir lernen vieles mit Leichtigkeit.
Ernst wird es, wenn wir uns bestimmte vorgegebene Inhalte gezielt merken müssen, wenn das Lernen mit Tests und Prüfungen kontrolliert wird, wenn wir unter Zeitdruck stehen oder wenn wir komplexe Zusammenhänge verstehen und anwenden müssen. Mit dem Begriff Lernen verbinden wir meist eine bewusste Lernanstrengung, sich neues Wissen oder neue Fertigkeiten anzueignen.
Als Lehrerin oder Lehrer sind Sie mit dieser Art von Lernen bestens vertraut. Die Schule ist ein Ort, wo neues Wissen vermittelt und gelernt wird, wo neue Kompetenzen entwickelt werden. Sie sind dabei in der Vermittlerrolle. Sie kennen sich aber auch mit dem Lernen aus, nicht nur, weil Sie mit Lernerinnen und Lernern zu tun haben, sondern auch, weil Sie selbst, eben wie wir alle, ständig Neues lernen. Dazu kommen jetzt die Inhalte dieser Einheit Ihres Fort- und Weiterbildungsprogramms.

Was erwartet Sie in dieser Einheit?

In dieser Einheit geht es um die Frage, wie Ihre Lernenden die Fremdsprache Deutsch lernen. Damit hängen weitere Fragen zusammen, die wir immer mit Blick auf den Unterricht zu beantworten versuchen. Ganz wichtig ist uns dabei: Ihre Lernenden und deren Fremdsprachenlernen stehen im Mittelpunkt!

Im ersten Kapitel werden Sie zunächst über die Faktoren nachdenken, die das Fremdsprachenlernen Ihrer Zielgruppe beeinflussen.

Im zweiten Kapitel haben wir für Sie relevante Ergebnisse der Sprachlehr- und -lernforschung zusammengestellt. Wir erläutern, was wissenschaftliche Theorien über das Lernen allgemein und das Lernen von Sprachen im Besonderen aussagen. Diese Theorien sollen Ihnen helfen, die Lernprozesse, die Sie im Unterricht bei Ihren Lernenden beobachten, zu deuten und zu verstehen. Die theoretischen Modelle erklären viele Aspekte des Sprachenlernens wie z.B. die Entstehung von Fehlern: Manche können Sie mit Ihrem Unterricht beeinflussen, andere nicht oder nur schwer, aber Sie können Probleme des Sprachenlernens dadurch erkennen und neu bewerten.
Anschließend wenden wir uns den Lernenden genauer zu und thematisieren ihre individuellen Unterschiede: wie sich das Alter auf den Lernerfolg auswirkt, welche emotionalen und kognitiven Faktoren beim Lernen eine Rolle spielen und wie wichtig es ist, dass alle Lerntypen einen Zugang zum Lernstoff finden.

Thema des dritten Kapitels ist, wie man lernen kann, Sprachen zu lernen. Wir zeigen, wie man die Individualität der Lernenden im Unterricht berücksichtigen kann. Wir stellen dar, wie Lernende ihr Lernen reflektieren, wie sie immer selbstständiger und systematischer beim Lernen vorgehen und wie Sie als Lehrende diese Prozesse anleiten können. Weiter möchten wir Ihnen zeigen, mit welchen Strategien Ihre Lernenden lernen können und wie Sie sie darin unterstützen können, sich diese Vorgehensweisen anzueignen und zu üben.

Im vierten Kapitel legen wir den Fokus ganz darauf, dass Deutsch für die meisten Lernenden nicht die erste, sondern bereits die zweite oder sogar dritte Fremdsprache ist. Wir zeigen, wie man die Verwandtschaft zwischen Sprachen zum Lernen nutzen kann und welche Möglichkeiten es darüber hinaus gibt, das Erlernen einer zweiten oder weiteren Fremdsprache zu erleichtern und die vorhandenen Potenziale der Lernenden zu nutzen. Hier führen wir didaktisch-methodische Prinzipien ein, die Ihnen beim Unterrichten von Deutsch als zweiter Fremdsprache Orientierung bieten und die wir mit konkreten Vorschlägen für Ihre Unterrichtspraxis veranschaulichen.

Im fünften Kapitel machen wir Ihnen Vorschläge, wie Sie in einem Praxiserkundungsprojekt eine bestimmte Frage dieser Einheit vertiefen und mit Blick auf Ihren eigenen Unterricht erkunden können.

Nun wünschen wir Ihnen eine interessante Lektüre und hoffen, dass Sie bei dieser Neues erfahren, dass Sie viel Stoff zum Nachdenken finden und dass Sie neugierig auf diese Einheit sind und bleiben.

1 Welche Faktoren bestimmen das Lernen?

Zu Beginn möchten wir Sie einladen, an Ihre Lernenden zu denken und sich zu überlegen, welche Faktoren deren Sprachenlernen beeinflussen.

Ziel dieses Kapitels ist, dass Sie
- allgemeine Faktoren kennen, die das Fremdsprachenlernen in Ihrem Kontext beeinflussen,
- sich Ihre Lernenden vor Augen rufen und einschätzen können, wodurch ihr Fremdsprachenlernen geprägt ist.

Die Faktoren, die das Sprachenlernen beeinflussen, sind sehr komplex und in den verschiedenen Teilen der Welt jeweils anders. Nicht nur die Bildungssysteme sind unterschiedlich aufgebaut, sondern auch die Sprachen spielen eine unterschiedliche Rolle in der Gesellschaft, im Alltag und in der Schule. Auch der Unterricht selbst wird durch Vorgaben bestimmt, die dessen Inhalte und seinen Verlauf bestimmen: Welche Themen werden besprochen, welche Lernmaterialien stehen zur Verfügung, auf welche Prüfungen wird hingearbeitet? Durch diese Faktorenvielfalt erhält das Sprachenlernen verschiedene Facetten.

Das Lernen von Fremdsprachen wird auch sprachenpolitisch beeinflusst. Von der Sprachenpolitik eines Landes hängt zum Beispiel ab, welche Rolle bestimmte Sprachen in einer Gesellschaft oder in der Schule spielen, wie viele und welche Sprachen angeboten und gelernt werden, wann mit dem Lernen begonnen wird usw. Das unterscheidet sich von Land zu Land. Im europäischen Kontext werden jedoch Ziele formuliert und Maßnahmen entwickelt, die eine gemeinsame Linie in Bezug auf das Sprachenlernen vorgeben. Von der europäischen Sprachenpolitik wurden zahlreiche Initiativen zur Förderung des Sprachenlernens angestoßen, die auch über die Grenzen Europas hinaus Anwendung finden und sich u.a. auch in fremdsprachendidaktischen Konzepten und Lehr-/Lernmaterialien niederschlagen. Ob sie auch in Ihrem Kontext relevant sind, können Sie in der ersten Aufgabe prüfen.

Aufgabe 1 **Welche Ziele europäischer Sprachenpolitik sind Ihnen bekannt? Lesen Sie die Kurzbeschreibungen und kreuzen Sie an.**

Ziele europäischer Sprachenpolitik	Ich kenne dieses Ziel.	Dieses Ziel wird bei uns umgesetzt/angestrebt.	Ich kenne dieses Ziel noch nicht.
1. Mindestens zwei Fremdsprachen für alle Die europäische Sprachenpolitik verfolgt seit 1995 das Ziel, dass alle EU-Bürgerinnen und -Bürger neben ihrer Muttersprache mindestens zwei weitere Fremdsprachen erlernen. Dadurch soll ein friedliches Zusammenleben, aber auch eine Wettbewerbsfähigkeit auf dem Arbeitsmarkt gesichert werden.	☐	☐	☐
2. Lebenslanges Lernen Nach Aussage der europäischen Bildungspolitik reicht es nicht, dass wir nur in der Schule und im Studium aktiv lernen, und zwar deshalb nicht, weil das Wissen in unserer Zeit sehr schnell veraltet und ständig neues Wissen dazukommt. Beim Sprachenlernen ist es wichtig, die erworbenen Sprach(en)kenntnisse auch nach der Schul- und Berufsausbildung zu pflegen und zu erweitern, um davon in Ausbildung, Beruf und Alltag profitieren zu können.	☐	☐	☐

Ziele europäischer Sprachenpolitik	Ich kenne dieses Ziel.	Dieses Ziel wird bei uns umgesetzt/ angestrebt.	Ich kenne dieses Ziel noch nicht.
3. Lernen lernen Um auch nach der Schule / nach dem Studium selbstständig weiterlernen zu können, ist eine Lernfähigkeit notwendig, die man bereits in der Schule erwerben sollte. Für das eigenständige Weiterlernen von Sprachen ist es wichtig, dass Lernende ihre Stärken beim Lernen kennen und über geeignete Strategien zum effizienten Sprachenlernen verfügen.	☐	☐	☐
4. Frühes Fremdsprachenlernen Die europäische Sprachenpolitik hat die Vorteile des frühen Fremdsprachenlernens erkannt und empfiehlt, möglichst früh mit dem Fremdsprachenunterricht zu beginnen. Kleinkinder scheinen fast mühelos Sprachen erlernen zu können. Ein mehrsprachiges Lebensumfeld führt dazu, dass Kinder die Existenz mehrerer Sprachen als etwas Natürliches sehen und sich deshalb in diesem Umfeld problemlos zurechtfinden.	☐	☐	☐
5. Vielfältiges Sprachenangebot In der Schule sollen nicht nur die Fremdsprachen unterrichtet werden, die weit verbreitet sind und von vielen Menschen gesprochen werden, sondern auch „kleinere" Sprachen wie Nachbar-, Minderheiten- oder Herkunftssprachen. Auf dem Arbeitsmarkt werden Expertinnen und Experten für die verschiedensten Sprachen und Kulturen gebraucht.	☐	☐	☐
6. Bilingualer Sachfachunterricht (CLIL) In vielen Schulen werden inzwischen ein oder mehrere Sachfächer im Rahmen des regulären Schulbetriebs in einer Fremdsprache unterrichtet. So können die Lernenden die Fremdsprache in einem authentischen Kontext verwenden.	☐	☐	☐

Diese sprachenpolitischen Ziele prägen vor allem den Fremdsprachenunterricht in europäischen Ländern. Aber sie werden auch außerhalb Europas umgesetzt, z.B. durch Standards und Prüfungen, durch Lehr- und Fortbildungsmaterialien, durch Medien oder durch Instrumente wie z.B. das **Europäische Sprachenportfolio** (2005).

Warum lernen Ihre Lernenden Fremdsprachen?

Vielleicht wurden Ihnen folgende Fragen schon von Ihren Lernerinnen und Lernern gestellt: *Wozu soll man überhaupt Fremdsprachen lernen? Was bringt das?*
Gründe für das Fremdsprachenlernen gibt es viele. Wenn man diese Gründe mit den Lernenden bespricht, können sie oft den Nutzen ihrer Sprach(en)kenntnisse erkennen und dies steigert in der Regel ihre Lernmotivation.

Aufgabe 2

Warum lernen Ihre Lernenden Fremdsprachen? Welche Gründe waren für sie ausschlaggebend, Sprachen zu lernen? Kreuzen Sie an und ergänzen Sie die Liste.

Gründe für das Lernen einer Fremdsprache	
1. Die Sprache wird weltweit von vielen Menschen gesprochen und verstanden.	☐
2. Die Lernenden können die Sprache (später) im Beruf gebrauchen.	☐
3. Die Sprache klingt schön.	☐
4. Die Lernenden haben besonderes Interesse an dieser Sprache.	☐
5. Die Lernenden kennen jemanden, der diese Sprache spricht.	☐
6. Es ist ihre Nachbarsprache.	☐
7. Es ist eine Kultursprache. Die Lernenden möchten bestimmte Texte in dieser Sprache lesen.	☐
8. Es war die Sprache ihrer Vorfahren. Die Lernenden fühlen sich dieser Kultur zugehörig.	☐
9. Die Lernenden möchten das Land, in dem diese Sprache gesprochen wird, besuchen.	☐
10. Die Lernenden finden, dass Sprachenlernen ein Abenteuer ist. Mit dieser Sprache entdecken sie eine neue interessante Welt.	☐
11. Die Sprache ist ein Pflichtfach in der Schule.	☐
andere Gründe: Liebe, Arbeit, Integration	☐

Diese oder andere Gründe haben für Ihre Lernenden vielleicht eine entscheidende Rolle bei der Wahl ihrer Fremdsprachen gespielt. Möglicherweise waren es auch ihre Eltern, die die Entscheidung für die eine oder andere Sprache getroffen haben. Oft sind dafür persönliche Ansichten hinsichtlich des Nutzens von Sprach(en)kenntnissen entscheidend, z.B. die Einschätzung, wie stark diese Sprache verbreitet ist, ob man sie für berufliche oder private Zwecke nutzen oder wo man sich mit ihr verständigen kann. Solche Faktoren bestimmen die Bedeutung bzw. das sogenannte Prestige einer Sprache. Es gibt aber auch gute Gründe dafür, andere, weniger verbreitete Sprachen zu lernen und zu sprechen.

Kinder oder Jugendliche machen sich meist nicht von allein Gedanken über den Nutzen von Fremdsprachenkenntnissen. Oft gibt es in der Schule keine oder nur eine begrenzte Wahlfreiheit zwischen den Sprachen, sodass die Schülerinnen und Schüler (oder Eltern) nicht vor die Entscheidung gestellt werden und nicht darüber nachdenken müssen, was sie mit der einen oder anderen Sprache erreichen können. Gerade solche Überlegungen tragen jedoch dazu bei, dass das Sprachenlernen zum persönlichen Anliegen wird, dass man durch persönliche Ziele motiviert ist und mehr Engagement und Eigenleistung einsetzt. Für Erwachsene wirken sich die Gründe dafür, warum sie eine Fremdsprache lernen, oft erheblich auf ihr Lernen aus. Liebe? Arbeit? Integration?

Wie sieht die sprachliche Umgebung Ihrer Lernenden aus?

Durch Globalisierung und Migration lebt ein immer größerer Teil der Menschen in einem anderen Land als ihrem Herkunftsland. Dadurch kommt es zum Nebeneinander vieler Sprachen. Manche Gesellschaften sind aber auch traditionell **mehrsprachig** und multikulturell, z.B. viele afrikanische Länder oder Indien. Mehrsprachigkeit ist in vielen Kontexten ein Normalfall. Oft verwendet man auch mehrere Sprachen im täglichen Leben nebeneinander: in der Familie und der häuslichen Umgebung, in der Schule und der Arbeitswelt, in administrativen oder religiösen Kontexten.
Möglicherweise beherrschen auch Ihre Lernenden mehrere Sprachen. Auf diese Sprachenkenntnisse können sie aufbauen und diese beim Lernen von Deutsch oder anderen Sprachen nutzen.

Aufgabe 3 **Wie ist die sprachliche Umgebung Ihrer Lernenden? Kreuzen Sie zutreffende Aussagen an.**

	Ja	Nein	Ich weiß nicht.
1. Die Mehrheit meiner Lernenden spricht nur eine Sprache.	☐	☐	☐
2. Die meisten meiner Lernenden beherrschen eine oder zwei Fremdsprachen.	☐	☐	☐
3. Einige meiner Lernenden beherrschen mehr als drei Sprachen.	☐	☐	☐
4. Unter meinen Lernenden sind einige, die die Sprache der Umgebung noch nicht so gut beherrschen.	☐	☐	☐
5. Einige meiner Lernenden sind mehrsprachig aufgewachsen.	☐	☐	☐
6. Einige meiner Lernenden sprechen zu Hause eine andere Sprache als in der Schule / in ihrer Umgebung.	☐	☐	☐

Sprachliche Vorkenntnisse

So unterschiedlich Ihre Lernenden sind, so verschieden sind auch deren Ausgangssituationen und Bedürfnisse, eine Fremdsprache zu lernen. Jemand, der bereits zu Hause zwei Sprachen spricht, bringt ein großes Potenzial mit, das man im Fremdsprachenunterricht nutzen kann. Diese Lernenden haben bereits viele **sprachliche Vorkenntnisse**, an die man im Unterricht anknüpfen kann. Mehrsprachige Kinder haben auch mehr Erfahrungen mit verschiedenen Sprachen – nicht nur mit ihrer Struktur und ihrem Gebrauch, sondern auch mit dem Erlernen von Sprachen. Sprachen gehören zu ihrer natürlichen Umgebung und sind ein Teil ihrer mehrsprachigen Realität.
Die meisten Schülerinnen und Schüler haben bereits eine oder sogar zwei Fremdsprachen gelernt, wenn sie mit Deutsch beginnen. Vielleicht haben sie aber auch noch mit anderen Sprachen Kontakt, z.B. in der Nachbarschaft, über das Internet oder durch das Fernsehen. Diese sprachlichen Vorerfahrungen kann man beim Deutschlernen nutzen. Dafür muss

Sprachliche Vorerfahrungen

man sie aber thematisieren, d.h. die vorhandene sprachliche Vielfalt identifizieren, respektieren und reflektieren.

Wer sind Ihre Lernenden?

Lernende unterscheiden sich nicht nur in Bezug auf ihr Herkunftsland, ihre sprachlichen Vorerfahrungen und ihre Gründe, Sprachen zu lernen, sondern auch hinsichtlich ihrer Interessen, Ziele und Lernbedürfnisse. Sie bringen unterschiedliche kognitive Voraussetzungen mit, haben individuelle Vorlieben, wie sie lernen möchten, und schließlich sind sie auch unterschiedlich motiviert, Sprachen zu lernen. Diese Faktoren werden Sie in Kapitel 2.4 genauer kennenlernen. Damit Ihnen Ihre Lernenden jedoch zu Beginn dieser Einheit deutlich vor Augen sind, greifen wir hier schon einmal vor:

Jugendliche

Nach der Erhebung von *Netzwerk Deutsch* (2010) lernen die meisten Lernenden Deutsch in der Sekundarstufe und als zweite Fremdsprache. In vielen Bildungssystemen beginnt der Unterricht in der zweiten Fremdsprache zwischen dem 5. und dem 7. Schuljahr. Die Lernenden sind dann etwa 10 bis 14 Jahre alt und haben bereits umfangreiche Vorkenntnisse und Fähigkeiten. Sie haben meist schon eine Fremdsprache gelernt, verfügen also über Sprachlernerfahrungen und kennen ihre eigenen Vorlieben beim Lernen. Sie haben im Laufe der eigenen Lernbiografie einige Lernstrategien ausprobiert und kennen die für sie am besten geeigneten. Sie beginnen selbstständig, bewusst und kreativ zu lernen.

Auch ihre Interessen und Sprachlernbedürfnisse sind andere als die der Lernenden in Klassen für die erste Fremdsprache. 10- bis 14-Jährige interessieren sich nicht nur für andere Themen und Inhalte als Kinder in der Primarstufe, sie beginnen auch, über sich selbst und ihre Umgebung nachzudenken, können ihr Lernen bereits reflektieren und sich ihre eigenen Ziele und Lernbedürfnisse bewusst machen.
Darüber hinaus bringen jugendliche Lernende bereits ausbaufähige Kompetenzen im Mediengebrauch mit und haben sich schon wichtige Schlüsselkompetenzen wie Präsentationstechniken, Fähigkeiten zur Informationsbeschaffung und -verarbeitung usw. angeeignet, die man im Fremdsprachenunterricht weiter vertiefen kann.

Erwachsene

Bei erwachsenen Lernenden kann man ebenfalls bestimmte Eigenschaften feststellen, die das Erlernen einer Fremdsprache begünstigen: Die kognitive Entwicklung der Lernenden ist weit fortgeschritten bzw. schon abgeschlossen, sie verfügen über ein umfangreiches Weltwissen, und persönliche und berufliche Ziele motivieren sie zu einem konsequenten und zielstrebigen Lernen.

Kinder

Schülerinnen und Schüler in der Primarstufe unterscheiden sich von den beschriebenen Gruppen und haben deshalb andere Bedürfnisse: Sie lernen oft ihre erste Fremdsprache und brauchen mehr Zeit und Anleitung, um sprachliche Strukturen zu verstehen und zu erlernen. Sie lernen eher intuitiv und nachahmend. Der Fremdsprachenunterricht in der Primarstufe verfolgt also andere Ziele und setzt andere Methoden ein als der Unterricht in der Sekundarstufe oder in der Erwachsenenbildung.

Aufgrund dieser unterschiedlichen Hintergründe und Voraussetzungen, die Lernende in den Unterricht mitbringen, ist es wichtig, dass sie immer im Kontext aller das Sprachenlernen beeinflussenden Faktoren gesehen werden.

Das folgende Schaubild fasst die Kontextfaktoren, die das Sprachenlernen Ihrer Lernenden beeinflussen, noch einmal zusammen:

Kontextfaktoren, die das Sprachenlernen beinflussen

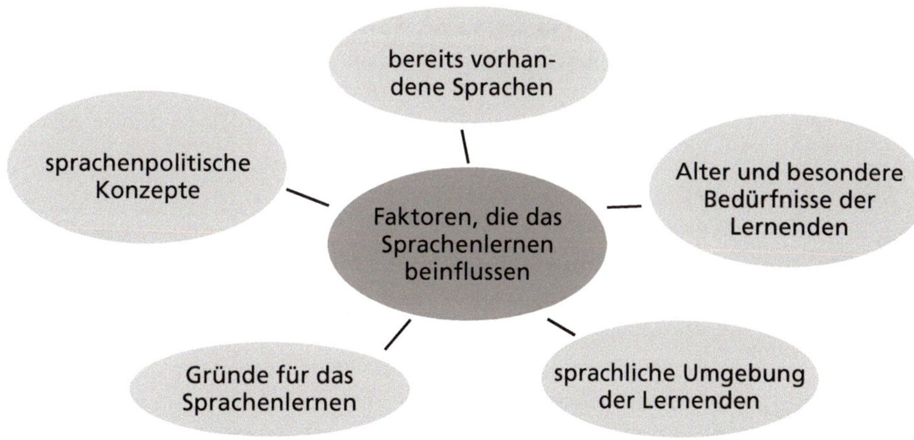

Aufgabe 4

P

Beschreiben Sie abschließend Ihre Lernenden und die wichtigsten Faktoren, die ihr Fremdsprachenlernen bestimmen, noch einmal.

1. Die Gründe dafür, dass meine Lernenden Deutsch / weitere Sprachen lernen, sind:

   ____

2. Die Sprachen, die meine Lernenden lernen, und denen sie in ihrem Umfeld begegnen, sind:

   ____

3. Meine Lernenden sind … Jahre alt und lernen erfolgreich Deutsch, wenn sie …

   ____

4. In meinem Kontext wirken sich die folgenden sprachenpolitischen Konzepte auf den Fremdsprachenunterricht aus:

   ____

2 Wie lernt man eigentlich Fremdsprachen?

2.1 Einführung

Vielleicht wundern Sie sich ein wenig über den Titel dieses Kapitels „Wie lernt man eigentlich Fremdsprachen?", denn mit dieser Frage beschäftigen Sie sich ja täglich in Ihrem Unterricht. Vielleicht haben Sie für sich auch schon Antworten gefunden, also Ihre eigenen Theorien über das Sprachenlernen entwickelt. Das Ziel dieses Kapitels ist, dass Sie auch wissenschaftliche Erkenntnisse zum Lernen und Lehren kennenlernen. Diese Kenntnisse helfen Ihnen dabei, Ihre eigenen Vorstellungen kritisch zu überprüfen, anzupassen oder auch zu erweitern. Wir wollen in diesem zweiten Kapitel also Grundwissen über Prozesse und Faktoren vermitteln, die das Lernen einer fremden Sprache beeinflussen.

Lerntheorien und Spracherwerbs-theorien

Zunächst stellen wir Ihnen in Kapitel 2.2 allgemeine Theorien zum Lernen vor. Diese Theorien helfen dabei, zu erklären, wie menschliches Lernen abläuft. Sie geben aber noch keinen Aufschluss über die besonderen Merkmale des Sprachenlernens. Trotzdem findet man auch in den allgemeinen Lerntheorien Hinweise, die man auf das Fremdsprachenlernen übertragen kann. Was das Lernen von fremden Sprachen aber beispielsweise vom Lernen von Mathematik oder eines Musikinstruments unterscheidet, können die allgemeinen Lerntheorien nicht erfassen. Um die Besonderheiten des Spracherwerbs genauer zu erklären, gibt es deshalb spezifische Theorien, die sogenannten Fremdsprachenerwerbshypothesen. Die Erkenntnisse aus den Fremdsprachenerwerbshypothesen, die wir in Kapitel 2.3 vorstellen, sind für Sie als Lehrende besonders interessant. Sie können Ihnen helfen, besser zu verstehen, welche Prozesse Ihre Lernenden beim Lernen einer Fremdsprache durchlaufen, welche Probleme dabei bewältigt werden müssen und wie Sie Ihre Lernenden am besten unterstützen können. Es wird für Sie dadurch leichter, im Unterricht angemessen auf Phänomene, die durch den Spracherwerb bedingt sind, zu reagieren und unterrichtliche Lernprozesse einzuschätzen.
Doch sicherlich haben Sie auch schon entdeckt, dass das Sprachenlernen nicht bei allen Ihren Lernenden gleich verläuft. Nicht alle Lernenden lernen gleich schnell, gleich gut oder auf die gleiche Art und Weise. In Kapitel 2.4 wollen wir uns daher damit beschäftigen, welche individuellen Unterschiede es zwischen den Lernenden gibt.

2.2 Was weiß man über das Lernen?

Wir möchten Sie zum Nachdenken darüber anregen, welche eigenen Vorstellungen Sie von den Vorgängen beim Lernen sowie dem Aufbau von Wissen haben. Es geht allerdings nicht darum, eine Patentlösung zu finden, wie man auf der Grundlage der neuesten Lerntheorien seinen Unterricht gestalten sollte. Eine Theorie über das Lernen ist nämlich nicht die Antwort auf alle Arten von Lernproblemen. Lerntheoretische Kenntnisse können Ihnen aber helfen, kritisch und selbstbewusst gegenüber neuen Trends aus der Fremdsprachendidaktik und gegenüber Unterrichtskonzepten zu sein, die Sie vielleicht durch aktuelle Lehrwerke, Fachliteratur oder Fort- und Weiterbildungen kennenlernen.

Ziel dieses Teilkapitels ist, dass Sie
- allgemeine Lerntheorien kennenlernen, die jeweils bestimmte Aspekte des Lernens beschreiben,
- Rückschlüsse von den allgemeinen Lerntheorien auf das Sprachenlernen ziehen können,
- wissen, welche Konsequenzen man aus den Lerntheorien für Unterricht ableiten kann.

Aufgabe 5

Welche dieser Aussagen über das Lernen finden Sie zutreffend, welche weniger zutreffend?

a) Kreuzen Sie an und begründen Sie Ihre Meinung.

Aussage	Ich stimme gar nicht zu.	Ich stimme nicht zu.	Ich weiß nicht.	Ich stimme zu.	Ich stimme voll zu.	Begründung
1. Lernen sollte man am besten gemeinsam mit anderen.	☐	☐	☐	☐	☐	
2. Es ist wichtig, mit allen Sinnen zu lernen. senses	☐	☐	☐	☐	☐	
3. Die Lernenden müssen verstehen, was und warum sie lernen.	☐	☐	☐	☐	☐	
4. Lernen geschieht zumeist nebenbei. Die Umgebung des Lernenden ist dabei entscheidend.	☐	☐	☐	☐	☐	
5. Es ist wichtig, dass die Lernenden sprachliche Vorbilder haben, die sie imitieren können.	☐	☐	☐	☐	☐	
6. Die Lernenden müssen viel auswendig lernen und fleißig sein.	☐	☐	☐	☐	☐	
7. Es ist wichtig, dass man systematisch und Schritt für Schritt lernt.	☐	☐	☐	☐	☐	
8. Am besten lernt man zuerst Regeln, die man dann auf Beispiele übertragen kann.	☐	☐	☐	☐	☐	
9. Die Lernenden sind mitverantwortlich dafür, was und wie sie lernen.	☐	☐	☐	☐	☐	

b) Tauschen Sie sich mit Ihren Kolleginnen und Kollegen aus: Was haben Sie ähnlich, was haben Sie anders beurteilt?

lernen und erwerben

Schon von frühester Kindheit an, praktisch mit dem Eintritt ins Leben, beginnen wir zu lernen. Zum Beispiel lernen wir schon als Babys, dass wir Aufmerksamkeit bekommen, wenn wir schreien. Wir lernen zu laufen, zu sprechen und vieles mehr und anscheinend, ohne dass uns jemand sagen muss, wie es geht. Doch meist assoziiert man das Wort lernen mit einem institutionellen Kontext, also dem Lernen in der Schule oder Universität. Das ist einer der Gründe, warum eine begriffliche Abgrenzung von lernen und erwerben sinnvoll sein kann.

Wenn ein kleines Kind mit dem Spracherwerb beginnt, verwendet man dafür den Begriff **erwerben**. Mit Erwerben wird ein ungesteuerter Vorgang bezeichnet, der in einer außerunterrichtlichen Situation im Rahmen von natürlicher Kommunikation stattfindet. Natürlich erwerben auch Erwachsene ungesteuert Sprache. Sie sind sich in Erwerbssituationen oft gar nicht bewusst, dass sie sich neues Wissen oder Fertigkeiten aneignen.

Im Unterschied zum Erwerben bezeichnet **lernen** einen Prozess, der durch Unterricht gesteuert wird. Diese Steuerung findet durch eine Lehrkraft, mithilfe von Lernmaterialien und in verschiedenen Arbeits- und Sozialformen statt. Die Lehrkraft plant ganz bewusst Lernaktivitäten und die Lernenden zeigen in der Regel das erwartete Lernverhalten. Beim Lernen verändern sich Wissen, Einstellungen, Fertigkeiten oder Verhaltensweisen aufgrund von (unterrichtlicher) Erfahrung.

Wir werden wir uns hier auf das **Lernen** konzentrieren, weil es uns in dieser Einheit um das Fremdsprachenlernen im unterrichtlichen Kontext geht.

Erforschung des Lernens

Man interessiert sich schon seit vielen hundert Jahren dafür, wie das Lernen funktioniert. Allerdings gibt es bis heute noch keine abschließende Erklärung zu diesem komplexen Vorgang. Das liegt auch daran, dass Menschen selbst nur über die ihnen bewussten Aspekte des Lernens Auskunft geben können. Sehr viele Anteile des Lernens laufen jedoch ab, ohne dass sie dem Bewusstsein zugänglich sind. Das bedeutet, das Gehirn lernt auch, ohne dass wir dies merken.
Computer und moderne Technologien helfen mittlerweile dabei, die Arbeitsweise des Gehirns genauer zu untersuchen. Dabei konnte man erkennen, dass Lernen ein aktiver Vorgang ist, der in Auseinandersetzung mit der Umwelt geschieht.

Lerntheorien beschreiben, wie das Lernen funktioniert. Die wichtigsten Lerntheorien stellen wir Ihnen hier kurz vor. Wir beschreiben sie chronologisch, sodass Sie die Entwicklungen und Veränderungen leicht nachvollziehen können.

Behaviorismus

Der **Behaviorismus** entstand in den 1950er-Jahren und ist eine der ältesten Lerntheorien. Im Behaviorismus konzentriert man sich auf das Lernergebnis, also das, was von außen als Ergebnis des Lernprozesses zu sehen ist. Die Prozesse, die sich im Inneren der Lernenden abspielen, bleiben dagegen unberücksichtigt (Black-Box-Modell).

Lernen durch Nachahmung

Das Lernen wird in dieser Theorie als eine Verhaltensänderung gesehen. Dazu wird ein auslösender Impuls (stimulus) benötigt, auf den eine Reaktion der Lernerin / des Lerners (response) erfolgt. Lernen ist demnach ein imitativer Prozess. Das heißt: Die Umwelt liefert das korrekte Vorbild, das Lernende **nachahmen** sollen. Demnach müssen sie möglichst häufig mit dem Lernstoff konfrontiert werden. Aus den Annahmen des Behaviorismus hat man abgeleitet, dass es für einen erfolgreichen Lernprozess sinnvoll ist, im Unterricht viele Übungen und Wiederholungen anzubieten. Um Fehler zu vermeiden, sollen die Übungen kleinschrittig aufeinander aufbauen und möglichst wenig Denkarbeit erfordern (sogenannte Drill-Übungen). Dabei unterteilt die Lehrkraft den Lernstoff systematisch in viele kleine Einheiten, die immer wieder geübt werden. Beherrschen die Lernenden den Stoff sicher, wird an der nächsten Lerneinheit gearbeitet. Durch **Lob** werden sie in ihrem richtigen Verhalten bestätigt. Bei falschem Verhalten erfolgt eine **negative Rückmeldung**.

Insgesamt wird die Theorie heute eher kritisch gesehen, denn sie liefert für viele Lernprozesse keine befriedigende Antwort. Hauptgrund dafür ist, dass sie das Lernen als eine Reaktion auf die (Lern-)Umwelt definiert. Damit wird das kognitive Potenzial, das alle Lernenden haben, entscheidend vernachlässigt. Dies gilt auch für das Sprachenlernen. Wie kann man zum Beispiel erklären, dass Lernende kreativ mit Sprache umgehen und sowohl Wörter als auch Sätze bilden, die sie vielleicht noch nie vorher gehört haben?

Natürlich haben auch heute noch wiederholende und festigende Übungen ihren berechtigten Platz im Unterricht, z.B. beim Einüben von grammatischen Strukturen, beim Wortschatzlernen oder beim Aussprachetraining. In diesen Bereichen kann **Automatisierung** sehr wichtig für eine erfolgreiche Sprachproduktion sein, wie neuere Forschungsarbeiten belegen.

Literatur zum Weiterlesen

Lesen Sie dazu mehr in der Einheit *Aufgaben, Übungen, Interaktion* dieses Fortbildungsprogramms.

Kognitivismus

↳ Lernende sind aktiv ↓ induktives Vorgehen

Im Unterschied zum Behaviorismus sieht der **Kognitivismus** die Lernerin / den Lerner nicht als jemanden, die/der nur kleine, überschaubare Lerneinheiten verarbeiten kann. Stattdessen sind Lernende **aktive** Teilnehmende im Lernprozess.
Der Kognitivismus geht davon aus, dass gelernt wird, indem neue Informationen mit zuvor bereits verarbeiteten und gespeicherten Informationen verknüpft werden. Lernen ist nach dieser Theorie also ein Prozess, in dem bewusst Neues erkannt und in bestehendes Wissen integriert wird, wie die folgende Abbildung zeigt:

Lernen als Integration neuer Informationen in bestehendes Wissen

Aus diesem Grund ist das **einsichtige** und **bewusste** Lernen in dieser Theorie zentral. Da Lernende Informationen auswählen und selbstständig verarbeiten können, haben Sie als Lehrkraft die Aufgabe, die Aufmerksamkeit der Lernenden auf bestimmte Phänomene zu lenken. Für den Unterricht kann man aus dieser Theorie ableiten, dass die Vermittlung von Lernstrategien und die Förderung von bewusstem Lernen wesentlich sind. Auch ein induktives Vorgehen im Unterricht, bei dem die Lernenden aufgefordert sind, Regelmäßigkeiten selbst zu entdecken, wird durch diese Theorie begründet.

Konnektionismus

Wie im Kognitivismus sind auch für den **Konnektionismus** die mentalen Vorgänge der Lernenden zentral. Diese Lerntheorie erklärt vor allem, wie neue Informationen verarbeitet und im Gedächtnis gespeichert werden. Erkenntnisse der Neuropsychologie haben dazu beigetragen, dass die Vorstellungen vom Gedächtnis immer differenzierter wurden. Im Zuge dessen haben die Vertreter der konnektionistischen Lerntheorie das menschliche Gehirn mit einem neuronalen Netzwerk verglichen, um zu zeigen, dass verschiedene Wissensbestände im Gehirn miteinander **verknüpft** sind. Diesen Aspekt wollen wir Ihnen mit der nächsten Aufgabe verdeutlichen.

Aufgabe 6

Sie lesen das Wort „Unterricht". Schließen Sie kurz die Augen und schreiben Sie dann alles auf, was Ihnen dazu in den Sinn kommt.

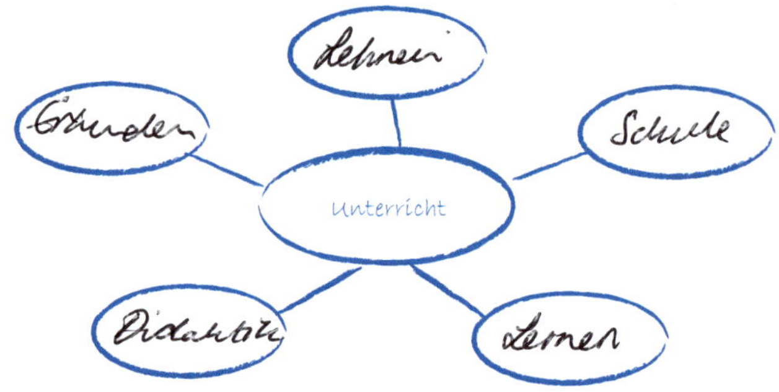

Ihnen sind sicher einige Assoziationen zu „Unterricht" eingefallen, also nahe stehende oder verwandte Wörter wie z.B. Lehrerin, Schüler, Klassenzimmer, Schule oder Ähnliches. Dieses kleine Experiment verdeutlicht, dass durch die Erwähnung von Unterricht verschiedene Verbindungen unseres neuronalen Netzwerks aktiviert werden. Dadurch kommen uns sofort miteinander verwandte Begriffe ins Bewusstsein. Die konnektionistische Lerntheorie beschreibt Lernen als einen Prozess, bei dem Wissen in Form von Knotenpunkten in Netzen gespeichert wird. Je öfter man die Verbindungen zwischen Wissenseinheiten aktiviert, desto besser sind sie im Gedächtnis verankert, also gespeichert. Wissenseinheiten sind also nicht als feste Einheiten gespeichert, sondern in Form von Verbindungen zwischen einzelnen Elementen. Vermutlich können Sie an Ihren Assoziationen in Aufgabe 6 erkennen, dass „Unterricht" in verschiedenen Verbindungen gespeichert ist. Je mehr verschiedene Eindrücke mit „Unterricht" verknüpft sind, umso besser ist die Wissenseinheit verankert.

Für Sprachunterricht leitet sich aus dieser Lerntheorie ab, dass neue Informationen oder Wissen so vermittelt werden, dass Lernende Verknüpfungen aufbauen können. So können neue Wörter in Wortfeldern angeboten werden, sie können mit Synonymen oder gemeinsam mit ihrem Gegenteil, dem Antonym, präsentiert werden; all dies wäre nach dieser Theorie förderlich für das Lernen.

Konstruktivismus

man kann nur lernen was man versteht.

Genau wie im Kognitivismus geht man auch im **Konstruktivismus** davon aus, dass man auf der Grundlage des eigenen Vorwissens nur das lernen kann, was man versteht. Lernen wird erst durch die Aufnahme der neuen Informationen in das bereits vorhandene Wissen eines Lernenden möglich. Lernen ist also die aktive Konstruktion von neuem Wissen. Konstruktivistische Lerntheorien betonen aber darüber hinaus die **Individualität** von Lernprozessen und damit auch von Lernergebnissen: Der Mensch erschafft in Wechselwirkung mit seiner Umwelt neues Wissen.

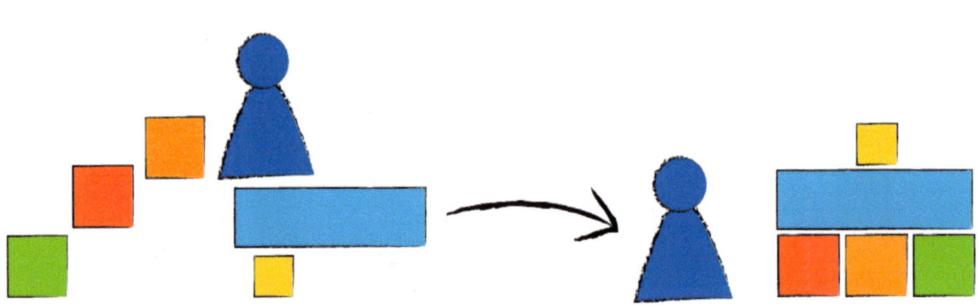

Lernen als aktive Konstruktion von Wissen

Nach dieser Annahme kann man das Lernen von außen (z.B. als Lehrkraft) wenig beeinflussen. Deshalb kann Unterricht zwar Lernen initiieren, den Lernprozess oder ein vorhersagbares Lernergebnis aber nicht erzwingen. Nur wenn eine Lernerin / ein Lerner selbst ein Mindestmaß an Interesse, Lust oder Druck empfindet, wird sie/er sich neues Wissen

Ausprobieren → Beobachten → Entdecken.

aneignen können. Wie gut Lernende neue Informationen aufnehmen und verarbeiten können, hängt wiederum von ihrem Vorwissen, von ihrer Motivation und den bisher gemachten Erfahrungen ab. Der Lernende setzt sich nach dieser Theorie also mit seiner Lernumwelt aktiv und eigenständig auseinander und organisiert und speichert das neue Wissen auf der Basis des vorhandenen Wissens.

Mit dem Konstruktivismus verändert sich das Verständnis von der Rolle der Lehrkraft. Sie unterstützt beim Lernen, indem sie Lernwege aufzeigt und die Selbstorganisation der Lernenden fördert. Dementsprechend haben Lehrende auch Aufgaben als Lernberater und Moderatoren.

Für die unterrichtliche Gestaltung von Lernprozessen ist zentral, dass Lernende sich ihre Vorkenntnisse bewusst machen, dass sie an diese anknüpfen und ihr Wissen ordnen. Lernende erarbeiten sich durch **Ausprobieren, Beobachten** und durch **Entdecken** neues Wissen und stellen dieses Wissen im besten Fall auch in eigenen Produkten dar (in Texten, in mündlichen Präsentationen, in Form von Grafiken oder Modellen). Dies ist die Vorgehensweise von projektorientiertem Lernen.

Interaktionismus

Während im Kognitivismus, Konnektionismus und Konstruktivismus vor allem die Kognition, also alle Prozesse, bei denen Informationen bewusst verarbeitet werden, im Mittelpunkt steht, ist für den **Interaktionismus** die soziale Umwelt der Lernenden zentral für das Lernen. Interaktion bedeutet so viel wie „die wechselseitige Beeinflussung von Individuen (oder Gruppen) in ihren Handlungen" (Edmondson/House 2006, S. 238). Die sprachliche Entwicklung eines Menschen ist gemäß dieser Theorie abhängig von den Möglichkeiten und Erfahrungen, die im Umgang mit anderen gesammelt werden.
Mit anderen Menschen tauschen wir Ideen und Lösungen für Probleme aus und verwenden dabei Sprache. Dabei wird gemeinsames Lernen möglich. Indem man mit anderen spricht oder ihnen zuhört, kann man durch den sprachlichen Input von Gesprächspartnern lernen.

Lernen durch Interaktionen

Lernen findet aber auch durch die Produktion von Sprache statt: Die Motivation ist da, etwas sagen/schreiben zu wollen; andere hören/lesen und verstehen dieses, geben Feedback oder eine Antwort. Aber auch kulturelles Wissen und interkulturelle Kompetenz kann sich besonders gut in Interaktion mit anderen aufbauen, und zwar immer dann, wenn Lernende Modelle im Verhalten der anderen erkennen können.
Voraussetzung dafür, dass Lernen durch Interaktion stattfindet, ist, dass das soziale Miteinander „echt" und bedeutsam ist und in Situationen stattfindet, die die Beteiligten herausfordern.

Dementsprechend ist es im Fremdsprachenunterricht sinnvoll, dass man nicht nur allein lernt, sondern auch mit einem Partner / einer Partnerin oder in einer Gruppe. Allerdings zeigt sich bei einem Vergleich zwischen dem unterrichtlichen und dem außerunterrichtlichen Erwerb einer Sprache, dass die Interaktion im Klassenzimmer oft ganz anders abläuft als außerhalb des Klassenzimmers. Da der Fremdsprachenunterricht aber auf die Kommunikation außerhalb des Klassenzimmers vorbereiten will, ergibt sich ein Paradox. Es gibt verschiedene Möglichkeiten, dieses Paradox zu überwinden. Zum Beispiel können natürliche fremdsprachliche Kommunikationsformen in Form von Projekten, E-Mail-Kontakten, Sprachreisen usw. in den Unterricht integriert werden. Außerdem kann eine Lehrperson die Interaktionsformen steuern, indem sie zum Beispiel Rollenspiele einsetzt, sodass die Lernenden authentische Kommunikationssituationen üben können. Auch kooperative Sozialformen wie Gruppen- oder Partnerarbeit können die Interaktion zwischen den Schülerinnen und Schülern fördern und so zum Anstoß eines Lernprozesses beitragen.
Es ist wichtig, dass die Lernenden im Unterricht die Fremdsprache durch wirklichkeitsnahe Interaktionsformen in ihrer realen Verwendung kennenlernen. Dennoch kann ein Fremdsprachenunterricht nicht zu jeder Zeit die außerunterrichtliche Kommunikation simulieren. Für einen erfolgreichen Spracherwerb ist es ebenfalls wichtig, dass die Lehrperson die Aufmerksamkeit der Lernenden auf neue sprachliche Strukturen lenkt und ihnen hilft, die Regeln der Bildung und Verwendung dieser Strukturen zu verstehen. Dies geschieht zum Beispiel, indem die Lehrperson auf Regelmäßigkeiten von grammatischen Strukturen hinweist oder den Lernenden Ausnahmen in der Verwendung verdeutlicht. Durch eine solche Lenkung der Aufmerksamkeit fällt es den Lernenden oft leichter, bestimmte sprachliche Strukturen zu erfassen.

Die „richtige" Lerntheorie?

Zwar hat man immer wieder versucht, das Lernen in einer einzigen Theorie umfassend zu erklären, es ist aber bisher nicht gelungen, alle Phänomene des Lernprozesses widerspruchsfrei zusammenzufassen. Folgendes möchten wir festhalten:

- Die Lerntheorien sind nicht als Gegensätze aufzufassen, sondern sie betrachten den Lernprozess aus unterschiedlichen Perspektiven und ergänzen und erweitern sich gegenseitig.
- Die einen Theorien fokussieren stärker die Rezeption des Sprachangebots, andere betonen die Bedeutung von Sprachproduktion und Interaktion mit anderen Sprecherinnen und Sprechern oder auch Texten. Für alle ist jedoch das Sprachangebot zentral (siehe auch Kapitel 2.3).
- Die Empfehlungen für die Gestaltung von Lernprozessen, die man aus der einen Theorie ableiten kann, sind nicht pauschal schlechter oder besser als Empfehlungen aus der anderen Theorie.

Kognitive Lerntheorien (Kognitivismus, Konnektionismus und Konstruktivismus) werden heute in der Fachdiskussion insgesamt am stärksten gewichtet. Sie erklären viele verschiedene Facetten der Informationsverarbeitung und berücksichtigen dabei aktuelle Erkenntnisse aus den anderen Wissenschaftsgebieten wie der Lernpsychologie und den Neurowissenschaften. Auch für das Fremdsprachenlernen kann man wertvolle Erkenntnisse aus den kognitiven Theorien ableiten, sodass sich viele didaktische Empfehlungen in dieser Einheit darauf berufen. Dabei sollte man jedoch nicht vergessen, wie wichtig die soziale Umwelt der Lernenden für den Spracherwerb ist (Interaktionstheorie). Da Lernen mit und von anderen stattfindet, finden auch Aspekte des gemeinsamen Lernens Berücksichtigung in den Empfehlungen für den Unterricht.

Fassen Sie nun noch einmal für sich selbst zusammen:

Aufgabe 7 **Was möchten Sie sich zu den Lerntheorien merken?**

Lerntheorie	Vorstellung von Lernen	Lerner-/Lehrerbild	Folgen für die Gestaltung von Lernprozessen
1. Behaviorismus			
2. Kognitivismus			
3. Konnektionismus			
4. Konstruktivismus			
5. Interaktionismus			

Wie funktioniert Lernen?

Die folgende Abbildung zeigt Ihnen im Überblick, was Sie über die verschiedenen Arten erfahren haben, wie Lernen funktioniert:

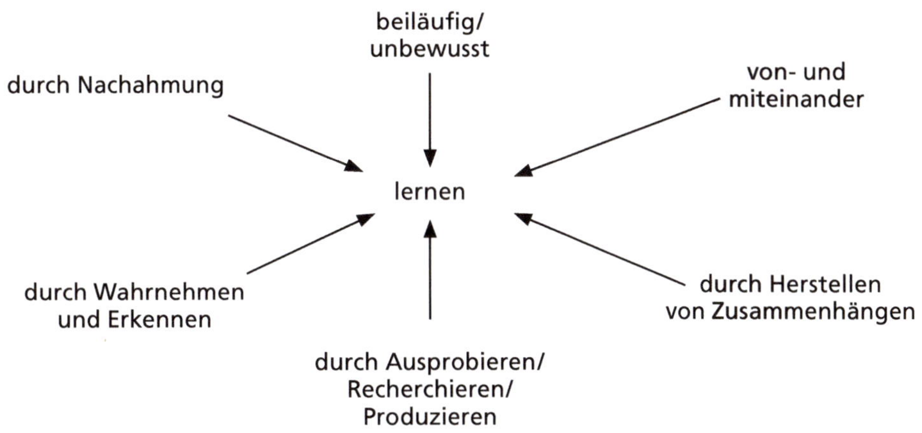

Nachdem Sie nun gesehen haben, welche Vorstellungen von Lernen man aus den allgemeinen Lerntheorien ableiten kann, geht es im nächsten Kapitel darum, was wir speziell über das Lernen von Sprachen wissen.

2.3 Was weiß man über den Spracherwerb?

Ziel dieses Teilkapitels ist, dass Sie
- verschiedene Spracherwerbskontexte voneinander unterscheiden können,
- Spracherwerbshypothesen kennenlernen und wissen, welche Konsequenzen sie für die Unterrichtsgestaltung haben können,
- wissen, warum es im Spracherwerbsprozess zu Fehlern kommt, und Sie die Fehler Ihrer Lernenden analysieren und Vermutungen über ihre Ursachen anstellen können,
- wissen, inwiefern sich das Lernen einer ersten Fremdsprache vom Lernen aller weiteren Fremdsprachen unterscheidet.

Man unterscheidet verschiedene Formen des Spracherwerbs. Zunächst wollen wir uns mit der Frage beschäftigen, in welchen Situationen oder Kontexten Menschen Deutsch lernen. Wir beginnen bei Ihnen.

Aufgabe 8

Wie haben Sie selbst Deutsch gelernt? Lesen Sie bitte die Fragen und lassen Sie sich zu einem kurzen Text über Ihr Sprachenlernen inspirieren.

Wann haben Sie begonnen, Deutsch zu lernen?
Geschah dies innerhalb oder außerhalb eines deutschsprachigen Landes?
Haben Sie Deutsch eher im Unterricht oder im Kontakt zu Deutsch sprechenden Personen gelernt?

Spracherwerbskontexte

Wenn Sie sich eventuell mit Kolleginnen oder Kollegen zu Aufgabe 8 ausgetauscht haben, haben Sie vielleicht festgestellt, dass Sie alle Deutsch auf unterschiedliche Art und Weise gelernt haben.
Wir unterscheiden also, in welchem Kontext Sprachen gelernt werden. Die erste Sprache wird normalerweise von Geburt an in einer natürlichen Umgebung durch Interaktion erworben und deshalb häufig als Muttersprache bezeichnet. Der Terminus Muttersprache ist jedoch missverständlich, da an der Spracherwerbssituation des Kindes auch andere Personen als die Mutter beteiligt sind. Aus diesem Grund verwenden wir im Folgenden den Begriff **Erstsprache** (L1). Er ist neutraler, da er nur aussagt, dass es sich um die erste Sprache handelt, die sich ein Mensch aneignet. Außerdem beinhaltet die Bezeichnung, dass darüber hinaus auch eine Reihe weiterer Sprachen erlernt werden können.

Menschen können **monolingual**, **bilingual** oder **multilingual** aufwachsen. Wenn in den ersten Lebensjahren gleichzeitig zwei Sprachen erworben werden, sprechen wir von Bilingualität oder Zweisprachigkeit. Dabei wird zwischen Kindern unterschieden, die von Geburt an mit zwei Sprachen aufwachsen – z.B. weil die Eltern jeweils eine andere Sprache dem Kind gegenüber verwenden. Diese Erwerbssituation wird als **simultan bilingual** bezeichnet, da beide Sprachen gleichzeitig erworben werden. Dies ist jedoch nur der Fall, wenn mit dem Kind ausreichend in beiden Sprachen gesprochen wird.

Sukzessive Zweisprachigkeit tritt ein, wenn ein Kind innerhalb der ersten drei Lebensjahre nur eine Sprache erwirbt, ab dem Alter von drei Jahren jedoch eine weitere lernt. Dies kann z.B. der Fall sein, wenn sich die Erstsprache der Familie von der Sprache im Kindergarten unterscheidet. Der Erwerbsprozess verändert sich mit zunehmendem Alter, worauf wir später näher eingehen wollen. Zunächst wollen wir uns aber mit der Unterscheidung von Zweit- und Fremdsprache beschäftigen.

Um unterschiedliche Spracherwerbssituationen zu beschreiben, ist für weitere Sprachen, die sich ein Mensch im Laufe seines Lebens aneignet, eine Unterscheidung in **Fremdsprache** und **Zweitsprache** (L2) sinnvoll. In dieser Unterscheidung spiegelt sich die Trennung zwischen den beiden Begriffen „lernen" und „erwerben" wider. Dementsprechend wird häufig vom ungesteuerten Zweitsprach(en)erwerb gesprochen, der sich ähnlich wie der Erstsprachenerwerb in der alltäglichen Kommunikation im Land der **Zielsprache** vollzieht. Im Gegensatz dazu wird die Fremdsprache unterrichtlich gesteuert gelernt, da sie meist im Unterricht oder in anderen institutionell geprägten Lehr- und Lernsituationen vermittelt wird.

Aufgabe 9 **Erstsprache, Fremdsprache, Zweitsprache? Welcher Begriff trifft in den folgenden Situationen zu?**

Arthur
Arthur ist 13 Jahre alt und geht in England zur Schule. Er lernt dort Deutsch zusätzlich zu Französisch. Später will er das Fach an der Universität studieren.

Deutsch ist für ihn: ______________________________

Beliah
Beliah ist mit 19 Jahren nach Deutschland eingewandert. Dort hat sie gleich angefangen zu arbeiten, obwohl sie Deutsch nicht beherrschte. Dennoch konnte sie sich schnell und zunehmend besser verständigen. Erst Jahre später hat sie Deutschunterricht im Rahmen eines Integrationskurses genommen.

Deutsch ist für sie: ______________________________

Chloé
Chloé wurde in Deutschland geboren und lernt die Sprache von Geburt an.
Seit den Sommerferien besucht sie die fünfte Klasse ihrer Schule. Seitdem hat sie zusätzlich zum Deutschunterricht auch Spanischstunden.

Deutsch ist für sie: ______________________________

Wir legen in dieser Einheit den Schwerpunkt auf das Lernen einer Fremdsprache, ziehen den Erwerb der Erstsprache aber heran, wenn dies für das Verständnis der fremdsprachlichen Lernprozesse notwendig ist.
Da die allgemeinen Lerntheorien zwar die Grundlage des Lernens erklären, aber wenig über das Fremdsprachenlernen aussagen, beschäftigen wir uns hier auch mit den **Spracherwerbshypothesen**. Diese beschreiben, wie sich der Erwerb der Erst-, Zweit- und Fremdsprachen vollzieht. Daraus lassen sich Konsequenzen für die Gestaltung von Lernprozessen ableiten.
Spracherwerbsprozesse, die die Lernenden durchlaufen, erschließen sich uns erst, wenn die Lernenden Sprache produzieren. Dabei unterlaufen ihnen häufig auch Fehler.

Sicherlich haben Sie sich schon mehrfach Gedanken darüber gemacht, was Fehler genau sind.

Aufgabe 10 **Was ist für Sie ein Fehler? Kreuzen Sie an.**

Fehler	
zeigen, dass etwas noch nicht gelernt wurde.	☐
zeigen, dass etwas falsch gelernt wurde.	☐
zeigen, dass Lernende sich keine Mühe geben.	☐
zeigen, dass Lernende unsicher beim Sprachgebrauch sind.	☐
kommen nur beim Produzieren vor, beeinträchtigen aber nicht das Verständnis.	☐
beeinträchtigen auch das Verständnis.	☐
zeigen einen Lernfortschritt.	☐
zeigen, was die Lernenden bereits gelernt haben.	☐

Fehler: Indizien für den Spracherwerb

Als Lehrkraft wissen Sie, dass Fehler unvermeidbar sind. Durch Aufgabe 10 ist Ihnen aber vielleicht auch deutlich geworden, dass Fehler sehr aufschlussreich sind, denn wir können anhand von Fehlern erklären, wie der Sprachlernprozess unserer Lernenden verläuft.

Zunächst bemerken wir, dass unsere Lernenden Deutsch lernen, weil sie neue sprachliche Strukturen oder Wörter verstehen oder verwenden. Nun passiert es aber auch hin und wieder, dass unsere Lernenden auf Deutsch etwas sagen, was sie nicht gehört oder gelesen haben können. Hier haben sie Gelerntes vielleicht auf Neues übertragen, und wir freuen uns darüber. Manchmal sind Äußerungen von Lernenden aber auch auf den ersten Blick inkorrekt. Wenn man dann den Fehler genauer analysiert, wird man vielleicht feststellen, dass die Lernenden zwar eine Form gelernt haben, aber die Form auf das falsche Wort anwenden. Fehler können uns daher wichtige Hinweise geben, was Lernende schon gut können, sodass wir die Leistungen und den aktuellen Sprachstand der Lernenden bei der Unterrichtsplanung angemessen berücksichtigen können. Das bedeutet natürlich nicht, dass Fehler im Mittelpunkt des Unterrichts stehen sollten. Vielmehr gehen wir davon aus, dass das Können und die Leistungen der Lernenden bei der Unterrichtsgestaltung am wichtigsten sind. Fehler sind ganz natürliche Begleiterscheinungen im Lernprozess und können oft mit Spracherwerbshypothesen erklärt werden. Sehen Sie sich dazu das Beispiel in Aufgabe 11 an.

Aufgabe 11

Analysieren Sie die folgende Äußerung einer Lernenden:

Er kommte zu spät in den Unterricht.

a) Was ist falsch?

____

b) Wie ist dieser Fehler vermutlich entstanden?

____

Natürlich wissen Sie, dass *kommen* ein starkes und unregelmäßiges Verb ist und in der Vergangenheitsform Präteritum einen Vokalwechsel zu *kam* vollzieht. Im obigen Beispiel ist also die flektierte Verbform falsch, aber zugleich müssen wir erkennen, dass sie eigentlich doch nicht so falsch ist! Warum? Die Lernende hat *-te* als Endung an den Stamm *komm-* gehängt und zeigt damit, dass sie diese Endung für Präteritumformen gelernt hat. Insofern hat sie ihre Sache gut gemacht. Dass sie diese Endung an ein starkes Verb gehängt hat, zeigt, dass sie die Regel **übergeneralisiert** hat und auch für Verben verwendet, für die diese Regel nicht gilt. Insofern hat sie etwas falsch gemacht. Aus der Perspektive der Spracherwerbsforschung würde man diesen Fehler als nicht so gravierend einstufen, weil er immerhin zeigt, dass die Lernerin eine Regel anwenden kann. Diese Art von **Übergeneralisierung** bilden übrigens auch Kinder, die Deutsch als Erstsprache erwerben. Dazu wollen wir uns zwei Äußerungen des dreijährigen Uli genauer ansehen. Fehlerhafte Äußerungen kennzeichnen wir – auch im Folgenden – mit einem *.

Aufgabe 12

Erklären Sie die Äußerungen von Kindern in deren Erstsprache: Wie kam es vermutlich zu diesen Fehlern?

1. *Jule* (der Hund) *hat mich *angewaut.*

____

2. *Uli baut *Hause.*

____

angeborene Spracherwerbsfähigkeit

Uli zeigt mit beiden Äußerungen, dass er bestimmte Regeln erkennen und auf Fälle anwenden kann, die er in dieser Form sicher noch nicht gehört haben kann. Wir werten dies als einen Hinweis auf eine angeborene Spracherwerbsfähigkeit, die wir offenbar später im Leben für Fremdsprachen aktivieren können. In Satz 1 hat der Junge ganz korrekt aus dem lautmalerischen Wort *wauwau* ein Verb gebildet und dazu auch die richtige Perfektform. Er weiß aber noch nicht, dass man aus *wauwau* eigentlich kein Verb machen kann. Trotzdem verstehen alle gut, was er sagen will.
In Satz 2 beschreibt Uli, was er mit seinen Bauklötzen gemacht hat, und möchte hier vermitteln, dass er mehrere Häuser gebaut hat. Dabei zeigt er, dass er -e als ein Pluralmorphem kennt, allerdings hängt er es an ein Substantiv an, für das bei der Pluralbildung andere Regeln gelten. Diese Übertragungsfehler können aber als Beweis dafür dienen, dass Kinder über einen angeborenen Spracherwerbsmechanismus verfügen, der es ihnen ermöglicht, selbstständig Pluralformen zu bilden.

Nativismus

Nativistische Ansätze sagen, dass Menschen eine angeborene Fähigkeit haben, Sprache zu erwerben. Für sie ist Spracherwerb ein Prozess, in dem sich angeborene Fähigkeiten entfalten. Der Ansatzpunkt für nativistische Theorien stellt das sogenannte logische Problem des Erstsprachenerwerbs dar, denn man hat Folgendes festgestellt:

- Das sprachliche Umfeld der Kinder ist „ärmer" als ihre Produktionen es sind. Kinder produzieren also sprachliche Formen, die sie nie gehört haben.
- Sprache im Umfeld des Kindes wird zum Teil fehlerhaft produziert. Dennoch sind Kinder nicht irritiert.
- Auch ohne negatives Feedback durch die Eltern oder andere Personen im Umfeld entwickeln Kinder korrekte Sprache. In frühen Erwerbsstadien nehmen sie Verbesserungen nicht an. Sie sind resistent gegen Fremdkorrekturen.
- Kindersprache weist sprachliche Formen auf, die nicht zielsprachlich sind. Diese Formen sind aber z.T. systematisch.

Aus diesen Überlegungen ist die Identitätshypothese entstanden, die auch den Fremdsprachenerwerb auf der Basis der angeborenen Fähigkeiten zu erklären versucht.

Identitätshypothese

Die **Identitätshypothese** geht davon aus, dass die zu lernende Sprache eine Art Spracherwerbsmechanismus auslöst, wie er auch beim Erstspracherwerb wirkt. Als Begründung wird die generelle Sprachfähigkeit von Menschen angeführt: Kinder erwerben die Sprache ihrer Umgebung, weil Spracherwerb auf der Basis von Umweltreizen biologisch in ihnen angelegt ist. Dieser Mechanismus wird auf das Lernen jeder weiteren Sprache übertragen. In der Sichtweise der Identitätshypothese gleicht das Lernen einer jeden weiteren Sprache dem der Erstsprache. Mit zunehmendem Alter verändern sich jedoch physische und kognitive Gegebenheiten, z.B. das Verständnis davon, wie Sprache funktioniert, sodass weitere Sprachen anders gelernt oder erworben werden als die erste. Außerdem wird Sprache in erster Linie als Mittel der Kommunikation genutzt. Wenn Menschen ihr Kommunikationsbedürfnis in der Erstsprache befriedigen können, lernen sie eine zweite Sprache unweigerlich mit einer anderen Motivation.

Da Fehler beim Lernen einer Fremdsprache ebenso unvermeidlich sind wie beim Lernen der Erstsprache im Kindesalter, sollten Lehrkräfte Fehler grundsätzlich akzeptieren. Fremdsprachenlernende machen auch ganz ähnliche Fehler wie Kinder in ihrem Erstspracherwerb. Erst nach und nach bilden sich zielsprachliche Strukturen heraus.

2.3.1 Auf dem Weg von der Erst- zur Fremdsprache

In diesem Teilkapitel gehen wir darauf ein, dass sich bestimmte Bereiche der Sprache, z.B. die Bildung der Tempusformen, in vorhersehbaren Schritten entwickeln. Wir kommen dafür noch einmal auf die falsche Präteritumform **kommte* zurück. Sowohl bei Kindern, die Deutsch als Erstsprache erwerben, als auch bei Lernenden von Deutsch als Fremdsprache tauchen im Verlauf des Erwerbsprozesses nacheinander die Formen *kam*, **kommte*, **kamte*, *kam* auf.

Aufgabe 13 **Was meinen Sie: Wie lässt sich die Verwendung der Formen in der Reihenfolge *kam, *kommte, *kamte, kam* erklären?**

Wir nehmen an, dass *kam* als eine sogenannte unanalysierte, gehörte Form einfach übernommen wird, d.h., Lernende benutzen sie, ahmen sie nach, ohne sie in ihrer Struktur verstanden zu haben. So kann es passieren, dass gelernte Formen wie die Präteritumendung *-te* an alle Verbformen angehängt werden: Auf diese Weise entstehen zunächst Formen wie **kommte*, nach einer Korrektur oder nach einer nächsten Erwerbssequenz solche wie **kamte*. Erst danach kehren die Lernenden zu der korrekten Form *kam* zurück, die sie jetzt verstanden, d.h. korrekt analysiert haben.

Erwerbssequenzen

Erwerbssequenzen sind also relativ gut vorhersehbare Abfolgen, in denen bestimmte Bereiche von Sprache erworben werden. Diese Erwerbssequenzen müssen offenbar durchlaufen und können nur selten übersprungen werden.
Aus diesem Grund können Sie Ihre Lernenden auch immer wieder auf bestimmte Fehler hinweisen, Sie müssen aber trotzdem Geduld haben und warten, bis die Lernenden in ihrer sprachlichen Entwicklung so weit sind, dass sie die Formen begreifen und anwenden können. Dies ist die Grundannahme der Lehr-/Lernbarkeitshypothese.

Lehr-/Lernbarkeitshypothese

Die **Lehr-/Lernbarkeitshypothese** geht davon aus, dass es eine vorgegebene Reihenfolge beim Erwerb von Strukturen einer Sprache gibt und sich diese Reihenfolge nicht beeinflussen oder verändern lässt. Lernprozesse können nur dann erfolgreich verlaufen, wenn sie auf das nächste Stadium des Erwerbs bei den Lernenden Bezug nehmen. Damit eine sprachliche Struktur aufgenommen, mental verarbeitet und in den Wissensstand aufgenommen werden kann, muss bei den Lernenden die mentale Bereitschaft dazu bestehen. Ob dies für alle Spracherwerbssequenzen gültig ist und inwieweit Unterricht den Erwerb beeinflussen kann, wird zurzeit in der Forschung diskutiert, beispielsweise in Forschungen zum Zusammenspiel von generellen und individuellen Entwicklungsstufen. Außerdem prüft man die Gültigkeit dieser Hypothese für eng verwandte Sprachen (Deutsch-Niederländisch).

Mit diesen Erkenntnissen aus der Spracherwerbsforschung haben Sie unmittelbar zu tun, wenn Sie z.B. Lehrwerke verwenden, die die Hinweise aus der Forschung zur Reihenfolge der Strukturen beim Spracherwerb berücksichtigen. Lehrwerke für Deutsch als Fremdsprache teilen die Lerninhalte in „lernbare" Einheiten auf und präsentieren grammatische Strukturen wie z.B. eine Deklination nicht vollständig, sondern nacheinander.
Das Lehrwerk *geni@l* A1 und A2 führt im Band A1 zunächst nur *haben* und *sein* im Präsens ein und präsentiert erst im Band A2 das Perfekt, danach das Präteritum der Modalverben und dann erst das Präteritum in allen Formen.
Ein anderes Beispiel ist die Präsentation des Dativs. Dazu findet man im Lehrerhandbuch zu *geni@l* A2 den folgenden Hinweis:

> Der Schweizer DIGS-Studie konnten wir entnehmen, dass auch fortgeschrittene Schüler den Dativ am liebsten vermeiden oder ihn fehlerhaft benutzen. Wir haben daraus den Schluss gezogen, dass in diesem Fall eine besonders sorgfältige Aufteilung und Wiederholung über die Bände A1 und A2 nötig ist.
>
> A1: Erster Fokus auf Ortsangaben (Räume in der Schule): „Wo ist ...?" (E12), Verwendung der Präposition „mit" + Dativ ohne expliziten Form-Fokus (E13)
>
> A2: Personalpronomen im Dativ komplett, wichtige „Dativ-Verben" (E1), Präpositionen „zu" + Dativ (Thema: Richtung, Orientierung) (E2), Wiederholung „Wo?" -> Präposition + Dativ (Ü13)
>
> Durchgängige Verwendung ohne expliziten Form-Fokus (Ü2–4, 6, 13) (E3), Possessivartikel im Dativ (E8), Wechselpräpositionen (E8), Gesamtwiederholung (E12)
> (Funk u.a. 2004, S. 13)

Das Beispiel zeigt, dass Lehrwerkautorinnen und -autoren ihre Entscheidungen, warum sie Lerninhalte wie präsentieren, mit Blick auf die Erwerbssequenzen begründen.
Als Lehrende sollten Sie sowohl die jeweils aktuellen Lernsequenzen Ihrer Lernenden kennen als auch die Erwerbssequenzen einschätzen können, die jeweils vor den Lernenden liegen. Sehen Sie doch einmal im Lehrerhandbuch zu Ihrem Lehrwerk nach, ob Sie Hinweise darauf finden, von welchen Annahmen die Autorinnen und Autoren bei Entscheidungen zur grammatischen Progression ausgegangen sind.

Die Spracherwerbshypothesen liefern aber noch weitere Erklärungen für Fehler im Erstspracherwerb wie auch für solche, die im Fremdsprachenunterricht auftreten. Der folgende Fehler beruht möglicherweise auf einer anderen Ursache als die bisherigen:

Aufgabe 14

Beschreiben Sie den folgenden Fehler: Wie könnte diese Form entstanden sein?

*Ich *trinkst Milch.*

Bekannte Form

Dieser Satz stammt von einem norwegisch-deutschen Kind, das häufig mit Fragen wie *Spielst du schön?, Hast du Hunger?, Trinkst du Milch?* zum Sprechen eingeladen wurde. Als das Mädchen der deutschen Oma am Telefon beschreiben möchte, was es gerade macht, überträgt es die ihr bekannte Verbform (du trinkst), auf ihre eigene Aussage in der 1. Person Singular.
Diesen Sachverhalt kennen Sie sicherlich auch aus Ihrem Unterricht. Lernende verwenden eine Form, die sie im Unterricht oft gehört haben, ohne sie an die eigene Aussage anzupassen. Die Äußerungen, die in diesen Entwicklungsstadien entstehen, werden **Lernervarietäten** oder auch Lernersprache genannt.

Lernervarietät

Eine **Lernervarietät** ist eine **systematische Abweichung** von der theoretischen Norm einer Sprache. Sie ist vom individuellen Stand des Spracherwerbs abhängig.
Zu Beginn stellen Lernende, vor allem aufgrund ihres erstsprachlichen Wissens, Hypothesen über die Phänomene der Fremdsprache auf. Dieses Aufstellen und Prüfen von Annahmen wird zunehmend durch fremdsprachliches Wissen ergänzt, sodass sich die Lernervarietät während des Spracherwerbsprozesses immer wieder verändert. Analysiert man als Lehrkraft Lernervarietäten, dann kann man individuelle Lernfortschritte der Lernenden und die von ihnen dabei eingesetzten Strategien erkennen und beschreiben. Auf diese Weise kann man Ursachen von Fehlern verstehen und ein Bewusstsein für aktuelle Erwerbssequenzen entwickeln.

Interlanguage-Hypothese

Die **Interlanguage-Hypothese** stellt eine Weiterentwicklung der Identitätshypothese dar. Lernende bilden nach dieser Hypothese fortlaufend Lernervarietäten oder **Zwischensprachen** aus. Diese weisen Elemente der Erst- und Zielsprache auf, jedoch auch eigene, nicht in einer der beiden anderen Sprachen zu findende Phänomene.
Diese Zwischensprachen sind gleichermaßen systematisch und variabel, d.h., die Zwischenschritte geschehen nicht willkürlich, befinden sich aber in einem stetigen Prozess der Veränderung. Nach der Interlanguage-Hypothese kann es dabei zu sogenannten **Fossilierungen** kommen, wenn sich bestimmte, zum Teil fehlerhafte Äußerungen, fest einprägen und nicht mehr verändert werden.

Lernervarietäten weisen Strukturen auf, die noch nicht korrekt oder zielsprachenkonform sind. Dass diese auftreten, ist ganz normal und sollte nicht als Faulheit oder negative Einstellung zum Lernen interpretiert werden. Vielmehr sollten Sie als Lehrkraft diese fehlerhaften Strukturen aufgreifen und thematisieren, denn anhand dieser Fehler können Sie sogar Rückschlüsse darauf ziehen, was Ihre Lernenden bereits gut gelernt haben.

2.3.2 Einflüsse der Erstsprache auf das Fremdsprachenlernen

Sie haben erfahren, dass Fehler durch Übergeneralisierungen und Lernervarietäten produziert werden können. Es gibt aber noch weitere Fehlerquellen in den Äußerungen von Lernenden. Dazu haben wir wieder einige Beispiele zusammengestellt.

Aufgabe 15

Sehen Sie sich die drei folgenden Sätze an und überlegen Sie: Was ist hier falsch? Was könnte dafür die Ursache sein?

1. *Die Mond ist aufgegangen.*

2. *Das Mond ist aufgegangen.*

3. *Mond ist aufgegangen.*

Bestimmt haben Sie festgestellt, dass die Lernenden in zwei Sätzen das falsche Genus verwendet haben, denn *Mond* ist im Deutschen grammatisch maskulin. Im dritten Satz wurde kein Artikel benutzt. Man könnte hier argumentieren, dass die Lernenden ihre Vokabeln nicht gut genug gelernt haben. Vielleicht haben Sie aber auch erkannt, dass in den Beispielen 1 bis 3 vermutlich die Begründung noch etwas differenzierter ausfallen muss: Möglicherweise wurden die Fehler durch die Übertragung einer Regel von der Erstsprache in die Fremdsprache verursacht. Vielleicht handelt es sich im Beispiel 1 um jemanden mit einer Erstsprache wie Französisch, in der Mond *la lune* Femininum ist; vielleicht spricht der Lerner, der Satz 2 gebildet hat, Englisch, das bei Nomen keine grammatischen Genera unterscheidet. Im Beispiel 3 könnte es sein, dass die Lernerin eine Erstsprache oder Fremdsprachen spricht, in denen es keine Artikel gibt oder in denen bei dieser Äußerung ein vorangestellter Artikel nicht notwendig wäre, wie z.B. im Polnischen. Solche Einflussnahmen der Erstsprache auf die Fremdsprache werden als **Transfer** bezeichnet. Ist der Transfer negativ, entstehen also daraus Fehler, nennt man dies **Interferenz**. Demnach sind alle Fehler, die durch einen negativen Transfer von der Erst- in die Zweitsprache entstehen, Interferenzfehler.
Dass bereits gelernte Sprachen beim Lernen und in der Kommunikation in einer anderen Sprache, z.B. Deutsch, beteiligt sind und manchmal lernerleichternd, aber manchmal auch störend sein können, vermutet die Kontrastivhypothese.

Kontrastivhypothese

Die **Kontrastivhypothese** geht davon aus, dass eine neue Sprache schlechter gelernt wird bzw. schwieriger zu lernen ist, wenn sie große strukturelle Unterschiede zur Erstsprache aufweist. Je größer die Unterschiede zwischen Erstsprache und zweiter Sprache sind, desto mehr Interferenzen ergeben sich. Diese lassen sich aufgrund von kontrastiven Vergleichen beider Sprachen herausfiltern und erklären. Gegen die Kontrastivhypothese ist einzuwenden, dass strukturelle Ähnlichkeiten zwischen Sprachen nicht automatisch zu erfolgreichem Lernen führen müssen. Außerdem kann man von einem konkreten Fehler nicht automatisch auf einen Rückgriff auf die Erstsprache schließen.

Aus der Kontrastivhypothese folgt, dass es hilfreich ist, wenn Sie als Lehrkraft wissen, welche Erstsprache(n) und Fremdsprachen Ihre Lernenden erworben oder gelernt haben. Kontrastive Analysen, die die Unterschiede zwischen Erst- und Zielsprache verdeutlichen, können dabei helfen, Lernenden ihre Fehler und Kompetenzen bewusst zu machen.

Die Kontrastivhypothese kann also als Erklärung dafür dienen, ob bestimmte Fehler auf Unterschiede zwischen der Erst- und der Fremdsprache der Lernenden zurückzuführen sind. Wir wissen inzwischen aber, dass die Hypothese und der Vergleich der Sprachen ausschließlich zur Fehlereinschätzung dienen, dass man damit jedoch keine Fehler vorhersagen kann.

2.3.3 Das mentale Lexikon

Für Sie als Lehrkraft ist es sicher wichtig, dass Fehler vermieden werden, denn Sie wollen ja, dass sich Ihre Lernenden sprachlich verbessern. Doch wie wir gesehen haben, sind Fehler elementare Bestandteile des Erwerbsprozesses und lassen sich nicht grundsätzlich vermeiden. Dies gilt auch für das folgende Beispiel:

*Erst gestern haben wir uns darüber *überhalten.*

Hierbei handelt es sich um einen sogenannten **Versprecher**. Wir gehen davon aus, dass die Lernerin weiß, dass man sich im Deutschen *unterhält*. Trotzdem ist ihr dieser Fehler unterlaufen. Um ihm auf die Spur zu kommen, wollen wir uns nun ansehen, wie das Gehirn das Vokabular und die Bedeutung einzelner Wörter organisiert.

mentales Lexikon

Aus der Psycholinguistik stammt das Konzept des **mentalen Lexikons**. Es beschreibt, wie **mentale Repräsentationen von Wörtern** in Verbindung zueinander stehen und wie diese es Menschen ermöglichen, Sprache zu benutzen. In Kapitel 2.2 haben wir uns bereits damit beschäftigt, dass konnektionistische Lerntheorien das Gehirn als neuronales Netzwerk begreifen, in dem Wissen miteinander verknüpft ist. Das Konzept des mentalen Lexikons schließt an diese Vorstellungen an.

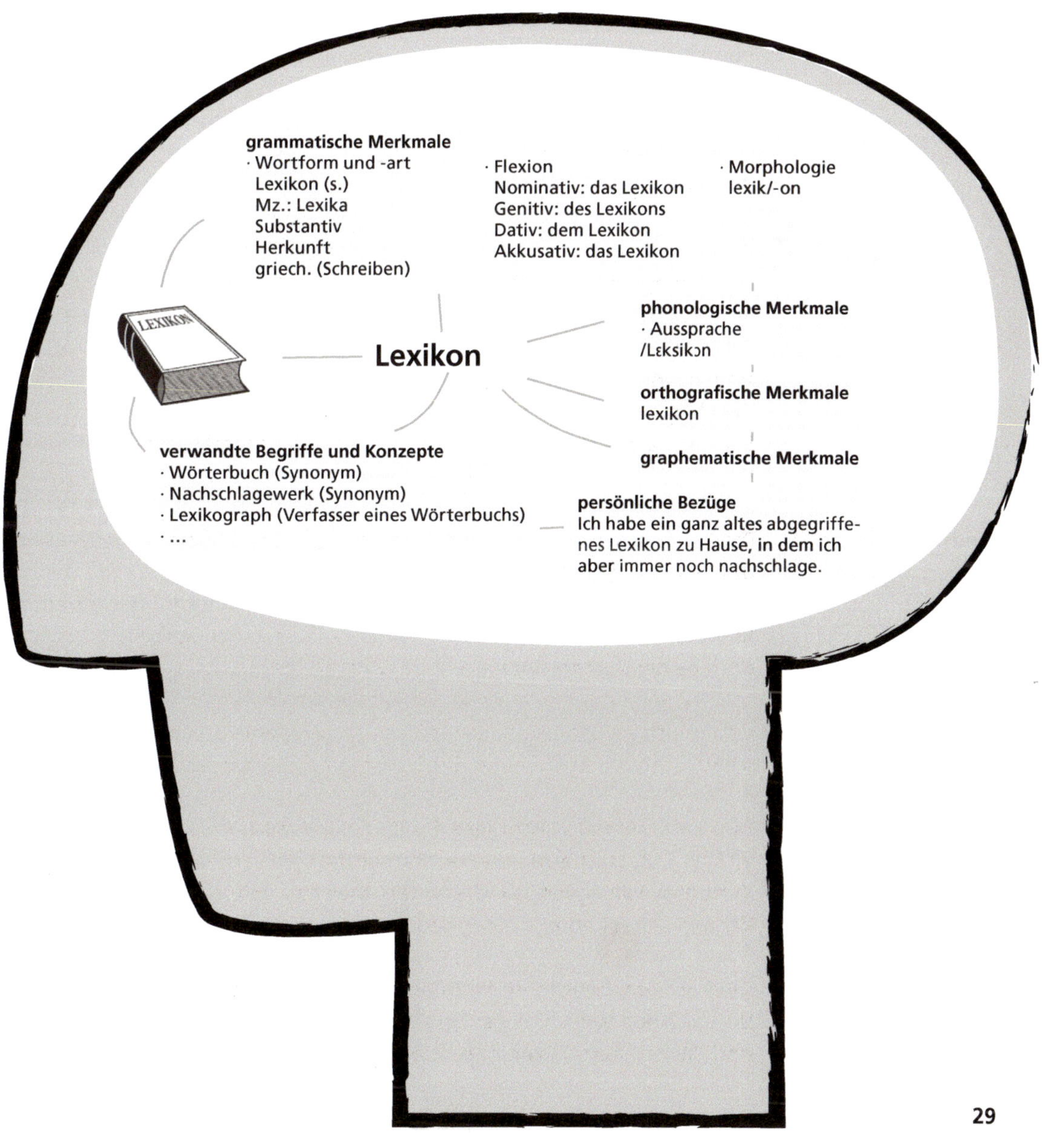

In einem Lexikon kann man Wörter nachschlagen, die über Querverweise miteinander verbunden sind. Man findet inhaltliche Erläuterungen zu einem Thema und weiterführende Informationen, die man an anderen Stellen vertiefen kann.
Das mentale Lexikon ist ähnlich zu verstehen. Ein Wort im Kopf eines Sprachbenutzers ist einerseits über grammatische Merkmale (Wortart, Flexion, Genus, Morphologie usw.) und andererseits über phonologische (Aussprache) bzw. graphematische Merkmale (z.B. durch das Schriftbild) im mentalen Lexikon verankert, damit es in einem Gespräch oder Text produziert werden kann. Schließlich beinhaltet der Eintrag im mentalen Lexikon noch eine bestimmte Bedeutung sowie Querverweise zu anderen Wörtern und Konzepten (verwandte Begriffe). Wörter, die synonym sind oder zum selben Wortfeld gehören, werden mit aufgerufen, ebenso wie individuelle Vorstellungen, die von Person zu Person unterschiedlich ausfallen (persönliche Bezüge).

Vernetzung von Wörtern

„im mentalen Lexikon verortet"

Die Art, wie einzelne Wörter oder Ausdrücke im mentalen Lexikon miteinander vernetzt sind, ist entscheidend dafür, ob die Lernenden sie abrufen können. Wenn ein Begriff mit vielen anderen vernetzt ist, kann er schneller gefunden und verwendet werden. Doch nicht nur ganze Wörter sind im mentalen Lexikon miteinander vernetzt, auch einzelne, noch kleinere Einheiten mit Bedeutung, sogenannte Morpheme, stehen in Verbindung. So kann es z.B. passieren, dass beim Sprechen zwei solche Morpheme, die im mentalen Lexikon nah beieinander verortet sind, vertauscht werden.
Im Beispiel *Erst gestern haben wir uns darüber *überhalten.* hat die Sprecherin *über-* und *unter-* vertauscht. Bei *über-* und *unter-* handelt es sich um gegensätzliche Konzepte, die sich meist auf die Lage von Gegenständen beziehen. Da im mentalen Lexikon neben Synonymen, d.h. Wörtern mit gleicher Bedeutung, auch Antonyme, d.h. Wörter mit gegensätzlicher Bedeutung, miteinander vernetzt sind, kann es vorkommen, dass diese vertauscht werden. Im vorliegenden Fall bezeichnet *unter-* jedoch nicht die Lage eines Gegenstands, sondern ist Bestandteil des Wortes *unterhalten*. Trotzdem ist es im mentalen Lexikon nahe bei *über-* verortet, weshalb die Verwechslung passieren konnte. Es kommt hinzu, dass man im Deutschen auch sagt *Wir haben uns über etwas unterhalten.* – die beiden vertauschten Wörter werden also häufig zusammen aufgerufen.

Wichtig für unsere Überlegungen zum Spracherwerb ist, dass Wörter im Gehirn **vernetzt** abgespeichert sind (siehe Konnektionismus in Kapitel 2.2). Aus diesem Grund sollten Sie als Lehrkraft den Lernstoff am besten so anbieten, dass Lernende **Bezüge zwischen einzelnen Phänomenen** herstellen können, z.B. indem Sie neuen Wortschatz nicht isoliert, sondern in Wortfeldern präsentieren.

Für die Betrachtung von Fehlern bedeutet die Vorstellung von einem mentalen Lexikon, dass es Fehler gibt, die aus der Verknüpfung von Konzepten entstehen. Versprecher sind ein Hinweis darauf, dass miteinander verbundene Begriffe vertauscht wurden. Tritt ein solcher Fehler nur einmal auf, kann er ignoriert werden – die/der Lernende hat das zugrunde liegende Konzept verstanden und sich sozusagen nur beim Nachschlagen im Wörterbuch vertan. Tritt diese Form jedoch häufiger auf, kann ein Interferenzfehler vorliegen. Dann müssen die Unterschiede zwischen den verknüpften Begriffen nochmals explizit aufgezeigt werden.

2.3.4 Mit- und voneinander lernen

Bisher haben wir uns mit Spracherwerbshypothesen befasst, die beschreiben, wie die Erst- und Fremdsprache aufeinander einwirken, dass sich Spracherwerb in Sequenzen vollzieht und wie Wörter im Gehirn gespeichert werden.
In der Spracherwerbsforschung hat man sich jedoch vermehrt dem zugewandt, was in der Lernumgebung der Lernenden stattfindet. Der Unterricht selbst rückte mehr in den Fokus. Unterricht ermöglicht, dass ständig Interaktion zwischen Lehrkraft und Lernenden oder den Lernenden untereinander stattfindet. Dieses Miteinander-in-Kontakt-Treten und Kommunizieren ist eine wichtige Voraussetzung für das Sprachenlernen (siehe Interaktionismus in Kapitel 2.2) und wurde daher in den Spracherwerbshypothesen aufgegrif-

fen. Neben spontanen Interaktionen bietet die Lehrkraft im Unterricht vielfache Lernaktivitäten an, in denen die Lernenden mit der Fremdsprache konfrontiert werden. Zum Beispiel liest sie mit den Lernenden Texte in der Fremdsprache oder fordert sie dazu auf, Übungen im Lehrbuch zu machen. Die sprachliche Umgebung bietet somit vielfältiges sprachliches Material oder Input, der den Lernenden dabei hilft, sprachliche Kompetenz aufzubauen.

Inputhypothese

Im Rahmen der **Inputhypothese** wird davon ausgegangen, dass das Sprachenlernen von Erst- und Fremdsprache ohne ausreichenden **Input** nicht möglich ist. Input ist in jeder Form von Kontakt mit Sprache möglich, weshalb auch Texte, die Lernende lesen, sowie Hör- oder Liedtexte, Videos, Fernsehsendungen und Internetseiten Input sind. Der Input muss sich nicht an die Lernenden richten, sondern es genügt, wenn sie ihn aufnehmen, z.B. wenn sie ein Gespräch verfolgen.

Aber nicht nur die Quantität, auch die **Qualität des sprachlichen Inputs** ist ausschlaggebend für den Fremdsprachenerwerb. Studien zeigen, dass neue sprachliche Strukturen, die durch Input angeboten werden, für die Lernenden auffällig und an ihr jeweiliges Erwerbsstadium angepasst sein müssen. Input, den die Lernenden noch nicht erkennen und verarbeiten können, wird nicht aufgenommen.
Lernende übernehmen also neue Elemente der zu lernenden Sprache, wenn sie mit **optimalem Input** versorgt werden; optimal heißt, dass sich das sprachliche Angebot – also z.B. Chunks (feste Verbindungen von Wörtern), Wörter, Intonation und Satzmelodie – ein wenig über dem bisher erreichten sprachlichen Niveau bewegt. Optimal bedeutet nicht, dass den Lehrenden niemals ein Fehler unterlaufen darf, wenn sie mit ihren Lernenden sprechen. Man sollte als Lehrkraft vielmehr stets bemüht sein, den Lernenden ein anregendes sprachliches Umfeld zu bieten.

Doch auch wenn der Unterricht sprachlich anregenden Input liefert, haben Sie sicher schon festgestellt, dass am Ende des Unterrichts nicht alle Ihre Lernenden über die gleichen Kompetenzen verfügen. Dazu wollen wir uns ein Beispiel ansehen:

Die Lehrerin hat neue Verben eingeführt, um den Wortschatz zu erweitern. Diese Verben sollen nun von den Schülerinnen und Schülern in kurzen Sätzen verwendet werden. Als Serhan an die Reihe kommt, verwendet er das falsche Verb, obwohl die Mitschülerinnen und Mitschüler bereits jeweils passende Verben auswählen und benutzen konnten.

Aufgabe 16 **Woran könnte es liegen, dass Serhan einen Fehler gemacht hat, obwohl er der Lehrerin und den Mitschülerinnen und Mitschülern zugehört hat?**

Intake / er hört nicht zu / müde

Input vs Intake

Serhan hat in unserem Beispiel sowohl Input von der Lehrerin als auch von den anderen Lernenden erhalten. Dennoch kam es zu seinem Fehler. Wie dies passieren konnte, erklären wir im Folgenden.

Intake

Wenn Sie im Unterricht einem Lernenden positive Rückmeldung geben oder ihn korrigieren, ist dies für alle anderen im Klassenraum ebenfalls Input; es sei denn, die Lernerinnen und Lerner halten sich die Ohren zu. Letzteres mag im Unterricht unwahrscheinlich sein, es verdeutlicht aber ein wichtiges Problem, das mit der Inputhypothese im Zusammenhang steht. Input wird nicht immer und nicht von allen Beteiligten in gleichem Maße aufgenommen. Manche Schüler und Schülerinnen hören gerade nicht zu oder beschäftigen sich mit etwas anderem, während gesprochen wird. Sicherlich kennen Sie das Phänomen von sich selbst: Wenn Sie müde oder unkonzentriert sind, nehmen Sie nicht alle Details eines Gesprächs auf oder überlesen Zeilen in einem Text, ohne zu wissen, was dort gestanden hat. Deshalb unterscheidet man für den Kontext des Unterrichts zwischen Input und **Intake**. Input bezieht sich hier nur auf das, was die Lernenden an Sprachkontakt erreicht; Intake bezieht sich auf das, was sie davon wirklich **verarbeiten**. Bei einer Lerngruppe dürfte während des Unterrichts der Input für alle derselbe sein, der Intake ist jedoch von Individuum zu Individuum unterschiedlich. Um Input zu Intake zu verarbeiten, ist es wichtig, diesen bewusst aufzunehmen und zu reflektieren. In unserem Beispiel hat Serhan die Verben zwar gehört, aber nicht verarbeitet. Deshalb konnte er sie nicht in seinen Wissensbestand aufnehmen und nicht richtig auf die Frage antworten. Damit Input zu Intake werden kann, muss er für die einzelnen Lernenden sowohl verständlich als auch kommunikativ bedeutsam sein. Wörter oder Laute, die man nicht verwendet, wird man schlechter im Gedächtnis behalten als solche, die man ständig hört und selbst produziert.

Input wird zum Intake

Die **Inputhypothese** besagt, dass der sprachliche Input für die Lernenden zum Intake werden muss. Lernende können neue sprachliche Phänomene dann aktiv verwenden, wenn sie sie für sich mit Sinn füllen und sie bewusst verarbeiten. Drill-Übungen, die den Erwerb von Wortschatz und Strukturen durch schematisches Wiederholen trainieren, sind aus Sicht der Inputhypothese keine angemessene Übungsform.

keine Drillübungen

Output

Wenn Fehler gemacht werden, dann erkennen Sie dies nur, wenn die Lernenden sich mündlich oder schriftlich äußern. Ob Input zum Intake wurde, können Sie als Lehrende also nur dann feststellen, wenn Lernende richtige Wörter oder Strukturen produzieren. Die Forschung hat sich deswegen zunehmend auch mit dem **Output** befasst, den Lernende in der Zielsprache äußern. Der Output zeigt, was jemand in einer Sprache tatsächlich **produktiv** anwenden kann. Output stellt damit das Ergebnis des Lernprozesses dar. Er kann vom Lernenden analysiert und reflektiert werden und als Ausgangspunkt für weiteres Lernen dienen.

Output = produktive Anwendung

Outcome = die langfristige Wirkung des Gelernten

Wenn der Output von Lernenden untereinander gemeinsam entwickelt, korrigiert und verändert werden kann, verläuft der Prozess des Fremdsprachenlernens erfolgreicher, als wenn dies nicht der Fall ist. Deshalb sollten Lernende die Gelegenheit haben, gemeinsam Sprache zu produzieren und sich gegenseitig zu verbessern. Durch diese Aushandlung wird der Output zum **Outcome**. Während Output das bezeichnet, was sich am Ende des Unterrichts als dessen nachweisbares Ergebnis feststellen lässt, beschreibt Outcome die langfristige Wirkung des Gelernten und zeigt damit die sprachliche **Kompetenz** der Lernenden.

Interaktions-hypothese

Auf diesen Überlegungen zu Input und Output baut die **Interaktionshypothese** auf. Sie besagt, dass der Unterricht – verstanden als Interaktion zwischen Lehrenden und Lernenden oder der Lernenden untereinander –

> einer Sequenz potentieller Lernmomente gleichkommt, die die Lernenden je nach Bereitschaft, Motivation, Zielsetzung usw. unterschiedlich nutzen.
> (Edmondson/House 2006, S. 270f.)

Sprache wird nach dieser Hypothese nicht einfach durch Sprechen und/oder Hören gelernt, sondern beim **Aushandeln von Bedeutungen**. Dies geschieht beispielsweise, wenn Lernende gemeinsam Lernaufgaben bearbeiten. Indem sie ihren Lernpartnern etwas erklären, wird ihnen möglicherweise bewusst, was sie sich erarbeitet haben, was sie schon können oder noch lernen müssen. In diesem Moment sind sie möglicherweise aufmerksam für sprachliche Strukturen. Außerdem erhalten sie in der sozialen Interaktion sprachlichen Input durch den Lernpartner, der für den Sprachlernprozess so wichtig ist. Um das zu verdeutlichen, möchten wir auf Ihren Unterricht Bezug nehmen:

Aufgabe 17

Wie tauschen sich Ihre Lernenden bei Lernaktivitäten aus? Notieren Sie drei Gelegenheiten und geben Sie jeweils ein Beispiel.

Gelegenheiten für einen Austausch der Lernenden untereinander
1. *Sie stellen sich gegenseitig Fragen, z.B. zu einem Text, den sie gelesen haben.*
2.
3.
4.

Wie gut sich das kognitive Potenzial der Lernenden entfalten kann, hängt zu einem großen Teil von der gemeinsamen Aushandlung von Bedeutung ab. Lernende sollten deshalb im Unterricht Aufgaben bearbeiten, in denen sie miteinander über ihre subjektiven Eindrücke sprechen. Auf diese Weise rekonstruieren und ko-konstruieren sie soziale Realität und handeln sie zusammen aus. Aufgaben müssen deshalb so gestellt werden, dass sie die Lernenden dazu anleiten, Bedeutung auszuhandeln. Lernende können sich zum Beispiel als Partner beim Lernen von Sprachen unterstützen, indem sie sich gegenseitig Feedback geben.

Negative und positive Rückmeldung lenkt die Aufmerksamkeit der Lernenden auf bestimmte sprachliche Strukturen und Inhalte und steuert deren Verarbeitung. Das Feedback muss die Lernenden darin unterstützen, die verwendeten sprachlichen Strukturen zu analysieren, unpassende oder falsche Formen zu identifizieren und alternative Strukturen zu produzieren.
Doch wie kann man Lernende dazu bringen, miteinander zu interagieren und gemeinsam Bedeutungen auszuhandeln?

Aufgabe 18

Sehen Sie sich nochmals die Gelegenheiten für Austausch an, die Sie in Aufgabe 17 notiert haben. Bei welchen handeln die Lernenden gemeinsam Bedeutung aus?

Input → Intake

Unterrichtssequenzen, in denen Input noch einmal aufgegriffen und wiederholt wird, sollten verstärkt werden. Besonders dann, wenn Lehrende oder Lernende nachfragen, Äußerungen erneut produzieren oder sich selbst korrigieren und ergänzen, wird die Verarbeitung von Input zu Intake verbessert.

Unterrichtssequenzen

Unterrichtssequenzen, bei denen Input noch einmal verstärkt wird, sind z.B.:
- Rückfragen, bei denen Lernende um Erklärungen bitten,
- Bestätigungen, dass man verstanden hat, und eine Wiederaufnahme des Gesagten; dabei wird der Input noch einmal formuliert,
- Rückfragen von der Lehrkraft, ob eine grammatische Regel verstanden wurde; dabei wird sie noch einmal wiederholt *(Habt ihr gemerkt, dass …?)*,
- Aufforderungen von der Lehrkraft oder den Mitlernenden, das Gesagte noch einmal zu wiederholen, zu korrigieren oder zu paraphrasieren,
- Wiederholungen, Korrekturen oder Paraphrasierungen von Äußerungen durch die Lernenden selbst *(Ich wollte sagen, dass …)*.

Anpassungsdruck

Wenn Lernende im Unterricht gemeinsam an für sie bedeutungsvollen Aufgaben arbeiten, fühlen besonders Jugendliche oft großen Druck sich **anzupassen,** d.h., so zu sprechen oder zu agieren, wie die Mitschülerinnen und Mitschüler. Sie orientieren sich aneinander und **imitieren** sprachliche Vorbilder, um nicht aufzufallen und dazuzugehören. Auch Anpassungsdruck motiviert Sprachenlernen.

Wir haben uns nun aus der Sicht von Fehlererkennung und Fehlerdiagnose mit verschiedenen Spracherwerbshypothesen und ihren Auswirkungen auf den Unterricht beschäftigt. Dabei wurde deutlich,
- dass die Fähigkeit, Sprachen zu erwerben, den Menschen angeboren ist,
- dass die Erstsprache das Lernen der Fremdsprachen beeinflusst,
- dass das Fremdsprachenlernen ähnlich wie der Erwerb der Erstsprache in bestimmten Sequenzen geschieht,
- dass Lernende nicht allen Input, den sie bekommen, verarbeiten und speichern,
- dass Lernen aber dann geschieht, wenn Input zu Intake wird,
- dass Lernende in Interaktion mit anderen durch das Aushandeln von Bedeutung lernen.

Bisher ging es immer um nur eine Fremdsprache, die zusätzlich zu einer Erstsprache gelernt wird. Nun beschäftigen wir uns mit der Tatsache, dass viele Menschen mehr als nur eine Fremdsprache lernen, und zeigen, welche Konsequenzen sich daraus für den Spracherwerb ergeben.

2.3.5 Mehrere Sprachen lernen

Wenn Ihre Lernenden bereits eine Fremdsprache gelernt haben, haben sie damit Erfahrungen gesammelt, auf die sie zurückgreifen können, wenn eine neue Sprache hinzukommt. Das sollten Sie nutzen, um Ihren Lernenden diesen Fremdsprachenschatz bewusst zu machen und ihnen zu helfen, diesen beim Lernen weiterer Sprachen wahrzunehmen und zu verwenden.

Dafür geben wir Ihnen ein Beispiel einer schwedischen Lernerin, die Deutsch als zweite Fremdsprache lernt, nachdem sie Englisch bereits viele Jahre gelernt hat. Im Unterricht produzierte sie folgenden Satz: *Gestern* wir sind in den Vortrag gegangen.*

Aufgabe 19

Wie lässt sich die fehlerhafte Äußerung aus nativistischer und kontrastiver Perspektive erklären? Analysieren Sie bitte den Satz.

Gestern wir sind in den Vortrag gegangen.*

Aus dem Schwedischen, ihrer Erstsprache, kennt die Lernerin die Inversion nach Adverbialen, und der Satz würde korrekt wie im Deutschen lauten, nämlich *Gestern sind wir in den Vortrag gegangen.* Sie hat aber den Satz nicht einfach aus dem Schwedischen ins Deutsche übertragen, sondern ist den Umweg über ihre erste Fremdsprache gegangen; auf Englisch wäre die Wortstellung in dem genannten Satz so korrekt.

Eine andere Erklärung wäre, dass im Sprachenlerngehirn die Hauptsatzstellung SPO (Subjekt, Prädikat, Objekt) die standardmäßig eingebaute Struktur ist. Sie wird immer zuerst benutzt und erst im Verlauf des Lernprozesses durch abweichende und richtige Strukturen ersetzt. Hierzu wird noch geforscht, um herauszufinden, welcher Mechanismus stärker wirkt.

Fremdsprachenmodus

Wir nehmen an, dass die Lernerin bei dieser Äußerung von ihren Englischkenntnissen beeinflusst wurde: Die Lernerin war im **Fremdsprachenmodus** und hat Parallelen zu ihrer anderen Fremdsprache Englisch gezogen. Leider wurde daraus im Deutschen ein Fehler.

Wie die schon gelernten Fremdsprachen beim Lernen einer weiteren Fremdsprache interagieren, kann man gut anhand von Berichten mehrsprachiger Menschen erkennen. Lesen Sie zu diesem Zweck das folgende Porträt von Adie, dessen spannende Sprachlernbiografie zeigt, wie bei multiplem Sprachenlernen Sprachlernerfahrungen und vorher gelernte Sprachen helfen können, den Prozess des Lernens weiterer Sprachen zu vereinfachen und zu vernetzen.

Aufgabe 20

Unterstreichen Sie im Text, inwiefern der Student beim Lernen weiterer Fremdsprachen auf bestehende Kenntnisse und Lernerfahrungen zurückgreifen konnte.

Hallo, mein Name ist Adie und ich komme von den Philippinen. Dort habe ich als Muttersprache Tagalog gelernt, aber im Kindergarten kam auch schon Englisch dazu, da der Unterricht in der Schule größtenteils auf Englisch stattfindet. Mit 15 habe ich angefangen, mich für japanische Trickfilme zu interessieren, und habe deswegen mit Japanisch begonnen. Später habe ich dann an der Universität Japanisch gelernt und dort auch mit Französisch und Deutsch angefangen. Zwar sind Japanisch und Deutsch sehr unterschiedliche Sprachen, aber trotzdem hat mir das Japanische geholfen – im Bereich des Kasus konnte ich mir durch den Vergleich viel erklären. Die deutschen Wörter konnte ich recht schnell behalten, da es im Englischen viele Begriffe gibt, die ähnlich sind. Deswegen hatte ich daran mehr Spaß als an Französisch. Trotzdem habe ich auch Französisch recht schnell gelernt. In meiner Muttersprache Tagalog gibt es viele Fremdwörter aus dem Spanischen. Die haben mir beim Lernen des französischen Wortschatzes geholfen, aber ich habe dann doch lieber Spanisch belegt. Die Grammatik und Zahlwörter sind im Französischen und Spanischen fast gleich. Deswegen kann ich mir die auch heute noch gut merken, auch wenn ich lange kein Französisch mehr gesprochen oder gelernt habe.
Während des Studiums konnte ich noch mit Dänisch anfangen. Das erscheint mir ziemlich einfach, denn Dänisch ist quasi wie eine Mischung aus Deutsch und Englisch, weshalb ich ganz viel vergleichen kann. Zwar habe ich erst ein halbes Jahr Dänischstunden gehabt, aber ich glaube, ich würde in Dänemark schon ganz gut zurechtkommen. Nur die Aussprache macht mir noch Probleme, denn die ist ganz anders als in allen Sprachen, die ich bisher gelernt habe.

Vor ein paar Jahren konnte ich einen Auslandsaufenthalt in Deutschland machen, was mich wieder sehr motiviert hat, Deutsch noch besser zu beherrschen. Deswegen bin ich jetzt im Rahmen meines Studiums hergekommen. Ich möchte besonders das Sprechen verbessern, und das geht am besten, wenn man auch wirklich Deutsch sprechen muss. Aber auch das wissenschaftliche Schreiben will ich besser können. Außerdem interessieren mich die Kultur und das Land sehr.
Es motiviert mich immer, wenn ich sprechen übe. Wenn ich jetzt reise, mache ich mir vorher eine Liste mit Ausdrücken und wichtigen Sätzen in der Sprache des jeweiligen Landes, damit ich mit Menschen in Kontakt kommen kann.

Adie hat bereits mehrfach Erfahrungen mit dem Lernen von Sprachen sammeln können. Deshalb sind bei ihm manche fremdsprachenspezifischen Faktoren wirksam, die beim Erlernen einer ersten Fremdsprache noch nicht wirken konnten, d.h., er ist dadurch, dass er bereits Fremdsprachen gelernt hat, ein „erfahrener" Fremdsprachenlerner, der kompetenter und zielgerichteter an seinen Lernprozess gehen kann als zu dem Zeitpunkt, als er erstmalig eine Fremdsprache gelernt hatte und noch nicht wusste, wie sich das Sprachenlernen anfühlt. In einigen Fällen greift er auf sein sprachliches Wissen zurück, in anderen nutzt er seine Erfahrungen mit dem Sprachenlernen und setzt bestimmte Strategien ein, mit denen er erfolgreich war. Sein Vorgehen beim Sprachenlernen ist bewusst und reflektiert, weil er schon an zahlreiche Wissens- und Erfahrungsbereiche anknüpfen kann. Diese Besonderheiten des Fremdsprachenlernens gelten für die zweite und alle weiteren Fremdsprachen. Der Schatz der sprachlichen Erfahrungen erweitert sich mit jeder Sprache.

Literatur zum Weiterlesen

Wie sich dieser Erfahrungsschatz theoretisch darstellen lässt, zeigen **Mehrsprachigkeitsmodelle**. Wenn Sie eines dieser Modelle näher kennenlernen möchten, empfehlen wir Ihnen das **Faktorenmodell** von Hufeisen (2003, 2010), das verdeutlicht, wie sich das Lernen weiterer Fremdsprachen von dem der Erst- und Zweitsprache unterscheidet.

multilinguale Systeme

Herdina/Jessner u.a. (1999) bezeichnen den Sprachenschatz mehrsprachiger Personen als multilinguale Sprachenvernetzung, die bestimmte Phänomene zeigt. Die Gesamtheit dieser Phänomene nennen sie den **Multilingualismus-Faktor** (M-Faktor), der darauf hindeutet, dass Sprachenvernetzungen sich unterscheiden, je nachdem, ob ein Mensch nur eine, zwei oder mehrere Sprachen beherrscht.

Sprachverlust und Spracherhalt

Multilinguale Sprachenvernetzungen sind **dynamisch**, d.h., sie befinden sich in ständiger Entwicklung. Die Entwicklungsschritte sind höchst individuell, was damit zusammenhängt, dass früher und später erworbene Vernetzungen sich gegenseitig beeinflussen. Je nachdem, welche Sprachen wann gelernt wurden, ändert sich die aktuelle Struktur des multilingualen Netzes im Kopf des Menschen, wenn neue sprachliche Phänomene gelernt werden. Dynamisch bedeutet in diesem Zusammenhang außerdem, dass ein einmal erreichter Sprachstand nicht endgültig ist. Lernende, die keine Energie mehr auf die Aufrechterhaltung einer Sprache verwenden, verlieren ihre Kompetenz in dieser Sprache, was wir als **Sprachverlust** bezeichnen. Das Gegenteil von Sprachverlust bzw. Sprachverfall – der **Spracherhalt** – wird neben den Möglichkeiten der Sprachverwendung auch vom Sprachbewusstsein der Lernenden bestimmt. Es gilt: Je mehr eine Sprache verwendet wird, desto eher wird sie aufrechterhalten. Je mehr Lernende sich ihrer Sprachen bewusst sind, desto wahrscheinlicher ist es, dass sie Energie und Zeit in den Erhalt dieser Sprachen investieren. Es ist daher von Bedeutung, den Lernenden ihre Sprachen bewusst zu machen, damit sie sie von sich aus erhalten wollen.

den Sprachgebrauch fördern

Als Lehrkraft können Sie versuchen, dem Sprachverlust entgegenzuwirken, indem Sie den Lernenden zeigen, wie sie über den Unterricht hinaus Möglichkeiten wahrnehmen können, die Sprache zu gebrauchen. Zum Beispiel können Brieffreundschaften mit Deutschsprachigen organisiert oder es kann das Tandemlernen gefördert werden. Vielleicht haben Sie aber auch die Gelegenheit, einen Austausch nach Deutschland zu organisieren, der Ihre Lernenden dazu anregt, die sprachlichen Fähigkeiten zu erhalten und auszubauen. Am Beispiel von Adie sehen wir, dass er Deutsch vergleichsweise spät gelernt hat, aber sehr daran interessiert ist, diese Sprache zu erhalten und auszubauen. Deshalb studiert er ein Jahr in Deutschland.

Zusammenfassung

Wir haben nun eine Reihe von Erklärungen und Hypothesen behandelt, die sich mit dem Erwerben und Lernen von Sprachen beschäftigen. Die Erkenntnisse der Spracherwerbshypothesen können Ihnen helfen, Fehler, die Ihre Lernenden machen, zu verstehen, zu analysieren, ihre Herkunft einzuschätzen und sinnvoll mit ihnen umzugehen. Wie wir gesehen haben, sind Fehler nicht nur Produkte, die im Fremdsprachenunterricht vorkommen und beseitigt werden müssen. Vielmehr geben sie wichtige Hinweise darauf, wie weit die Lernenden auf dem Weg von der Erst- zur Zielsprache vorangeschritten sind.

Fassen Sie abschließend die zentralen Aussagen der Theorien noch einmal für sich zusammen.

Aufgabe 21

P

Denken Sie an die Hypothesen des Spracherwerbs, die Sie bisher kennengelernt haben. Notieren Sie zu jeder Theorie einige Stichpunkte.

Hypothese des Spracherwerbs	Stichpunkte
Identitätshypothese	
Lehr-/Lernbarkeitshypothese	
Interlanguage-Hypothese	
Kontrastivhypothese	
mentales Lexikon	
Inputhypothese	
Interaktionshypothese	
Mehrsprachigkeitsmodelle	

Sie konnten bestimmt einige Aspekte zusammentragen, die das Sprachenlernen erklären. Unter den verschiedenen Spracherwerbshypothesen gibt es jedoch keine, die alle Phänomene des Spracherwerbs allgemeingültig erklären könnte. Jede Hypothese hat vielmehr ihren Fokus, für den sie nachvollziehbare und abgesicherte Beschreibungen liefert. Erst das Zusammenspiel verschiedener Spracherwerbshypothesen ermöglicht es, den komplexen Prozess des Spracherwerbs aus verschiedenen Perspektiven zu betrachten.

Konsequenzen für den Unterricht

Vielleicht hatten Sie selbst schon erste Ideen, wie man die Aussagen der besprochenen Hypothesen für die Progression im Unterricht nutzbar machen kann, d.h. für die Reihenfolge, was wann im Fremdsprachenunterricht gelernt werden soll und kann. Anhand der **Lehr-/Lernbarkeitshypothese** fassen wir noch einmal beispielhaft zusammen, welche Hinweise Ihnen diese für die Unterrichtsprogression und Ihre Unterrichtsplanung gibt:

1. Bestimmte Stufen im Erwerbsprozess einer Sprache können nicht übersprungen werden, sondern müssen nacheinander durchlaufen werden. Ihr Lehrwerk berücksichtigt dies. Die Lehr-/Lernziele sind an die Erwerbssequenzen der Lernenden angepasst.
2. Bei der Vermittlung von neuen Strukturen sollte nicht das komplette Phänomen mit all seinen Sonderfällen präsentiert werden, sondern nur die Teilbereiche, die zur aktuellen Erwerbssequenz der Lernenden passen und verstehbar sind.

3. Um den Lernleistungen individueller Lernender gerecht zu werden, kann es manchmal nötig sein, sehr langsam vorzugehen und Wiederholungsschleifen einzubauen.
4. Fehler, die entstehen, wenn Lernende noch nicht in der Lage sind, in eine neue Erwerbssequenz einzutreten, können zwar korrigiert werden, die Korrekturen wirken sich aber erst dann aus, wenn die Lernenden in der Lage sind, das neue Phänomen – aufbauend auf dem bereits Bekannten – zu verstehen. Erst dann können sie es auch korrekt anwenden.

Im nächsten Teilkapitel geht es nun darum, weitere Faktoren zu identifizieren, die das Lernen beeinflussen. Wir richten jetzt den Blick auf die Lernenden und auf die individuellen Unterschiede, die beim Spracherwerb eine Rolle spielen.

2.4 Worin unterscheiden sich meine Lernenden?

Wenn Sie dieses Teilkapitel bearbeitet haben, dann
- kennen Sie verschiedene Faktoren, in denen sich Lernende beim Sprachenlernen voneinander unterscheiden,
- wissen Sie, welche Rolle Angst, Interesse, Motivation und Begabung im Lernprozess spielen,
- kennen Sie verschiedene Arten, wie Ihre Lernenden lernen,
- können Sie die Verschiedenartigkeit Ihrer Lernenden bei der Unterrichtsplanung berücksichtigen.

Sicher kennen auch Sie Aussagen wie diese:

> Ich verstehe nicht, warum Ana die Einzige ist, die schon wieder diesen Fehler gemacht hat. Dabei haben wir das doch ganz ausführlich im Unterricht besprochen.

Es ist manchmal nicht einfach zu verstehen, warum Lernende unterschiedliche Kenntnisse haben und über verschiedene Fertigkeiten verfügen, obwohl sie alle denselben Unterricht besucht haben. Neben der Tatsache, dass jede/r Lernende Input auf ihre/seine Weise verarbeitet, gibt es weitere Begründungen dafür, warum sich die Lernergebnisse von Lernenden einer Gruppe unterscheiden können.

Aufgabe 22

Welche Faktoren beeinflussen das Lernen einer fremden Sprache? Tragen Sie Ihre Ideen in das Assoziogramm ein und erweitern Sie es, wenn nötig.

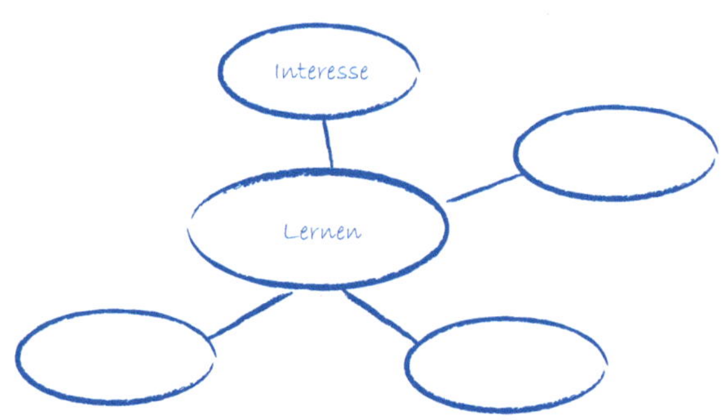

Wir möchten Ihnen nun einige Faktoren vorstellen, die aus wissenschaftlicher Sicht das Lernen von fremden Sprachen beeinflussen. Ein Faktor ist das Alter. Wenn Sie als Lehrkraft unterschiedliche Altersgruppen, also Kinder, Jugendliche oder vielleicht auch Erwachsene, unterrichten, sollten Sie altersspezifische Unterschiede beim Sprachenlernen kennen und bei der Unterrichtsgestaltung berücksichtigen.

2.4.1 Der Faktor Alter beim Sprachenlernen

Wenn wir uns mit dem Alter als Einflussfaktor befassen wollen, müssen wir zunächst klären, welche Altersgruppen sich unterscheiden lassen. Der frühe Zweitsprach(en)erwerb bis zum dritten Lebensjahr weist noch viele Parallelen zum Erstspracherwerb auf und kann mit der Identitätshypothese erklärt werden. Wir schlagen daher vor, überhaupt erst ab dem 6. Lebensjahr von Fremdsprachenlernenden zu sprechen – vorher kann man die Kinder als bilingual Aufwachsende betrachten. Eine andere Möglichkeit ist, von frühem Fremdsprachenlernen als Sonderform des Fremdsprachenlernens zu sprechen.
Des Weiteren kann man zwischen Jugendlichen (12 bis 16 Jahre) und Erwachsenen (ab 16 Jahren) differenzieren, da sich diese Altersgruppen in ihrem Lernverhalten deutlich unterscheiden.
Unterrichten Sie vielleicht 6- bis 12-Jährige, 12- bis 16-Jährige und/oder auch (junge) Erwachsene und haben den Vergleich?

Aufgabe 23

Worin unterscheiden sich Kinder, Jugendliche und Erwachsene beispielsweise beim Lernen der deutschen Aussprache? Notieren Sie.

Altersgruppe	Unterschiede
Kinder	*– ahmen vorgesprochene Äußerungen nach* *– …*
Jugendliche	
(junge) Erwachsene	

Mit zunehmendem Alter verändern sich die kognitiven Strukturen sowie die Kommunikationsstrategien, Interessen, Motive und die Anpassungsbereitschaft der Lernenden. Der unbewusste Erwerb von Sprache, der auf den im Menschen angelegten Erwerbsmechanismen basiert, wird von bewusstem Lernen überlagert. Im Zuge dessen ändert sich auch der Erwerbsprozess.
Die Erwerbsprinzipien sind nicht außer Kraft gesetzt, wenn Lernende plötzlich nicht nur über ihr alltägliches Umfeld Sprache erwerben, sondern unterrichtet werden. Dennoch ist zwischen den beiden Erwerbsformen zu unterscheiden: Angeborene Spracherwerbsmechanismen treten in Kraft, ohne dass sie den Lernenden bewusst sind, und sorgen für sogenanntes **implizites Lernen**. Aufbauend auf den von Natur aus vorhandenen Lernfähigkeiten entwickelt der Mensch im Laufe seines Lebens aber auch bewusste Lern- und Problemlösetechniken, die immer mehr Wirkung entfalten. Wir sprechen dann von **explizitem Lernen**. In der Forschung wird diskutiert, ob diese bewussten Strategien die unbewussten Mechanismen ergänzen, von ihnen unabhängig sind oder ihnen sogar im Wege stehen. Ein Hinweis darauf, dass die letztgenannte Annahme zumindest in Teilen zutreffend sein könnte, ist die Tatsache, dass sich kleine Kinder eine Zweitsprache auf anderen Wegen aneignen als ältere Kinder oder Erwachsene.

Erwerb von Aussprache und Intonation

Kinder sind Jugendlichen und Erwachsenen dann überlegen, wenn der Erwerb unter ähnlichen Bedingungen wie der der Erstsprache stattfindet. Am einfachsten lässt sich dies am Beispiel der Aussprache verdeutlichen: Zugewanderte Kinder erwerben die mündliche Sprache beim Spielen oder in der Schule. In dieser Situation sind sie hoch motiviert und bereit, sich anzupassen, imitieren muttersprachliche Sprecherinnen und Sprecher und registrieren feine Unterschiede in der Intonation und Aussprache. Kinder können in diesem Bereich ein erstsprachliches Niveau erreichen, wenn die neue Sprache für sie bzw. ihre Sozialisation unbedingt notwendig ist. Das bedeutet jedoch nicht, dass sie auch die Fertigkeiten Lesen und Schreiben in gleichem Maße erwerben – häufig bezieht sich die Kompetenz nur auf die Bereiche Hören und Sprechen.

Jugendliche können, wenn die zu lernende Sprache für sie eine notwendige Bedingung für die Sozialisation ist, ebenfalls erstsprachliches Niveau erreichen. Da Jugendliche sich häufig von der Gesellschaft abgrenzen und ihre Individualität oder Zugehörigkeit zum Freundeskreis zeigen wollen, nutzen sie oft sprachliche Ausdrucksmittel und eine Aussprache, die von der Norm abweichen, um sich als Mitglied einer bestimmten Gruppe zu identifizieren. Auch Sprachmischungen und Sprachwechsel sind häufig anzutreffen.

Bei erwachsenen Lernenden ist zu beobachten, dass sie meist auch noch nach jahrelangem Unterricht und Kontakt zu Sprecherinnen und Sprechern der Zielsprache einen erkennbaren Akzent haben. Dies kann damit zusammenhängen, dass sie ihre Sozialisation in der Erstsprache erfahren haben. Sie identifizieren sich mit der Lebenswelt, aus der sie kommen, zu der auch die Erstsprache gehört, weshalb sie vielleicht weniger Wert darauf legen, die Aussprache zu perfektionieren.

sensible Phase

Da man beobachten kann, dass Kinder in einigen Bereichen schneller als Erwachsene zielsprachliches Niveau erreichen, wird die Existenz einer sogenannten **sensiblen Phase** oder kritischen Periode des Spracherwerbs diskutiert. Zentrale Annahme ist dabei, dass bestimmte Kenntnisse, Eigenschaften, Fähigkeiten oder Verhaltensweisen – in diesem Fall Elemente einer weiteren Sprache – nur in einem begrenzten Zeitfenster erworben werden können. Man nimmt an, dass, wenn die sensible Phase abgeschlossen ist, im Normalfall nach dem Ende der Pubertät, diese Elemente einer Sprache nicht mehr bis zum zielsprachlichen Niveau erworben werden können.

implizites vs. explizites Lernen

Ist es aber zutreffend, dass erwachsene Lernende in allen Bereichen den jüngeren Lernenden unterlegen sind? Und in welchem Maße können Spätanfänger eine andere Sprache erlernen? Wenn wir nun die beiden Arten zu lernen, das implizite und das explizite Lernen (auch bewusstes und unbewusstes Lernen), erläutern, tun wir dies mit Blick auf das Lernen von Kindern und Erwachsenen. Hier sind die Unterschiede am größten.
Im Sprachunterricht lernen Jugendliche und junge Erwachsene Fremdsprachen gewöhnlich sogar schneller als Kinder. Teile des Spracherwerbs beruhen auf implizitem Lernen, aber je älter die Lernenden sind, desto bedeutsamer werden bewusste Lernprozesse und das explizite Lernen. Erwachsene lernen Untersuchungen zufolge lieber und gut durch Unterricht. Sie können explizite Lernprozesse aufgrund ihrer kognitiven Entwicklung besser verarbeiten und reflektieren als Kinder, weshalb beispielsweise die Bewusstmachung von grammatikalischen Strukturen für diese Zielgruppe besonders sinnvoll ist. Dies bedeutet jedoch nicht, dass Jugendliche und Erwachsene nicht auch implizit lernen, wie Sie bereits in Kapitel 2.2 erfahren haben.

Auch im ungesteuerten Zweitsprach(en)erwerb sind jüngere Erwachsene häufig im Vorteil. Zwar weisen sie Fehler bei der Aussprache und der Verwendung von Kasus, Tempus, Modus usw. (Morphosyntax) auf, doch im Bereich von Wortschatz und von Sprache in konkreten Situationen (Pragmatik) erreichen sie schneller zielsprachliche Kompetenzen als Kinder. Erwachsene verfügen über mehr Weltwissen als Kinder und können sprachlichen Kontakt mit Deutschsprachigen anders verarbeiten und bewusst reflektieren. Daher können sie ihr eigenes sprachliches Verhalten besser an die Umgebung anpassen bzw. Normen besser wahrnehmen und einordnen. Kulturelle Konventionen, die in verschiedenen Situationen eingehalten werden müssen, werden von ihnen bewusst verarbeitet.

Kinder werden durch Unterricht erst langsam an explizites Lernen herangeführt. Implizites Lernen führt bei ihnen im Deutschunterricht zu sehr guten Ergebnissen. Sehen Sie ein Beispiel für implizites Lernen aus dem Lehrwerk *Planetino* 2. Hier wird in Lektion 29 „Bald ist mein Geburtstag" der Akkusativ der unbestimmten Artikel eingeführt.

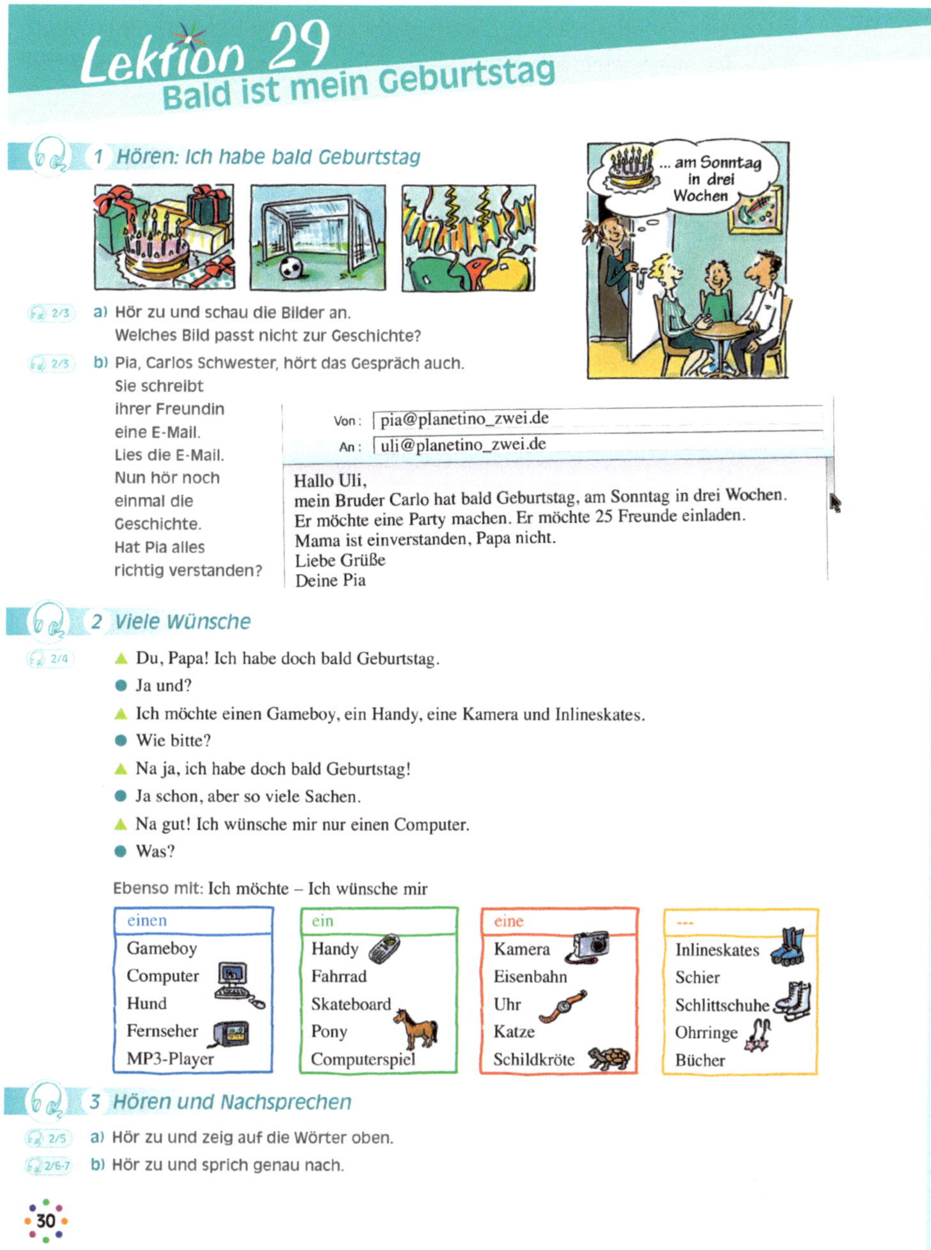

Lektion 29
Bald ist mein Geburtstag

1 Hören: Ich habe bald Geburtstag

2/3 a) Hör zu und schau die Bilder an. Welches Bild passt nicht zur Geschichte?

2/3 b) Pia, Carlos Schwester, hört das Gespräch auch. Sie schreibt ihrer Freundin eine E-Mail. Lies die E-Mail. Nun hör noch einmal die Geschichte. Hat Pia alles richtig verstanden?

Von: pia@planetino_zwei.de
An: uli@planetino_zwei.de

Hallo Uli,
mein Bruder Carlo hat bald Geburtstag, am Sonntag in drei Wochen.
Er möchte eine Party machen. Er möchte 25 Freunde einladen.
Mama ist einverstanden, Papa nicht.
Liebe Grüße
Deine Pia

2 Viele Wünsche

2/4
- ▲ Du, Papa! Ich habe doch bald Geburtstag.
- ● Ja und?
- ▲ Ich möchte einen Gameboy, ein Handy, eine Kamera und Inlineskates.
- ● Wie bitte?
- ▲ Na ja, ich habe doch bald Geburtstag!
- ● Ja schon, aber so viele Sachen.
- ▲ Na gut! Ich wünsche mir nur einen Computer.
- ● Was?

Ebenso mit: Ich möchte – Ich wünsche mir

einen	ein	eine	---
Gameboy	Handy	Kamera	Inlineskates
Computer	Fahrrad	Eisenbahn	Schier
Hund	Skateboard	Uhr	Schlittschuhe
Fernseher	Pony	Katze	Ohrringe
MP3-Player	Computerspiel	Schildkröte	Bücher

3 Hören und Nachsprechen

2/5 a) Hör zu und zeig auf die Wörter oben.

2/6-7 b) Hör zu und sprich genau nach.

30

Planetino 2, Kursbuch, S. 30.

Sie haben sicher die besonderen Merkmale **impliziten Lernens** im Unterricht für Kinder erkannt:

- Die Fertigkeiten Hören und (Nach-)Sprechen stehen im Vordergrund.
- Es gibt keine direkten Hinweise auf die unbestimmten Artikel und die Deklination im Akkusativ, dennoch sind die Artikel in der Akkusativform deutlich visualisiert.
- Neue Wörter werden mit Bildkarten visualisiert; die Aufmerksamkeit wird durch Farben auf die Genera gelenkt.
- Geübt wird, indem gespielt und interagiert wird (Ratespiel, Tamburinspiel, Spiel: Eins, zwei, drei oder vier).
- Die Schülerinnen und Schüler bewegen sich im Klassenzimmer und prägen sich darüber die unbestimmten Artikel und die Nomen mit demselben Artikel an der Tafel ein (Merkhilfe).
- Die Verwendung des unbestimmten Artikels im Akkusativ wird in ganz verschiedenen Lernaktivitäten mehrfach wiederholt.

Überprüfen Sie nun Ihr Wissen in der nächsten Aufgabe noch einmal.

Aufgabe 24

Welche der Aussagen treffen auf erwachsene Lernende zu und begründen, dass sie beim Sprachenlernen im Unterricht erfolgreicher sein können als Kinder? Kreuzen Sie an.

1. Erwachsene verfügen über mehr Lebenserfahrung.	☐
2. Erwachsene haben beim Sprachenlernen die Lernziele deutlich vor Augen.	☐
3. Erwachsene werden strenger bewertet als Kinder.	☐
4. Erwachsene wissen mehr über das Zielsprachenland.	☐
5. Erwachsene können Regelwissen und Faktenwissen (explizites Wissen) besser verarbeiten.	☐
6. Erwachsene erwerben eine Sprache am schnellsten durch ihr Umfeld.	☐
7. Erwachsene haben mehr Zeit zum Sprachenlernen.	☐

Kinder, Jugendliche und Erwachsene lernen also unterschiedlich. Für den Unterricht bedeutet das, dass dieser an die Ziele und Lernvoraussetzungen der Lernenden angepasst sein muss. Erwachsene und Jugendliche verbinden mit dem Fremdsprachenlernen andere Vorstellungen und gehen anders an das Lernen heran als Kinder. Dies muss sich nicht nur in der Auswahl der Themen, sondern auch in Sozial- und Arbeitsformen, die zum Einsatz kommen, widerspiegeln. Bei Jugendlichen und Erwachsenen kann Sprache in bestimmten Bereichen explizit vermittelt werden, während bei Kindern spielerische und implizite Herangehensweisen im Vordergrund stehen sollten.

Jugendliche

Jugendliche verdienen nochmals eine besondere Beachtung, wenn es um das Lernen, und zwar nicht nur um das von Sprachen geht. Entwicklungspsychologische Erkenntnisse zu dieser Altersgruppe sind sicher auch für Sie als Lehrkraft interessant.

Lernende im Alter von ca. 12 bis 16 Jahren durchleben die Phase der Pubertät, in der starke Veränderungen auf ihr Leben und auch auf das Lernen einwirken. Die Veränderungen im Hormonhaushalt können zu Stimmungsschwankungen und Unausgeglichenheit führen. Themen wie die erste Liebe, Freundschaft und Selbstständigkeit beschäftigen Lernende in dieser Zeit häufig mehr als der Unterrichtsstoff. Außerdem werden Jugendliche aus hormonellen Gründen am Abend nur schwer müde und beginnen so den Schultag häufig nicht ausgeruht. Das sollte man berücksichtigen, wenn man Jugendliche unterrichtet. Es ist weniger das mangelnde Interesse am Unterricht, das sie am Morgen lustlos sein lässt, sondern die Veränderung ihres Schlafrhythmus, an den sie sich erst gewöhnen müssen.

Auch das Gehirn entwickelt sich in der Pubertät weiter, was sich auf die kognitiven Fähigkeiten der Heranwachsenden auswirkt. Zu Beginn der Pubertät entstehen viele neue Verbindungen zwischen Nervenzellen im Gehirn, zum Ende dieser Phase werden diese wieder abgebaut. Verbindungen, die in dieser Zeit häufig genutzt werden, bleiben erhalten, z.B. jene Verbindungen, die durch Unterricht in der Fremdsprache stimuliert werden. Wenn jugendliche Lernende sich in einer optimalen Lernumgebung befinden, können sie sich neues Wissen, wie beispielsweise eine Fremdsprache, schneller und problemloser aneignen als Erwachsene. Jugendliche sind in dieser Phase also sehr empfänglich für neue Informationen und lernen sehr effektiv. Dies kostet sie jedoch auch viel Energie und kann auch kurzzeitige Vergesslichkeit und Unkonzentriertheit zur Folge haben.
Schüler dieser Altersgruppe vergessen oft, ihre Hausaufgaben zu machen, und gehen lieber anderen Interessen nach. Deswegen ist trotz der optimalen kognitiven Situation der Lernzuwachs in den entsprechenden Klassenstufen häufig am geringsten. Dies kann sich gerade in Fächern, in denen Wissen schrittweise aufgebaut wird, negativ auswirken. Lernende, die in diesen zwei bis drei Jahren das Lernen im Fremdsprachenunterricht vernachlässigen oder in ihrem Lernprozess gehemmt sind, müssen danach mit mehr Einsatz das Versäumte aufholen.

Trotz dieser ungünstigen Ausgangsbedingungen kann das Fremdsprachenlernen im Fremdsprachenunterricht natürlich auch in der Pubertät sehr erfolgreich sein. Sie sollten sich als Lehrkraft aber die Veränderungen, die ihre Schülerinnen und Schüler durchlaufen, bewusst machen. Wichtig ist zu erkennen, dass es neben der Förderung von sprachlichen und interkulturellen Kompetenzen auch zu Ihren Aufgaben gehört, Ihre jugendlichen Lernenden in dieser Lebensphase zu begleiten und ihre Mündigkeit und Selbstverantwortung zu fördern.
Als Sprachlehrerin/Sprachlehrer sollten Sie außerdem Themen und Materialien anbieten bzw. mit Medien arbeiten, die die Interessen der Lernenden berücksichtigen. Emotional ansprechende Inhalte, Gruppenaktivitäten und das Lernen mit digitalen Medien vergrößern die Bereitschaft der Lernenden, auch in dieser kritischen Lebensphase aktiv am Unterricht teilzunehmen.

Wenn Sie mehr über das Sprachenlernen von Jugendlichen wissen möchten, empfehlen wir Ihnen die Webseite www.goethe.de/sprachenlernen-jugendliche.

Zusammenfassung

Mit der folgenden Übersicht fassen wir noch einmal zusammen, worin sich das Lernen von Kindern, Jugendlichen und Erwachsenen unterscheidet:

Zielgruppe	Lernverhalten und Faktoren, die dieses beeinflussen
Kinder (6–12 Jahre)	• lernen noch unbewusst, spielerisch und nachahmend • entwickeln erst Aufmerksamkeit für das zu Lernende • erfassen Neues in Interaktion mit anderen und in ihrem Erfahrungsraum, sind aufmerksam in Situationen, die ihre Welt und Person betreffen
Jugendliche (12–16 Jahre)	• ihre kognitiven Fähigkeiten entwickeln sich stark • lernen implizit und immer mehr auch explizit • haben zum Teil über viele Stunden Kontakt mit gesteuertem Sprachenlernen • entwickeln zunehmend andere Interessen neben dem Lernen und lernen gern in kooperativen Lernformen und mit digitalen Medien • machen körperliche, psychische und soziale Veränderungen durch, die sie Energie kosten
Erwachsene (über 16 Jahre)	• lernen explizit, aber auch implizit • haben wenig Zeit für das Sprachenlernen • haben klare Ziele und Interessen in Bezug auf das Sprachenlernen • profitieren von bereits vorhandenem Wissen über das Zielsprachenland und von ihrer Lebens- und Lernerfahrung

Literatur zum Weiterlesen

Sie haben nun viel von bewussten Prozessen beim Sprachenlernen gelesen. Aber Sie als Lehrerin/Lehrer wissen genau, dass Ihre Lernenden auch Dinge lernen, ohne dass ihnen dies bewusst ist und ohne dass Sie dies steuern. Im Rahmen von Interaktionen lernen Menschen auch beiläufig und unbewusst, also ohne dass Informationen bewusst verarbeitet werden.
Die Einheit *Aufgaben, Übungen, Interaktion* Ihres Fortbildungsprogramms geht davon aus, dass Lernen ein komplexer und zum Teil unbewusster Prozess ist. In diesem Prozess hat das Üben und das Wiederholen in möglichst anregenden Lernumgebungen gemeinsam mit anderen Menschen eine besondere Bedeutung. Dieser Ansatz berücksichtigt das beiläufige oder auch implizit genannte Lernen in besonderer Weise.

In unserer Einheit konzentrieren wir uns dagegen mit Kapitel 3 und 4 sehr stark auf die Momente bewussten Lernens. Auf Fragen wie „Wie lernt man Sprachen zu lernen?" und „Wie helfen andere Sprachen beim Deutschlernen?" antworten wir mit Vorschlägen zu bewusstem, selbstständigem und planvollem Sprachenlernen. Auf diese Weise wird dieses Fortbildungsprogramm den unterschiedlichen nebeneinander existierenden Vorstellungen davon, wie man Sprachenlernen fördern kann, gerecht.

2.4.2 Emotion und Kognition beim Sprachenlernen

Das Lernen einer fremden Sprache kann man als Lehrkraft nicht einfach erzwingen oder dem Lernenden verordnen wie eine Medizin. Vielmehr sind es die Lernenden selbst, die viel zum Sprachenlernen beitragen müssen. Ihre Einstellung zum Unterricht, ihre Motivation und ihre Lernstrategien sind einige der wichtigen Faktoren, die den Lernerfolg beeinflussen. Wir stellen Ihnen in diesem Teilkapitel konkrete Lernerprofile vor, um weitere individuelle Unterschiede beim Lernen aufzuzeigen und ihre Konsequenzen für das Sprachenlernen zu veranschaulichen. Im Folgenden stellen sich drei Lernende vor:

Hallo zusammen, ich bin Mirko. Ich bin mit Dänisch und Türkisch aufgewachsen, weil mein Papa aus der Türkei kommt, wir aber in Dänemark leben. In der Schule habe ich zusätzlich noch Englisch und Deutsch gelernt. Sprachunterricht finde ich wirklich toll! Ich mache gern mit und habe gute Noten. Ich brauche auch gar nicht viel Zeit für die Hausaufgaben. Oft lese ich mir Grammatikregeln nur ein paar Mal durch, sage sie mir laut vor und dann kann ich alles gut behalten. Vokabeln kann ich gut auswendig lernen, indem mich meine Mutter abfragt oder ich sie mir selbst öfter durchlese.

Hallo! Ich bin Ana. In meiner Schule ist Deutsch ein Pflichtfach. Ich muss also schon seit einem Jahr Deutsch lernen und ich finde es schrecklich! Ich verstehe meist die Erklärungen der Lehrerin nicht und bin unsicher, wenn sie mich etwas fragt. Deswegen spreche ich überhaupt nicht gern vor der Klasse. Im Gegenteil – oft werde ich nervös und weiß dann nicht mehr, was ich sagen wollte. Wenn meine Mitschüler dann anfangen zu kichern, würde ich am liebsten einfach nur im Boden versinken. Deutschunterricht ist für mich viel schwerer als Physik oder Chemie. Wenn wir in den Naturwissenschaften Experimente machen, kann ich den Lernstoff viel besser behalten!

Ich heiße Javier und bin 13 Jahre alt. Ich lerne seit zwei Jahren Deutsch. Für mich ist es sehr wichtig, dass ich gut Deutsch sprechen kann, denn meine Tante wohnt in Deutschland. Ich besuche sie immer in den Ferien, weil wir viel Spaß zusammen haben und Deutschland sehr schön ist. Vielleicht werde ich später auch mal dort wohnen und arbeiten. Was ich am Deutschunterricht besonders mag? Ich arbeite gern mit einem Partner oder in einer Gruppe und finde es toll, wenn wir Rollenspiele machen oder diskutieren.

Lernerfaktoren berücksichtigen

Nachdem sich nun Mirko, Ana und Javier vorgestellt haben, werden Sie sich vielleicht wundern, warum es nötig sein sollte, so viele Informationen über einen Lerner / eine Lernerin zu haben. Nach Erkenntnissen aus der Sprachlehrforschung, einer wissenschaftlichen Disziplin, die das durch Unterricht gesteuerte Lernen untersucht, ist der Deutschunterricht dann besonders effektiv, wenn wir auf die Bedürfnisse und Voraussetzungen der Lernenden bei der Unterrichtsplanung und -durchführung eingehen. Wenn dies gelingt, spricht man von **Lernerorientierung** im Unterricht. Um den Unterricht möglichst gut auf die Lernenden zuschneiden zu können, stellen wir Ihnen einige der Lernerfaktoren vor. Lernerfaktoren sind besondere Merkmale oder Eigenschaften von Lernenden, die das individuelle Sprachenlernen maßgeblich beeinflussen, z.B. das Alter der Lernenden, aber auch **Ängste** im Zusammenhang mit dem Lernen einer Sprache, die **Einstellung** der Lernenden zur Zielsprache und zur **Zielkultur**, die **Motivation** und **Sprachlerneignung** sowie der individuelle **Lernstil**.

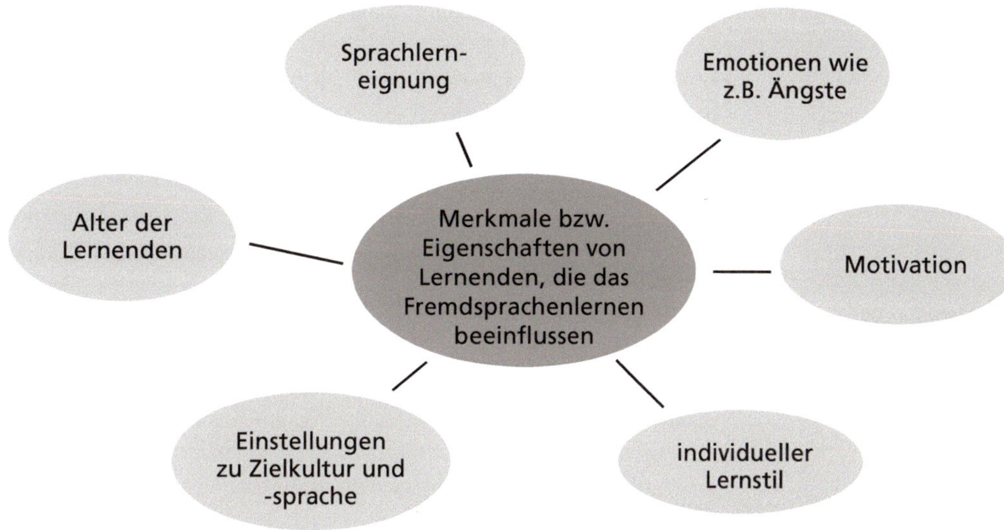

Wir werden uns in den folgenden Abschnitten auf diese Lernerfaktoren konzentrieren, weil man sie gut im Unterricht beobachten kann.

Die/Der ängstliche Lernende

Wie Sie schon von Ana wissen, macht ihr das Deutschlernen nicht sehr viel Spaß. Besonders Testsituationen findet sie sehr unangenehm. Damit Sie Ana ein bisschen besser kennenlernen können, bitten wir Sie, sich in die folgende Situation hineinzuversetzen:

> Die Tür geht auf, die Lehrerin kommt herein. Das wilde Chaos im Klassenzimmer hat ein plötzliches Ende. Es wird still. „Dann wollen wir mal sehen, ob ihr gut gelernt habt. Holt eure Stifte raus, wir schreiben einen Vokabeltest!", ruft die Deutschlehrerin. Ana spürt, wie ihre Hände zu zittern beginnen …

Aufgabe 25 **Was geht wohl in Anas Kopf vor? Notieren Sie aus Anas Perspektive.**

Formen von Angst

Warum fühlt Ana sich plötzlich unwohl und nervös in dieser Prüfungssituation? Sie scheint an einem recht verbreiteten Phänomen zu leiden, der sogenannten **Prüfungsangst**. Die Angst vor Prüfungen ist nur eine der verschiedenen Formen von Angst, die im Kontext des Lehrens und Lernens von Sprachen auftreten können.
Zusätzlich zur Prüfungsangst unterscheidet man üblicherweise zwei weitere Formen von Angst. So können Lernende beispielsweise Angst davor haben, sich **in einer Fremdsprache zu äußern** und mit anderen zu kommunizieren. Dies ist bei Ana auch der Fall. Gerade im Bereich der mündlichen Kommunikation muss sie viel spontaner reagieren als beim Verfassen eines Textes. Damit steigt die Gefahr, Fehler zu machen, und dies ist für sie sehr unangenehm.
Zusätzlich hat Ana auch Angst vor einer negativen Bewertung. Sie schämt sich vor ihren Mitschülern und möchte sich nicht vor ihnen blamieren. Die **Angst vor Gesichtsverlust** spielt besonders für jugendliche Lernende eine wichtige Rolle. In der Pubertät lösen Jugendliche sich allmählich vom Elternhaus und orientieren sich stattdessen stärker an Gleichaltrigen. Hinzu kommt, dass sie sich während und nach der Pubertät immer stärker der Meinung anderer bewusst werden. Man spricht in diesem Zusammenhang auch vom imaginary-audience-Phänomen. Das heißt, Jugendliche haben ständig das Gefühl, dass ihr Aussehen und ihr Verhalten von allen anderen genau betrachtet und beurteilt wer-

den. Dies alles sind Gründe, warum der Erfolgsdruck und damit die Angst davor, nicht anerkannt zu sein, steigen.

Folgen für das Sprachenlernen

Angst kann sich negativ auf das Sprachenlernen auswirken. Angst hat nicht unbedingt etwas mit der Persönlichkeit der Lernenden zu tun, sondern bezieht sich nur auf den Umgang mit der fremden Sprache.
Auf die kognitive Verarbeitung von Informationen kann sich Angst sehr negativ auswirken. Dies kann man gut am Phänomen des Blackouts nachvollziehen: Auch wenn Lernende gut vorbereitet sind, sind sie in Stresssituationen manchmal nicht mehr fähig, sich an das Gelernte zu erinnern oder es in einer Prüfung anzuwenden.
Diese Auswirkungen von Angst können unter Umständen sogar dazu führen, dass Lernende die Motivation verlieren, eine Sprache zu lernen. Außerdem kann ihr Selbstbewusstsein im Umgang mit der Fremdsprache sinken. Sie unterschätzen ihre eigenen Sprach(en)kenntnisse. Sie wenden z.B. oft Vermeidungsstrategien an: Sie melden sich zum Beispiel im Unterricht nicht und versuchen, komplexe Aussagen zu vermeiden, indem sie nur sehr knappe Antworten geben.
Wegen all dieser potenziellen negativen Folgen ist es sehr wichtig, dass Sie als Lehrkraft Signale für Angst erkennen.

Aufgabe 26

Wie äußert sich Angst bei Ihren Lernenden? Ergänzen Sie die Zeichnung.

Da wir im Laufe unserer Sozialisation allerdings auch lernen, Angst zu verbergen oder zu unterdrücken, kann man – gerade bei älteren Lernenden – nicht immer anhand von körperlichen Signalen auf ihre Angst schließen.

Lampenfieber

Angst beim Sprachenlernen ist aber nicht immer blockierend. Gerade vor Prüfungen verspüren die meisten Lernenden eine gewisse Anspannung. Auch dies ist eine Form von Angst, allerdings eine, die mitunter beflügelt und dazu führt, dass man sich sehr gut auf seine Prüfung konzentrieren kann. In der Umgangssprache wird dieses Phänomen oft als Lampenfieber bezeichnet. Der Körper schüttet in einer Stresssituation, wie z.B. vor einer Prüfung, ein bestimmtes Hormon aus. Dies sorgt dafür, dass die Energiereserven im Körper aktiviert werden und der Prüfling aufmerksam und leistungsbereit wird. Ein schwaches Angstgefühl kann zudem auch Ehrgeiz und Motivation auslösen und manchmal Lernenden dabei helfen, bessere Arbeitsergebnisse zu erzielen.

Angst beim Sprachenlernen überwinden

In den seltensten Fällen können Lernende ein Unterrichtsfach, in dem sie Angst empfinden, einfach abwählen und damit ihre Ängste umgehen. Es gibt aber Möglichkeiten, Unterricht so zu gestalten, dass Lernende sich ernstgenommen und als Personen respektiert fühlen.

Das didaktisch-methodische Prinzip der **Lernerorientierung** ist Leitlinie in einem Unterricht, der sich an den Bedürfnissen und Interessen der Lernenden orientiert. Wenn Ihre Lernenden sich im Unterricht angesprochen fühlen, wenn sie sogar die Inhalte und Arbeits- und Sozialformen mitbestimmen können, können sie Situationen wählen, die ihnen angenehm sind; dies reduziert ihre Ängste, etwas falsch zu machen. Im Zuge der **Förderung von Lernerautonomie** sprechen Lernende im Unterricht zunehmend mehr über ihre Lernwege und -ergebnisse. Hier ist Gelegenheit, auch von den anderen über Misserfolge, Vorlieben und Abneigungen beim Lernen zu erfahren, wodurch sich negative Gefühle manchmal auch relativieren. In Kapitel 3 dieser Einheit werden Sie mehr über die Umsetzung dieser beiden didaktisch-methodischen Prinzipien erfahren.

Wir wenden uns nun zwei weiteren wichtigen Merkmalen bzw. Eigenschaften von Lernenden oder auch Lernerfaktoren zu, nämlich den Einstellungen zu Zielkultur und Zielsprache sowie der Motivation.

Die/Der interessierte Lernende

Javier, der 13-jährige Schüler aus unserem Beispiel, ist ein Lerner, der sich sehr für die deutschsprachigen Länder und die deutsche Sprache interessiert. Er hat schon öfter seine Ferien in Deutschland verbracht, ist immer neugierig, Deutsche kennenzulernen, und kann sich gut vorstellen, später in Deutschland zu leben. Er hat also eine positive und offene Einstellung zu Deutschen und Deutschland. Dies wirkt sich auch positiv auf seine **Lernhaltung** aus.

Eine Sprache ist viel mehr als ein linguistisches System. Sie ist auch immer ein Ausdrucksmedium einer kulturellen Gemeinschaft und vermittelt kulturelle Werte und Normen. Erfolgreiches Sprachenlernen setzt voraus, die **kulturellen Prägungen** ein Stück weit in das eigene Verhalten und in das eigene Kommunikationsverhalten zu **integrieren** (Gardner 1978). Negative Vorstellungen von einem Land und seinen Bewohnern, Stereotype und Klischees, können dazu führen, dass Lernende der Zielsprache und dem Sprachunterricht skeptisch gegenüberstehen.
Folglich gilt die Einstellung der Lernenden zur Zielsprache und Zielkultur als ein wichtiges Kriterium dafür, wie motiviert sie beim Fremdsprachenlernen sind. Durch diese Verbindung zur Motivation ist der Faktor **Einstellung** indirekt am Lernerfolg von Lernenden beteiligt.

Mit einem kleinen Experiment können Sie im Unterricht die Einstellung Ihrer Lernenden zur deutschen Sprache und zur deutschen Kultur erkunden. Dies kann für Sie eine Hilfe sein, um das Interesse Ihrer Lernenden zu wecken und sie gezielt zu motivieren.

Aufgabe 27

Erkunden Sie die Einstellungen Ihrer Lernenden zur deutschen Sprache und Kultur. Gehen Sie dabei folgendermaßen vor:

1. Schaffen Sie Platz im Klassenzimmer, damit Ihre Lernenden sich im Raum bewegen können.
2. Kleben Sie mit einem Kreppband eine gerade Linie auf den Boden.
3. Markieren Sie auf der Linie drei Kreuze in verschiedenen Farben. Das rote Kreuz steht für „ich stimme gar nicht zu", das gelbe Kreuz steht für „ich weiß nicht" und das grüne Kreuz steht für „ich stimme voll zu".
4. Bereiten Sie Sätze vor wie in den Beispielen.
   Ich würde gern mal nach Deutschland reisen.
   Ich möchte gern Deutsche kennenlernen und wissen, wie sie sind.
   Ich möchte gern sehen, wie deutsche Großstädte sind.
   Ich würde gern mal in eine deutsche Schule gehen.
   Ich würde gern mal typisch deutsch essen.
   ...
5. Die Lernenden stellen sich dann an den Punkt der Meinungslinie, der ihrer Meinung am ehesten entspricht.

6. Organisieren Sie nun, dass sich die Lernenden untereinander austauschen und begründen, warum sie sich für einen Standpunkt entschieden haben. Dabei können sie je nach dem Niveau ihrer Sprach(en)kenntnisse auf Deutsch oder in ihrer Erstsprache sprechen.
7. Helfen Sie den Lernenden nach jedem Beispiel, das entstandene Bild zu erfassen und zu deuten. Dies kann zum Beispiel durch das Auszählen der eingenommenen Positionen geschehen (etwa: *Ein Fünftel der Gruppe findet ...),* aber auch durch das Befragen einzelner Lernender (*Warum hast du dich für diesen Standort entschieden?*).

Interesse wecken

Es ist zwar umstritten, wie stark man bestehende Einstellungen von Lernenden verändern kann, doch sicherlich können Sie als Lehrkraft dazu beitragen, eine positive Einstellung zu den deutschsprachigen Ländern und zu Deutsch zu schaffen und mögliche Vorurteile abzubauen. Sie leisten nämlich einen wichtigen Beitrag, wenn Sie die deutsche Sprache mit Begeisterung unterrichten, Ihre eigenen Spracherfahrungen und Kontakte mit den Lernenden teilen und authentische Begegnungen fördern. Solche Begegnungen können beispielsweise in Form von Brieffreundschaften, an Abenden mit deutschsprachigen Filmen und im Rahmen von Schüleraustauschprogrammen stattfinden.
Es ist sinnvoll, Lernumgebungen in- und außerhalb des Unterrichts zu schaffen, die den Kontakt zu Sprecherinnen und Sprechern des Deutschen und den Zugang zur deutschen Kultur ermöglichen. Denn direkte Kontakte und positive Beziehungen zu Vertretern der Zielsprachenkultur werden von vielen Lernenden als motivierend und lernförderlich wahrgenommen. Dies sollten Sie als eine Chance für Ihren Unterricht wahrnehmen.

Aufgabe 28

Überlegen Sie, welche Aktivitäten das Interesse Ihrer Lernenden an der deutschen Kultur in besonderer Weise wecken könnten.

a) Beschreiben Sie die Aktivitäten:

Beispiel:
ein traditionelles deutsches Gericht zubereiten, das den Lernenden schmecken könnte

____

b) Tauschen Sie sich über die Aktivitäten mit Ihren Kolleginnen und Kollegen aus und notieren Sie Ideen, die Ihnen besonders gut gefallen.

____

Die/Der motivierte Lernende

Dass Lernende eine Sprache schneller und besser lernen, wenn sie motiviert sind, ist intuitiv einsichtig. In der Tat ist die **Motivation** einer der Faktoren, die eine besonders starke Auswirkung auf den Lernerfolg haben. Allerdings ist Motivation nicht nur eine Voraussetzung für einen Lernerfolg, sondern kann auch eine Folge davon sein (Rost-Roth 2010, S. 878). Wenn ein Lernender z.B. feststellt, dass er sich mit einer deutschen Freundin verständigen kann, wirkt das vermutlich sehr motivierend auf ihn und er verstärkt sein Interesse am Deutschlernen. Lernerfolg und Motivation beeinflussen sich also gegenseitig.

Aufgabe 29

Beschreiben Sie jeweils eine Lernerin / einen Lerner, die/den Sie für motiviert bzw. für unmotiviert halten.

a) Notieren Sie in der Tabelle.

motivierte/r Lernerin/Lerner	unmotivierte/r Lernerin/Lerner

b) Was haben die beiden Lernenden gemeinsam? Worin unterscheiden sie sich?
Gemeinsam ist ihnen:

____

Unterschiedlich ist:

____

Jede/r von uns hat wahrscheinlich ein ähnliches Bild vor Augen, wenn wir an motivierte Lernende denken. Den Begriff Motivation in einer präzisen Definition festzuhalten, ist allerdings gar nicht so einfach. Es handelt sich nämlich um ein sehr komplexes Konstrukt, das aus vielen verschiedenen Facetten besteht. Auch Gefühle wie Angst und Freude spielen eine wichtige Rolle.

Motivation und Motive

Die Grundlagen der Motivation sind Motive. Motive sind Beweggründe dafür, warum jemand ein bestimmtes Ziel erreichen will. Wenn Sie verstehen, welche Gründe Ihre Lernenden dafür haben, die deutsche Sprache zu lernen, können Sie dieses Wissen gezielt nutzen, um sie im Unterricht zu motivieren.

Aufgabe 30

Warum lernen Ihre Lernenden Deutsch? Sehen Sie noch einmal in Aufgabe 2 nach und notieren Sie die drei häufigsten Motive.

1. ______________________________

2. ______________________________

3. ______________________________

Wie Sie vielleicht festgestellt haben, sind Motive durch die Persönlichkeit der Lernenden, ihre Biografie, aber auch ihr (Lern-)Umfeld geprägt. Beispielsweise lernt Javier Deutsch, weil er Verwandte in Deutschland hat. Mirko hingegen hat generell Spaß daran, Sprachen zu lernen, und lernt sie auch schnell.
Insgesamt ist die Motivation von Lernenden umso höher, je wünschenswerter das angestrebte Ziel erscheint (Riemer 2010, S. 169). Javier möchte in einer deutschsprachigen Firma arbeiten. Seine Motivation, die deutsche Sprache zu lernen, ist daher recht hoch. Ana hingegen muss Deutsch lernen, weil Deutsch ein Pflichtfach in der Schule ist. Sie sieht für sich selbst keinen persönlichen Gewinn. Als Lehrerin/Lehrer wäre es Ihre Aufgabe, Ana den Nutzen des Deutschunterrichts zu verdeutlichen und sie für das Lernen zu begeistern. Wie das funktionieren kann, ist jetzt unser Thema.

herausfordernde Lernaktivitäten

Um Lernende zu motivieren, empfiehlt es sich, Lernaktivitäten auszuwählen, die sie weder überfordern noch unterfordern. Es wirkt sich positiv auf die Motivation von Lernenden aus, wenn ihnen die Anforderungen als herausfordernd, aber lösbar erscheinen. In diesem Fall strengen sie sich am meisten an. Das Erfolgserlebnis bei zu einfachen Aufgaben ist sehr gering. Bei zu schwierigen Aufgaben fühlen sich die Lernenden eventuell überfordert. Wenn Lernende von Anfang an der Meinung sind, dass sie die Aufgabe nicht lösen können, sinkt die Motivation. Die Erfolgserwartung erscheint in diesem Fall sehr niedrig.

Motivationsstrategien

Es gibt weitere Möglichkeiten, wie Sie Ihre Lernenden im Unterricht motivieren können. Einige wenden Sie vielleicht sogar schon erfolgreich im Unterricht an. Die nächste Aufgabe soll Sie zum Nachdenken darüber anregen.

Aufgabe 31

Wie motivieren Sie Ihre Lernenden zum Sprachenlernen?

a) Kreuzen Sie an und ergänzen Sie.

1. Ich wähle Lehrmaterialien zu Themen aus, die meine Lernenden interessieren.	☐
2. Ich kündige einen Test an.	☐
3. Ich zeige ab und zu Ausschnitte aus deutschsprachigen Filmen, über die wir dann sprechen.	☐
4. Wir singen gelegentlich deutsche Lieder im Unterricht.	☐
5. Ich drohe mit schlechten Noten.	☐
6. Ich setze Spiele ein, um Grammatik zu üben.	☐
7. Ich lasse die Lernenden öfter mal in Paaren oder in Gruppen lernen.	☐

Andere: ______________________________

b) Tauschen Sie sich mit Ihren Kolleginnen und Kollegen aus und sammeln Sie weitere Ideen, wie Sie Ihre Lernenden zum Lernen motivieren können.

intrinsische und extrinsische Motivation

lernwillige Schülerinnen

Alle Vorgehensweisen – mit Ausnahme von 2 und 5 – zielen eher darauf ab, die **intrinsische** Motivation der Lernenden zu stärken. Mit dem Begriff intrinsische Motivation bezeichnet man das Bestreben von Lernenden, die Fremdsprache aus einem inneren Bedürfnis heraus zu lernen, aus Interesse an der Sprache oder weil das Lernen Freude bereitet. Zwar kann es im Unterricht immer wieder nötig sein, die Lernenden durch das Androhen von schlechten Noten oder auch durch das Ankündigen von Belohnungen **extrinsisch** zu motivieren, also Lernanreize von außen zu setzen. Es ist aber auf lange Sicht förderlicher für den Lernprozess, wenn die intrinsische Motivation der Lernenden überwiegt und sie immer wieder – auch über die konkrete Unterrichtsstunde hinaus – Möglichkeiten zum Lernen und Anwenden der deutschen Sprache suchen.

Natürlich ist es unrealistisch zu erwarten, dass Sie jeden Ihrer Lernenden gleichermaßen zum Deutschlernen motivieren können. Auch lernwillige Schülerinnen und Schüler sind nicht an jedem Fach interessiert. Zudem lernen die meisten Deutsch über einen längeren Zeitraum hinweg und im Verlauf der Zeit bleibt die Motivation der Lernenden nicht immer gleich, sondern unterliegt Schwankungen. Vielleicht finden Lernende eine bestimmte Phase des Deutschlernens so schwierig und anstrengend, dass ihnen der Deutschunterricht keinen Spaß mehr macht. Es ist aber auch möglich, dass sie erst nach einiger Zeit Interesse am Deutschlernen haben, z.B. weil sie merken, dass sie Lernerfolge haben, ihre deutschsprachigen Lieblingslieder verstehen können oder gute Noten in Tests bekommen.

Der Psycholinguist Dörnyei beschreibt vier zentrale Möglichkeiten für die Motivierung von Lernenden und entwickelte daraus auch Vorschläge für Lehrverfahren im Unterricht (2007, S. 29). Wir möchten Ihnen diese Ideen von Dörnyei mit den nächsten zwei Aufgaben vorstellen. Wir ergänzen auch eigene Ideen aus unserer Kenntnis von Unterricht.

Aufgabe 32

P

Ordnen Sie vier Möglichkeiten zur Motivierung von Lernenden (1–4) den Kurzbeschreibungen (A–D) zu.

A	Motivation muss über die gesamte Zeit des Unterrichts gefördert und unterstützt werden. Dies ist besonders relevant für den Schulunterricht. Schülerinnen und Schüler können sich nämlich während des Unterrichts ganz leicht ablenken (lassen), indem sie mit anderen sprechen, in Tagträume abschweifen, Hausaufgaben erledigen usw.
B	Eine wichtige Voraussetzung für einen motivierenden Unterricht ist ein guter Zusammenhalt der Lernenden untereinander und ein freundliches und respektvolles Miteinander.
C	Sie sollten die Lernenden dazu anregen, dass sie spätestens nach dem ersten Schuljahr selbst bewerten, wie sie das Sprachenlernen empfunden haben. Wichtig ist, dass Sie als Lehrkraft zu einer positiven Selbstbewertung der Lernenden beitragen. Die abschließende Bewertung beeinflusst nämlich die Motivation Ihrer Lernenden, in Zukunft weitere Sprachlernaktivitäten durchzuführen.
D	Um eine günstige Anfangsmotivation zu schaffen, ist es sehr wichtig, in dieser Phase das Interesse an der Sprache und am Sprachenlernen zu wecken. Durch eine positive Grundhaltung wird es den Lernenden einerseits leichterfallen, die Sprache zu lernen, andererseits sind sie dann auch eher bereit, sich beim Lernen anzustrengen.

Möglichkeiten zur Motivierung von Lernenden	Kurzbeschreibung
1. Voraussetzungen dafür schaffen, dass Lernende miteinander und voneinander lernen möchten	B
2. positive Einstellung zu Zielsprachenland und Zielsprache schaffen	D
3. die Motivation im Verlauf des gesamten Unterrichts aufrechterhalten	A
4. positive Selbstbewertungen am Ende eines Lernabschnitts ermöglichen	C

Jeder dieser Möglichkeiten zur Motivierung von Lernenden kann man Lehrverfahren zuordnen, durch die man als Lehrkraft Lernende konkret motivieren kann. Diese Vorschläge sind natürlich keine Garanten für eine motivierte Lerngruppe. Aber lernen Sie doch in der nächsten Aufgabe einige der Lehrverfahren kennen und probieren Sie sie aus.

Aufgabe 33

Lesen Sie die folgenden Vorschläge für Lehrverfahren (A–I) und ordnen Sie sie den vier Möglichkeiten zur Motivierung von Lernenden zu. Manchmal sind mehrere Vorschläge denkbar!

Möglichkeiten zur Motivierung von Lernenden	Vorschläge für Lehrverfahren
1. Voraussetzungen dafür schaffen, dass Lernende miteinander und voneinander lernen möchten	
2. positive Einstellung zu Zielsprachenland und Zielsprache schaffen	
3. die Motivation im Verlauf des gesamten Unterrichts aufrechterhalten	
4. positive Selbstbewertungen am Ende eines Lernabschnitts ermöglichen	

A	Variieren Sie die Inhalte, Arbeits- und Sozialformen Ihres Unterrichts möglichst sinnvoll.
B	Thematisieren Sie die Erwartungen der Schülerinnen und Schüler an den Unterricht, um keine falschen Hoffnungen und Annahmen aufkommen zu lassen.
C	Seien Sie selbst enthusiastisch in Bezug auf das Deutschlernen und zeigen Sie Ihren Lernenden, welchen Stellenwert die deutsche Sprache in Ihrem eigenen Leben hat.
D	Wählen Sie relevante Lerninhalte und Arbeits- und Sozialformen für Ihre Lernenden aus, indem Sie ihre Interessen und Bedürfnisse berücksichtigen.
E	Unterstützen Sie Ihre Schülerinnen und Schüler bei einer positiven Selbstbewertung, indem Sie ihnen regelmäßig ein positiv formuliertes Feedback geben.
F	Finden Sie heraus, welche Lernaktivitäten, Lernmaterialien und Medien Ihre Lernenden besonders mögen (Spiele, Arbeit am interactive whiteboard, Rollenspiele, Filme aus deutschsprachigen Ländern usw.) und setzen Sie sie regelmäßig ein.
G	Gestalten Sie Aufgaben und Übungen so, dass sie Ihre Lernenden herausfordern, aber trotzdem noch lösbar sind.
H	Sorgen Sie dafür, dass Ihre Schülerinnen und Schüler das Lernziel der Unterrichtsstunde kennen.
I	Suchen Sie regelmäßig Kontakt zu den Eltern und informieren Sie sie über den Lernfortschritt ihres Kindes.

Vielleicht ist es Ihnen nicht ganz leicht gefallen, eine eindeutige Zuordnung zu treffen. Im Lösungsschlüssel finden Sie einen Vorschlag, wie wir antworten würden.

Auf zwei der vorgeschlagenen Lehrverfahren möchten wir hier noch näher eingehen:

Besonders wirkungsvoll ist es, wenn Sie die Erwartungen Ihrer Lernenden an den Unterricht thematisieren (Lehrverfahren B). Stellen Sie sich vor, eine Ihrer Schülerinnen glaubt, dass sie nach einem halben Jahr schon fließend Deutsch sprechen kann. Wie enttäuscht wäre sie, wenn sie nach einiger Zeit feststellt, dass sie dieses Ziel nicht erreichen kann. Sehr wahrscheinlich wird ihre Motivation, Deutsch zu lernen, dann stark nachlassen. Aus diesem Grund ist es wichtig, die Erwartungen Ihrer Deutschlernenden zu thematisieren. Wenn Sie nämlich die falschen Erwartungen schon zu Beginn des Schuljahres ausräumen, können sich Ihre Lernenden realistische Ziele setzen und sich über ihre Lernerfolge freuen. So sorgen Sie dafür, dass Ihre Lernenden motiviert und nicht frustriert werden.

Wenn die Eltern über den Lernfortschritt ihres Kindes informiert sind (siehe Lehrverfahren I), können sie es beim Lernen unterstützen und ermutigen. Da die Eltern gerade für junge Lernende wichtige Bezugspersonen sind, kann ihre positive Einstellung zum Unterrichtsfach und zur Lehrkraft zur Motivation der Lernenden beitragen. Vorsichtig sollte man allerdings bei Lerngruppen in der Pubertät sein. Hier könnte sich das Einbeziehen der Eltern eher demotivierend auswirken, da die Lernenden sich dann möglicherweise nicht als eigenständige Persönlichkeiten ernst genommen fühlen.

Literatur zum Weiterlesen

Natürlich gibt es noch eine ganze Reihe Tipps und weitere Lehrverfahren, wie Sie die Motivation Ihrer Lernenden fördern können. Zum Beispiel bietet das Themenheft *Motivation* der Zeitschrift *Fremdsprache Deutsch* (Bimmel/Krumm/Neuner 2002) zahlreiche weitere Anregungen für die Unterrichtsgestaltung.

Doch zunächst sind Sie gefragt. Welche Ideen haben Sie?

Aufgabe 34 **Ergänzen Sie zu jeder der vier Möglichkeiten ein bis zwei eigene Vorschläge, wie Sie Ihre Lernenden motivieren können.**

Möglichkeiten zur Förderung von Motivation	Vorschläge für Lehrverfahren
1. Voraussetzungen dafür schaffen, dass Lernende miteinander und voneinander lernen möchten	*Arbeits- und Sozialformen abwechseln* – –
2. positive Einstellung zu Zielsprachenland und Zielsprache schaffen	– –
3. die Motivation im Verlauf des gesamten Unterrichts aufrechterhalten	– –
4. positive Selbstbewertungen am Ende eines Lernabschnitts ermöglichen	– –

Die folgende Grafik bringt abschließend diejenigen Lernerfaktoren, die Sie bis jetzt in Kapitel 2.4 kennengelernt haben, in Verbindung zu einem guten Lernerfolg:

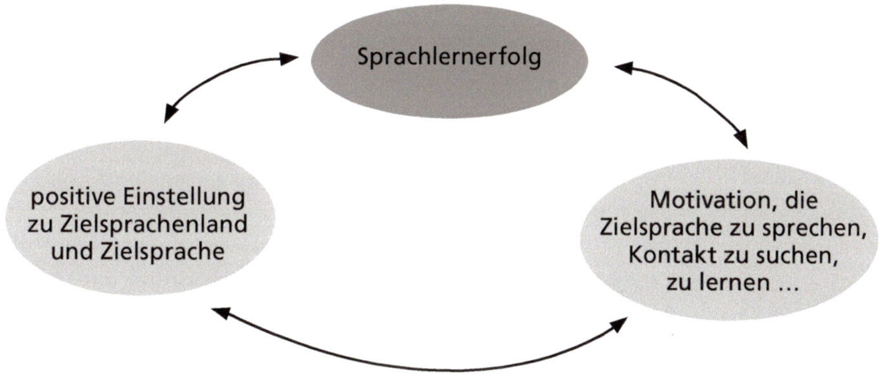

Die/Der begabte Lernende

Sprachlerneignung

Mirko ist das Naturtalent unter unseren drei Lernenden. Er ist sehr sprachbegabt und das Lernen bereitet ihm anscheinend keine Mühe. Statt Begabung werden wir im Folgenden den Fachbegriff **Sprachlerneignung** verwenden. Mit Begabung meint man nämlich in der Alltagssprache, dass einige Menschen besondere genetische Anlagen haben, die es ihnen leicht machen, Sprachen schnell und gut zu lernen. Wir wissen jedoch, dass alle Lernenden die Fähigkeit besitzen, eine Sprache zu lernen, wenn auch unterschiedlich schnell und unterschiedlich gut (List 2010, S. 900). Zudem geht man inzwischen in der Fremdsprachenforschung davon aus, dass die Fremdsprachenlerneignung potenziell trainierbar ist und somit auch im Unterricht gefördert werden kann (Schlak 2008, S. 4). Auch Vorerfahrungen, z.B. beim Erlernen einer Erstsprache oder einer anderen Fremdsprache, prägen die Fähigkeit zum Sprachenlernen.

Neben der Motivation von Lernenden ist die Sprachlerneignung der Faktor, der am stärksten den Sprachlernerfolg beeinflusst. Es handelt sich also um einen sehr gewichtigen Faktor, der allerdings durch Motivation, guten Unterricht, eine hohe Lernintensität und Lerndauer ausgeglichen werden kann. Doch wie kann man feststellen, ob Lernende eine hohe Sprachlerneignung haben?

Aufgabe 35

Woran erkennt man die Sprachlerneignung einer Lernerin / eines Lerners? Kreuzen Sie an.

1. Sie/Er erkennt die grammatischen Funktionen von Satzgliedern.	☐
2. Sie/Er kann sich neue Wörter gut merken.	☐
3. Sie/Er beteiligt sich oft am Unterricht.	☐
4. Sie/Er hat gute Noten.	☐
5. Sie/Er entdeckt oft grammatische Regeln selbstständig.	☐
6. Sie/Er kann die verschiedenen Laute in der Fremdsprache einfach unterscheiden.	☐
7. Sie/Er lernt gern Deutsch.	☐

Beim Vergleich mit dem Lösungsschlüssel haben Sie vielleicht festgestellt, dass Sie mehr Aussagen angekreuzt haben als wir. Warum nicht alle Aussagen tatsächlich auf eine Sprachlerneignung hinweisen, erläutern wir im Folgenden:

Aussage 1, also die Fähigkeit, die Funktionen von Satzgliedern bestimmen zu können, ist eine wichtige Voraussetzung, um ein Verständnis für den Aufbau einer Sprache zu gewinnen und diese Sprache somit schnell zu erlernen. Lernende mit dieser Fähigkeit verstehen z.B., dass Verben Aktivitäten beschreiben. Das kann dabei helfen, Wörter aus dem Kontext heraus zu erschließen.
Auch die zweite Aussage ist richtig, denn wenn man sich neue Wörter gut merken und in neuen Kontexten verwenden kann, erleichtert das beispielsweise den Aufbau des aktiven Wortschatzes.
Die fünfte Aussage ist ebenfalls eine wichtige Voraussetzung für das Lernen einer fremden Sprache. Wenn Lernende grammatische Regeln selbst entdecken können, sind sie unabhängiger davon, wie gut die Lehrkraft oder das Lehrwerk den Lernstoff präsentieren. Diese Lernenden können auch außerhalb des Klassenzimmers ihre Sprachkompetenz weiterentwickeln.
Verschiedene Laute unterscheiden zu können, wie in Aussage 6 beschrieben, ist gerade im Bereich des Hörverstehens essenziell. Oft können kleinste Unterschiede in der Aussprache einen Bedeutungsunterschied ausmachen (z.B. spuken und spucken). Diese zu erkennen und unterscheiden zu können, ist ebenfalls eine wesentliche Komponente der Sprachlerneignung.
Ob die Lernerin / der Lerner sich jedoch oft am Unterricht beteiligt, gute Noten hat und gern Deutsch lernt, hängt nicht ausschließlich von ihrer/seiner Eignung ab, eine fremde Sprache zu lernen. Hierbei spielen noch weitere Faktoren wie Interesse, Motivation sowie ihre Einstellung zur Zielsprache und zur Zielkultur eine wichtige Rolle.

Alles in allem wird deutlich, dass die Sprachlerneignung ein Sammelbegriff für verschiedene Fähigkeiten mit Blick auf das Sprachenlernen ist. Dementsprechend ist man auch davon abgekommen, eindeutig zwischen „begabten" und „unbegabten" Lernenden zu unterscheiden. Stattdessen nimmt die Forschung heute an, dass Lernende unterschiedliche Eignungsprofile aufweisen, also über bestimmte Stärken und Schwächen verfügen, die Sie als Lehrkraft im Unterricht berücksichtigen können (Schlak 2008, S. 4).

unterschiedliche Eignungsprofile

Außer den affektiven Faktoren wie Motivation, Angst und Einstellungen sowie dem kognitiven Faktor Sprachlerneignung gibt es noch einige weitere Faktoren, in denen sich Lernende voneinander unterscheiden. Im nächsten Abschnitt werden Sie sich daher mit den individuellen Vorlieben Ihrer Lernenden beim Sprachenlernen beschäftigen.

Vorlieben beim Lernen

Vielleicht ist Ihnen schon aufgefallen, dass Javier, Ana und Mirko ganz bestimmte Vorlieben haben, wie sie beim Deutschlernen vorgehen. Javier arbeitet zum Beispiel gern mit seinen Mitschülerinnen und Mitschülern zusammen. Er lernt am liebsten, indem er sich mit anderen austauscht. Für Mirko hingegen funktioniert das Lernen sehr gut, wenn er den Lernstoff durchliest, sich vorspricht oder wenn er abgefragt wird. Ana lernt im Deutschunterricht nicht sehr erfolgreich, aber wir wissen, dass sie sich Dinge mithilfe naturwissenschaftlicher Experimente gut erschließen kann. Dies könnte ein Hinweis darauf sein, dass sie sich Dinge gut merken kann, die sie selbst praktisch ausprobiert hat.

Aufgabe 36

Denken Sie an drei Lernende in Ihrer Lerngruppe: Welche unterschiedlichen Vorlieben beim Sprachenlernen können Sie feststellen?

Lerner/in 1 lernt gern, wenn … ______________________________

Lerner/in 2 lernt gern, wenn … ______________________________

Lerner/in 3 lernt gern, wenn … ______________________________

Lernstile und Lerntypen

Wie Ihre Lernenden am besten lernen, kann davon abhängen, welchen Lernstil sie haben. Der **Lernstil** beschreibt die Art und Weise, wie jemand am besten neue Informationen aufnimmt und verarbeitet – und das entspricht in der Regel den jeweiligen Vorlieben. Der Begriff Lernstil lässt sich aus unterschiedlichen Perspektiven definieren. Sehr bekannt geworden ist die Unterscheidung von vier **Lerntypen**, die unterschiedliche Sinnes- oder Wahrnehmungskanäle bei der Aufnahme und Verarbeitung von Wissen bevorzugen.
Um Ihnen zu verdeutlichen, worin sich Lerntypen unterscheiden, haben wir einen kleinen Test für Sie vorbereitet, in dem Sie verschiedene Zugänge zu den Inhalten dieses Fortbildungsprogramms reflektieren. Wie lernen Sie selbst denn am besten?

Aufgabe 37

Wie hoch ist vermutlich Ihr Lernerfolg in den folgenden Lernaktivitäten? Kreuzen Sie an.

Lernaktivitäten	Lernerfolg				
	sehr klein	eher klein	mittelmäßig	hoch	sehr hoch
1. Sie definieren für eine Lernpartnerin einen Begriff und sie gibt Ihnen Rückmeldung.	☐	☐	☐	☐	☐
2. Sie lesen einen Text einige Male durch.	☐	☐	☐	☐	☐
3. Eine Kollegin erklärt Ihnen einen komplexen Sachverhalt in ihren eigenen Worten.	☐	☐	☐	☐	☐
4. Sie fertigen eine Zeichnung an, die den Zusammenhang zwischen den Lernerfaktoren darstellt.	☐	☐	☐	☐	☐
5. Sie sehen einen Unterrichtsmitschnitt an und beobachten gezielt ein bestimmtes Lehrverfahren.	☐	☐	☐	☐	☐
6. Sie bearbeiten die Aufgaben dieser Einheit online und interaktiv.	☐	☐	☐	☐	☐
7. Sie sehen sich eine Zusammenfassung an, die Sie selbst geschrieben haben.	☐	☐	☐	☐	☐
8. Sie diskutieren mit einem Partner über Spracherwerbshypothesen.	☐	☐	☐	☐	☐
9. Sie ordnen den in dieser Einheit eingeführten Begriffen die dazugehörenden Definitionen zu.	☐	☐	☐	☐	☐
10. Sie probieren neue Ideen, die Sie in dieser Einheit entwickelt haben, in Ihrem Unterricht aus.	☐	☐	☐	☐	☐
11. Sie hören einen Vortrag im Rahmen einer Lehrerfortbildung.	☐	☐	☐	☐	☐
12. Sie hören im Radio einen Beitrag zu einer neuen Schulreform.	☐	☐	☐	☐	☐

Nachdem Sie Vermutungen darüber angestellt haben, mit welchem Erfolg Sie mit den verschiedenen Lernaktivitäten lernen, möchten wir Ihnen die Annahmen etwas ausführlicher vorstellen, die diesem Test zugrunde liegen.
Sie können nun herausfinden, welcher Lerntyp Sie vermutlich sind.

Lernaktivitäten	Lerntyp	Wahrnehmung
Wenn Sie die Lernaktivitäten 11 und 12 für sich als besonders lernförderlich empfinden, dann sind Sie ein auditiver Lerntyp.	**der auditive Lerntyp** Für Sie ist es leicht, Informationen, die Sie gehört haben, aufzunehmen und sich zu merken. Deswegen ist es für Sie auch kein Problem, mündlichen Präsentationen zu folgen oder Informationen aus dem Radio zu verstehen und wiederzugeben. Als auditiver Lerntyp profitieren Sie davon, wenn Sie selbst Lerninhalte laut sprechen bzw. wiederholen, sich selbst vorlesen und im Unterricht gut zuhören.	über die Ohren 
Wenn Sie die Lernaktivitäten 2, 4, 5 und 7 für sich als besonders günstig empfinden, dann sind Sie ein visueller Lerntyp.	**der visuelle Lerntyp** Als visueller Lerntyp können Sie sich besonders gut Informationen merken, die Sie sehen. Sie lernen gern Inhalte, die in Texten präsentiert werden. Außerdem fällt es Ihnen leicht, wenn neues Wissen mithilfe von Postern, Grafiken oder Bildern zusammengefasst präsentiert wird. Als visueller Lerntyp merken Sie sich neue Informationen gut, indem Sie Filme oder Fernsehsendungen zu einem bestimmten Thema ansehen, Zusammenhänge selbst schematisch darstellen und indem Sie sich selbst Notizen machen.	über die Augen 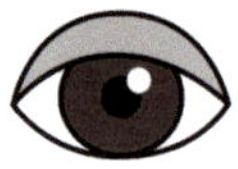
Wenn Sie die Lernaktivitäten 1, 3 und 8 für sich als besonders günstig empfinden, dann sind Sie ein kommunikativer Lerntyp.	**der kommunikative Lerntyp** Lernen können Sie am besten mit anderen zusammen. Am leichtesten behalten Sie neue Informationen, wenn Sie darüber sprechen oder diskutieren. Deswegen ist es für Sie wichtig, Gesprächspartner zu haben und Aufgaben in Partner- oder Gruppenarbeit zu bearbeiten. An Erklärungen und Definitionen erinnern Sie sich besonders gut, wenn Sie sich abfragen lassen oder mit einem Lernpartner darüber sprechen.	durch Gespräch und in Interaktion mit anderen 
Wenn Sie die Lernaktivitäten 6, 9 und 10 für sich als besonders günstig empfinden, dann sind Sie ein motorisch-kinästhetischer Lerntyp.	**der motorisch-kinästhetische Lerntyp** Lernen geht bei Ihnen bevorzugt mit Bewegung, Handeln und Fühlen einher. Aus diesem Grund lernen Sie gut, wenn Sie selbst Dinge ausprobieren oder Handlungen ausführen. Zudem mögen Sie als motorisch-kinästhetischer Lerntyp das learning by doing und arbeiten gern mit praktischen Beispielen. Außerdem ist es für Sie hilfreich, wenn Sie sich beim Lernen bewegen, indem Sie z.B. beim Lernen von neuen Wörtern auf und ab gehen. Auch wenn Sie Dinge aufschreiben oder zeichnen, können Sie sich gut Informationen einprägen.	durch Berührung (Haut) oder durch Bewegung 

kulturelle Prägungen

Je nachdem, wie Sie Ihren potenziellen Lernerfolg bei den einzelnen Lernaktivitäten eingeschätzt haben, entsteht nun eine sehr individuelle Mischung der vier grundlegenden Lerntypen, denn niemand lernt nur über einen einzigen **Wahrnehmungskanal**. Ihr Profil zeigt Ihnen, wie stark die vier Lerntypen bei Ihnen jeweils ausgeprägt sind und welche Wahrnehmungskanäle bei Ihnen besonders dominant sind. Welcher Wahrnehmungskanal das ist, hat auch etwas mit unserer Sozialisation und unserer kulturellen Prägung zu tun, da wir im Laufe der Zeit eine bestimmte Art zu lernen entwickeln. Diese ist durch unsere Eigenschaften, unser Elternhaus, unsere Erziehung und Ausbildung in Schule und Universität und durch die kulturelle Umgebung geprägt. Dementsprechend können sich die Vorlieben beim Lernen bei Angehörigen verschiedener Kulturen auch deutlich unterscheiden.

Aufgabe 38

Welche Lerntypen kommen in Ihrem Klassenzimmer/Kursraum am häufigsten vor? Denken Sie an Ihre Lerngruppe und kreuzen Sie in der Tabelle die Anzahl der Personen an, bei denen ein bestimmter Lerntyp dominant ist.

Lerntypen	0–2 Lernende	3–5 Lernende	5–10 Lernende	11 und mehr Lernende
auditiv 	☐	☐	☐	☐
visuell 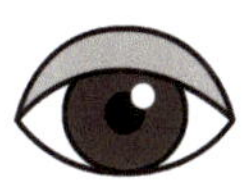	☐	☐	☐	☐
kommunikativ 	☐	☐	☐	☐
motorisch-kinästhetisch 	☐	☐	☐	☐

Tipp: Wenn Sie bei dieser Einschätzung eher unsicher sind, können Sie in Ihrer Gruppe auch eine ähnliche Befragung wie in Aufgabe 38 durchführen. Einen Test, der sich speziell an Lernende richtet, finden Sie in *Deutsch Perfekt* 2/2010.

Vielleicht haben Sie entdeckt, dass besonders viele Lernende in Ihrer Gruppe einem bestimmten Lerntyp angehören. Dies könnte darauf hinweisen, dass bei dieser Lerngruppe ein bestimmter Wahrnehmungskanal beim Lernen besonders häufig abgesprochen/angeregt wurde. Dadurch entsteht so etwas wie eine kulturelle Prägung bei der Aufnahme und Verarbeitung von Informationen. Besonders in kulturell gemischten Gruppen sollten Sie sich immer bewusst sein, dass nicht alle Lernenden auf die gleiche Weise Informationen aufnehmen und speichern.

Lehr- und Lernstilkonflikt

Für Sie als Lehrende ist es wichtig, sich der individuellen Unterschiede Ihrer Lernenden bei der Aufnahme und Verarbeitung von Wissen bewusst zu sein. Das wird Ihnen dabei helfen, Lehr-/Lernaktivitäten in den Unterricht zu integrieren, die unterschiedliche Sinne ansprechen. Ana, die Lernerin aus unserem Beispiel, könnte, wir spekulieren einmal, eine motorisch-kinästhetische Lernerin sein. Sie lernt demzufolge besser, wenn sie z.B. Rollenspiele spielt, beim Sprechen neuer Wörter hin und her läuft oder zu diesen rhythmisch klatscht usw. Ihre Lehrerin erreicht jedoch mit ihren Lehraktivitäten eher die visuellen und auditiven Lernertypen. Das wäre ein Grund dafür, dass Ana ihrem Unterricht nicht gut folgen kann. An dieser Stelle kommt es zu einem Konflikt zwischen Anas Lernstil und dem Lehrstil Ihrer Lehrerin. Ein solcher Konflikt könnte eine weitere Ursache für Anas Probleme im Deutschunterricht sein.

Aufgabe 39 **Welche Lernaktivitäten passen zu welchem Lerntyp? Kreuzen Sie an. Beachten Sie, dass manchmal mehrere Lösungen möglich sind!**

Lernaktivitäten	auditiv	visuell	kommunikativ	motorisch-kinästhetisch
in Kleingruppen diskutieren	✗	☐	✗	☐
mündliche Erklärungen hören	☐	☐	☐	☐
Rollenspiele spielen	☐	☐	☐	☐
Experimente durchführen	☐	☐	☐	☐
Lernplakate zeichnen	☐	☐	☐	☐
Mindmaps erstellen	☐	☐	☐	☐
Aufgaben gemeinsam bearbeiten	☐	☐	☐	☐
Tafelbilder ansehen	☐	☐	☐	☐
Satzmelodie mit Handbewegungen nachzeichnen	☐	☐	☐	☐
Texte abschreiben	☐	☐	☐	☐
Wörter nachsprechen	☐	☐	☐	☐
Vokabeln als Memory-Spiel üben, indem man neuen Wörtern passende Bilder zuordnet	☐	☐	☐	☐

Zwar haben Lernende bestimmte Vorlieben, wie sie lernen, dennoch ist es am effektivsten, wenn man Informationen auf verschiedenen Wegen und mit möglichst vielen Sinnen verarbeitet. Die folgende Aufgabe soll diese Tendenzen deutlicher machen.

Aufgabe 40 **Wie viel Prozent von dem, was wir wahrnehmen, können wir uns merken? Schätzen Sie.**

Wir nehmen wahr und merken uns ...	
__ %	von dem, was wir lesen.
__ %	von dem, was wir hören.
__ %	von dem, was wir hören und sehen.
__ %	von dem, was wir sehen, hören und reproduzieren.
90 %	von dem, was wir sehen, hören und selbst machen/handeln.

Wir können also zusammenfassen, dass man Informationen besser verstehen und lernen kann, wenn man sie über verschiedene Wahrnehmungskanäle verarbeitet, also mehrkanalig lernt. Wie ein solches mehrkanaliges Lernen aussehen kann, zeigt die folgende Übersicht am Beispiel der Wortschatzarbeit.

Lerntypen	bevorzugte Lehr-/Lernaktivitäten
auditiv	Die Lerngruppe spricht gemeinsam einen Reim oder singt ein Lied und festigt auf diese Weise den neuen Wortschatz.
visuell	Die Lernenden fertigen Zeichnungen oder kleine Grafiken an, die die Bedeutung der neuen Wörter zeigen. Sie schreiben das neue Wort neben die entsprechende Zeichnung.
kommunikativ	Die Lernenden üben neuen Wortschatz mit einem Tabu-Spiel: Ein Gruppenmitglied beschreibt ein neu zu lernendes Wort, das auf einer Karte steht, ohne das Wort selbst zu nennen. Der Rest der Gruppe versucht, das neue Wort zu erraten. Schwieriger wird es, wenn die Tabu-Karte weitere verwandte Wörter enthält, die bei der Beschreibung des gesuchten Wortes auch nicht benutzt werden dürfen.
motorisch-kinästhetisch	Die Lernenden ertasten verdeckte Gegenstände und notieren das entsprechende Wort.

Auch innerhalb einer Übungssequenz kann neues Wissen über unterschiedliche Wahrnehmungskanäle angeboten werden, sodass alle Lerntypen dabei profitieren. Dies demonstriert eine Kollegin aus einer Schule in Lissabon in den nächsten drei Unterrichtssequenzen am Beispiel der Wortschatzarbeit. Hier sind zunächst Informationen zu diesen Mitschnitten:

i

Ort, Jahr	Schule Lissabon, 2008
Zielgruppe	Schülerinnen und Schüler der Sekundarstufe, A1
Lehrkraft	Serafina Akino
Lernziel	Akkusativformen bilden können mit Wortschatz Haustiere
Lehr-/Lernaktivitäten	In diesen Sequenzen steht die Erweiterung des Wortschatzes Haustiere im Zentrum.
Lernmaterial	Bildkarten, Hörbeispiel, Lehrwerk

Aufgabe 41

Sehen Sie die Sequenzen 1 bis 3 von *Schule Lissabon*.
Wie gelingt es der Lehrerin, dass bei der Wortschatzarbeit verschiedene Wahrnehmungskanäle ihrer Schülerinnen und Schüler angesprochen werden? Notieren Sie Ihre Beobachtungen.

Sequenz	Beobachtungen zu Lehr-/Lernaktivitäten	Wahrnehmungskanal
1	∘ An der Tafel schreiben ∘ Bilder zeigen, hören ∘ Bildzuordnung.	∘ Visuell ∘ Auditiv ∘ Kommunikativ
2	zuordnen, Was ist das Anmalen, Bild kleben, Nachsprechen	∘ Auditiv ∘ Kommunikativ ∘ Motorisch
3	∘ Geräusche hören sammeln ∘ Was für ein Tier ist das	∘

Aufgabe 42

Wie könnte die Lehrerin in einem weiteren Schritt auch die kommunikativen Lerntypen unter ihren Schülerinnen und Schülern ansprechen? Entwickeln Sie einen Vorschlag und tauschen Sie sich mit Ihren Kolleginnen und Kollegen aus.

Man kann in der Literatur ganz unterschiedliche Einteilungen von Lernstilen finden, die unterschiedlich ausdifferenziert sind und sich manchmal auch schwer voneinander abgrenzen lassen. Sie setzen sich immer aus einer Reihe von Merkmalen zusammen.

Lernende unterscheiden sich aber nicht nur darin, welche Wahrnehmungskanäle sie bevorzugen, also welcher Lerntyp sie sind. Unter dem Oberbegriff **Lernstile** werden auch noch andere Unterscheidungen getroffen. Das Ziel dieser umfassenden Beschäftigung mit Lernstilen ist, dass Sie bei Ihrer Unterrichtsgestaltung möglichst verschiedene Zugänge zu Informationen berücksichtigen können. So stellen Sie sicher, dass jeder in Ihrer Lerngruppe, unabhängig von seinem Lernstil, sein Potenzial zum Erlernen der deutschen Sprache entfalten kann.
Einige davon stellen wir Ihnen hier vor:

Impulsive versus reflexive Lernende
Man unterscheidet Lernende, die eher reflexiv an eine Lernaufgabe herangehen, und solche, die eher impulsiv beim Lernen vorgehen. Diese Bezeichnungen drücken aus, wie spontan Lernende beim Lösen von Aufgaben sind. Reflexiv handelnde Lernende wollen ihre Aufgaben erst gründlich durchdenken, bevor sie sich äußern. Deswegen brauchen sie Zeit, um zu einer Lösung zu kommen, und arbeiten meist langsamer und sorgfältiger als impulsiv vorgehende Lernende. Die Arbeitsergebnisse zeigen in der Regel weniger Fehler als die von impulsiven Lernenden, die in etwa die gleiche Sprachkompetenz haben. Reflexive Lernende formulieren ihre Aussagen oft innerlich vor, bevor sie sich zu Wort melden. Impulsive Lernende äußern sich dagegen oft spontan und nehmen Fehler in Kauf.

Globale versus analytische Lernende
Mit den Begriffen global und analytisch unterscheidet man die Art und Weise, wie Lernende den Lernstoff erschließen. Globale Lernende sind solche, die zunächst einen Überblick über den Lernstoff möchten, bevor sie die Details verstehen können. Im Unterschied dazu konzentrieren sich analytische Lernende zunächst auf Einzelheiten, die sie dann zu einem Gesamtbild kombinieren. Analytische Lernende lernen gern allein, während globale Lernende einen kommunikativen Unterricht und den Austausch mit anderen bevorzugen.

Ambiguitätstolerante versus ambiguitätsintolerante Lernende
Diese beiden Begriffe beschreiben, inwieweit eine Lernerin / ein Lerner bereit ist, auch Informationen aufzunehmen und zu verarbeiten, die sie/er nicht vollständig verstehen kann. Ambiguitätstolerante Lernende kommen grundsätzlich gut in natürlichen Kommunikationssituationen zurecht, in denen sie nicht alles verstehen, besonders wenn schnell oder im Dialekt gesprochen wird. Ambiguitätsintolerante Lernende fühlen sich in solchen Situationen schnell überfordert und finden sie eher unangenehm. Sie haben das Bedürfnis, neue Wörter exakt und Gespräche vollständig zu verstehen, und suchen nach präzisen Übersetzungen in ihrer Erstsprache.

Aufgabe 43

Lesen Sie die Beschreibungen zu den gegensätzlichen Lernstilen noch einmal. Denken Sie an sich selbst und markieren Sie Ihre Position mit Blick auf Ihren persönlichen Lernstil.

Als Lernende/r bin ich eher						
	←				→	
impulsiv	☐	☐	☐	☐	☐	reflexiv
global	☐	☐	☐	☐	☐	analytisch
ambiguitätstolerant	☐	☐	☐	☐	☐	ambiguitätsintolerant

Wie wichtig das Thema Lernstile für den Unterricht ist, zeigt sich auch daran, dass man es seit einiger Zeit auch in Lehrwerken findet. Ziel von Aktivitäten zur Erkundung von Lernstilen ist, dass Lernende ihr eigenes Lernverhalten besser kennenlernen und dadurch effektiver lernen können. Im Folgenden wollen wir Ihnen ein solches Lehrwerkbeispiel vorstellen und herausfinden, wie Sie damit im Unterricht arbeiten würden.

Aufgabe 44

Sehen Sie sich den Lehrwerkausschnitt aus dem Lehrwerk *Schritte* genauer an.

a) Was ist das Lernziel?

____

b) Finden Sie das Lernziel relevant? Warum? Warum nicht?

____

c) Welche Aktivitäten würden Sie mit Blick auf Ihre Zielgruppe verändern? Wie?

____

d) Wie würden Sie mit Ihren Lernenden die Ergebnisse besprechen und diese vielleicht auch im Unterricht berücksichtigen?

____

C4 Fremdsprachen lernen – aber wie?

a Lesen Sie die Überschrift und schauen Sie sich die Zeichnungen an. Worum geht es in diesem Text? Was meinen Sie? *Na ja, es geht um Fremdsprachen und …*

b Lesen Sie nun den Text und lösen Sie das Quiz. Vergleichen Sie Ihre Ergebnisse im Kurs.

Wie lernen wir eigentlich Fremdsprachen? Lösen Sie unser Quiz!

Fremdsprachen lernen, ja klar! Aber wie? Es gibt viele Wege, eine Sprache zu lernen. Und: Es gibt keinen richtigen oder falschen Weg. Wichtig ist nur, dass jeder erkennt, welche Methode für ihn selbst am besten funktioniert. Doch was sind das für Methoden? Wir haben für Sie einige „Lerntypen" gezeichnet. Erkennen Sie, wie die Leute lernen? Dann ordnen Sie die Aussagen unten den Lerntypen zu.

- ☐ Ich muss immer erst genau verstehen, wie die Sprache funktioniert. Dann kann ich auch etwas sagen.
- ☐ Für mich ist das Hören der Sprache besonders wichtig. Was ich oft höre, das kann ich dann auch verstehen und sprechen.
- ☐ Ich muss die Dinge fühlen und – am allerwichtigsten – in die Hand nehmen, dann kann ich es mir besser merken.
- ☐ Ich muss vor allen Dingen sprechen – das ist total wichtig für mich. Dabei lerne ich eigentlich alles automatisch.
- ☐ Mir helfen Farben und Symbole beim Lernen. Ich stelle mir zum Beispiel ein neues Wort in einer bestimmten Farbe vor – und dann kann ich es auch.

c Konnten Sie unser kleines Quiz lösen? Vergleichen Sie mit der Lösung auf Seite 47.

C5 Welcher Lerntyp ist Ihnen ähnlich? Wie lernen Sie am liebsten? Sprechen Sie.

Also, so genau kann ich das gar nicht sagen. Ich mache gern Grammatikübungen. Ich höre aber auch viel Radio. Da kann ich mir viel merken, wenn mich das Thema interessiert. Ich bin dann wohl Lerntyp A und Lerntyp E.

Ich weiß gar nicht, manches habe ich noch gar nicht ausprobiert. Vielleicht bin ich wie Lerntyp D und weiß es nur noch nicht.

C6 Plakat mit Lerntipps

a Schreiben Sie Ihren persönlichen Lerntipp auf einen Zettel.

Vokabelkarten machen *Radio hören*

b Hängen Sie Ihren Lerntipp an ein Plakat und stellen Sie ihn im Kurs vor. Erklären Sie: Was ist wichtig? Warum ist das wichtig?

Wichtigkeit ausdrücken	Meinung begründen
Ich finde es total wichtig, dass …	, weil …
Für mich ist … wichtig, weil …	, denn …
Am allerwichtigsten ist …	deshalb / deswegen / darum / daher …,

Ich mache Vokabelkarten. Ich schreibe jedes neue Wort auf ein Karteikärtchen. Auf die Rückseite schreibe ich immer die Übersetzung. Das machen viele. Aber ich schreibe auch immer einen Satz dazu. Und auf die Rückseite die Übersetzung von dem Satz. Das ist total wichtig, weil ich so gleich lerne, wie ich das Wort benutzen kann – und dann kann ich auch reden.

dreiundvierzig 43 LEKTION 4

Schritte 5, Kurs- und Arbeitsbuch, S. 43.

Neben den Beispielen aus dem Lehrwerk *Schritte* gibt es noch weitere Möglichkeiten, wie Sie die Lernstile Ihrer Lernenden im Unterricht berücksichtigen können. Einige davon haben Sie schon in Aufgabe 41 kennengelernt. Sammeln Sie nun noch weitere Ideen.

Aufgabe 45

Wie könnten Sie die verschiedenen Lernstile Ihrer Lernenden noch stärker als bisher berücksichtigen? Notieren Sie Ihre Ideen und tauschen Sie sich mit Ihren Kolleginnen und Kollegen aus.

2.5 Zusammenfassung

In Kapitel 2 stand die Frage im Mittelpunkt, welche Voraussetzungen und Bedingungen das Sprachenlernen beeinflussen. Um diese Frage zu beantworten, haben wir Theorien vorgestellt, die allgemeine Aussagen über das Lernen treffen. Dabei wurde deutlich, dass es nicht eine einzige, allumfassende Theorie gibt, die den Lernprozess abbildet, sondern dass die **Lerntheorien** verschiedene Aspekte des Lernens beleuchten und erklären können. Somit hat jede der vorgestellten Theorien – mit unterschiedlicher Gewichtung – Aussagekraft für das Fremdsprachenlernen. Da besonders die kognitiven Lerntheorien mit ihrem Bezug zu anderen Wissenschaftsgebieten (z.B. Neurowissenschaften und Lernpsychologie) sehr viel über die menschliche Informationsverarbeitung zeigen, sind sie eine wichtige Grundlage für viele didaktische Schlussfolgerungen im Verlauf dieser Einheit.

Zwar kann man aus den allgemeinen Lerntheorien Rückschlüsse für das Lernen von Sprachen ziehen, sie können aber nicht alle Spracherwerbsprozesse erklären. An dieser Stelle springen die sogenannten **Spracherwerbshypothesen** ein. Mit ihrer Hilfe kann man den Spracherwerbsprozess beschreiben und daraus didaktische Empfehlungen für die Gestaltung von Lernprozessen ableiten. Aus der Lehr-/Lernbarkeitshypothese lässt sich z.B. schließen, dass im Unterricht eine Progression sinnvoll ist, die die natürlichen Erwerbssequenzen berücksichtigt. Auch die Inputhypothese hat konkrete Auswirkungen auf die Unterrichtsgestaltung, indem sie betont, dass die Lernenden zum Sprachenlernen einen qualitativ und quantitativ reichhaltigen Input benötigen. Darüber hinaus können Spracherwerbshypothesen bestimmte Phänomene des Lernprozesses erklären: So lassen sich mithilfe der Kontrastivhypothese und der Interlanguage-Hypothese die Ursachen von Fehlern erkennen. Fehler werden aus dieser Perspektive als natürliche Begleiterscheinungen im Lernprozess betrachtet und analysiert.

Außerdem haben Sie gesehen, dass individuelle Merkmale und Eigenschaften das Sprachenlernen in besonderer Weise prägen. Zu diesen individuellen Lernerfaktoren gehören **affektive Faktoren** wie Motivation, Angst und Einstellung sowie **kognitive Faktoren** wie Sprachlerneignung und Lernstile. Auch das **Alter** der Lernenden wirkt sich auf das Fremdsprachenlernen aus, da die Eigenschaften und Lernvoraussetzungen von Kindern, Jugendlichen und Erwachsenen sich stark unterscheiden können. Wenn Sie als Lehrkraft die Lernerfaktoren kennen, verstehen Sie, warum Lernen individuell und immer anders abläuft. Dies ist eine Voraussetzung dafür, dass Sie einen Unterricht gestalten können, der auf die unterschiedlichen Bedürfnisse der Lernenden eingeht.

Stellen Sie nun am Ende dieses Kapitels noch einmal wichtige Informationen zu Ihren Lernenden zusammen; diese können Sie auch künftig bei der Planung Ihres Unterrichts berücksichtigen.

Aufgabe 46

Bearbeiten Sie nun eine der Fragestellungen, die in diesem Kapitel behandelt wurden, mit Blick auf eine Ihrer Zielgruppen.

a) Entscheiden Sie sich für eine Fragestellung, die Sie interessiert und zu der Sie mehr wissen möchten.
   1. Welches Lernverhalten, das ich bei meiner Zielgruppe beobachten kann, ist ganz typisch für die Altersgruppe (siehe Kapitel 2.4.1)?
   2. Welche Motive zum Deutschlernen bringen meine Lernenden in den Unterricht mit (siehe Aufgabe 2, 30)?
   3. Welche Einstellungen zur deutschen Sprache / zu Deutschsprachigen / zu den deutschsprachigen Ländern bringen meine Lernenden mit (siehe Aufgabe 27)?
   4. Welche Lernaktivitäten, Arbeits- und Sozialformen, Lerninhalte sprechen meine Lernenden besonders an?

Dieser Frage können Sie z.B. nachgehen, indem Sie Ihre Lernenden im Anschluss an die kommenden zwei Unterrichtseinheiten zu folgenden Punkten befragen:
- Welche Lernaktivitäten haben euch besonderen Spaß gemacht? Warum?
- Wie arbeitet ihr am liebsten? Allein, zu zweit, mit mehreren zusammen?
- Welche Inhalte haben euch besonders interessiert? Welche eher weniger?

Andere Fragen, denen Sie nachgehen möchten?

b) Beobachten oder befragen Sie Ihre Lernenden und tauschen Sie sich mit Ihren Kolleginnen und Kollegen zu Ihren Ergebnissen aus.

3 Wie lernt man Sprachen zu lernen?

3.1 Einführung

Sie haben im 1. und 2. Kapitel erfahren, dass viele Faktoren auf das Lernen wirken, dass es sehr unterschiedliche Lerntypen gibt und Lernprozesse jeweils ganz unterschiedlich verlaufen können. Die individuellen Eigenschaften und Voraussetzungen Ihrer Lernenden spüren Sie als Lehrkraft in jeder Unterrichtsstunde. In einem Kurs kann eine Lernerin sitzen, die Deutsch lernt, um in Deutschland zu arbeiten, vorher schon andere Fremdsprachen gelernt hat und jeden Nachmittag Zeit hat zu lernen, und zwar neben einer Lernerin, die keine andere Sprache spricht, wenig Zeit zum Lernen hat und nur aus Spaß etwas Deutsch lernen möchte. Beide lernen auf ganz verschiedene Weise und brauchen jeweils eine andere Unterstützung.
Da Lehrerinnen und Lehrer keinen Einzelunterricht anbieten können, ist es an den Lernenden, Verantwortung für ihr eigenes Lernen zu übernehmen. Die Aufgabe von Ihnen als Lehrkraft ist es, die entsprechenden Rahmenbedingungen zu gestalten und die Lernenden beim Lernen anzuleiten.

Die zentrale Frage von Kapitel 3 ist, wie Lernende beim Sprachenlernen angeleitet werden können, um dabei möglichst erfolgreich zu sein. Wir zeigen, wie Sie unterrichtliche Lernumgebungen schaffen können, in denen Lernende optimale Bedingungen vorfinden, um erfolgreich Deutsch zu lernen, und in denen sie zusehends bewusster vorgehen und mehr Verantwortung für ihr Lernen übernehmen können.

In diesem Kapitel

- lernen Sie die Voraussetzungen für erfolgreiches und selbstständiges Sprachenlernen kennen, nämlich Bewusstsein für das eigene Lernen und für die Zielsprache Deutsch zu entwickeln (Kapitel 3.2),
- erfahren Sie, wie man Lernende dabei unterstützt, das eigene Lernen selbstständiger zu gestalten (Kapitel 3.3),
- lernen Sie, wie Sie Ihre Lernenden zu systematischem, strategiegeleitetem Lernen anleiten und die Lernumgebung lernförderlich gestalten können (Kapitel 3.4),
- zeigen wir Ihnen, durch welche Arbeitsformen und Instrumente man den Deutschunterricht so gestalten kann, dass er Lernenden mit unterschiedlichen Bedürfnissen gerecht wird (Kapitel 3.5).

Wenn wir diese Fragen klären, stützen wir uns auf die Annahmen der kognitivistischen und konstruktivistischen Lerntheorien, über die Sie schon in Kapitel 2 gelesen haben und die in Deutschland und anderen europäischen Ländern die Diskussionen über die Fremdsprachendidaktik prägen. Unsere Grundannahme ist dabei, dass **Bewusstheit** über den Lernprozess und **Selbstständigkeit** im Lernprozess lernförderlich sind. Ein solches Verständnis von Lernen führt uns zu den folgenden drei zentralen didaktisch-methodischen Prinzipien, die allen unseren Vorschlägen für Ihren Unterricht zugrunde liegen:

Lernerorientierung

Lernerorientierung ist ein Prinzip des Unterrichts, das diejenigen Faktoren berücksichtigt, die wir in Kapitel 2 beschrieben haben: das Alter, die Lernmotivation, die Lernziele und die Bedürfnisse der Lernenden.

Wenn die Lernenden mit ihren Bedürfnissen im Mittelpunkt stehen, wir aber wissen, dass alle Lernenden verschieden sind, muss der Unterricht so gestaltet sein, dass der **Individualität der Lernenden** im Unterricht Raum gegeben wird. Dazu gehört es beispielsweise, besondere Interessen der Lernenden oder auch ihr individuelles Lerntempo zu berücksichtigen.

In einem solchen Unterricht müssen nicht zu jeder Zeit alle Lernenden dasselbe tun. Arbeits- und Sozialformen und Lernangebote berücksichtigen die unterschiedlichen Voraussetzungen, Interessen, Stärken, Schwächen und Ziele der Lernenden. Bei der sogenannten **inneren Differenzierung** (oder Binnendifferenzierung) bearbeiten die Lernenden Aufgaben und Übungen, die sich in der Qualität oder Quantität unterscheiden (siehe Kapitel 3.5.1). Dadurch entstehen im Unterricht Freiräume für Selbstständigkeit. Im Sinne der konstruktivistischen Lerntheorien sollen komplexe und authentische Lernumgebungen geschaffen werden, in denen die Lernenden selbst aktiv werden. Eine wichtige Voraussetzung dafür ist ein lernförderliches Unterrichtsklima (siehe Kapitel 3.5.3).

Förderung von Autonomie

Um die Freiräume im Unterricht sinnvoll nutzen zu können, ist es wichtig, dass die Lernenden Verantwortung für ihr Sprachenlernen übernehmen und es selbstständig und zielbewusst gestalten. Voraussetzung dafür ist, dass Lernende in der Lage sind, systematisch beim Lernen vorzugehen, Lernstrategien auszuwählen und sinnvoll einzusetzen. Das wichtige didaktisch-methodische Prinzip, das dieses Anliegen verfolgt, heißt Förderung von Lernerautonomie.

Mehrsprachigkeitsorientierung

Das Prinzip **Mehrsprachigkeitsorientierung** berücksichtigt, dass Lernende zumeist bereits mit Sprachenkenntnissen und Sprachlernerfahrungen aus früheren Lernprozessen in den Unterricht kommen. Dieses Potenzial soll im Unterricht aufgegriffen werden. Lehrkräfte unterstützen ihre Lernenden darin, ihre Kenntnisse und Fähigkeiten zu erkennen und im Sinne des Konstruktivismus als Ausgangspunkt für das Weiterlernen zu nutzen. Wie dies in einem Unterricht möglich ist, in dem Deutsch als zweite Fremdsprache gelernt wird, ist Thema von Kapitel 4 dieser Einheit.

Der erste Schritt zu mehr Selbstständigkeit und Eigenverantwortung beim Lernen ist, das Nachdenken über das eigene Sprachenlernen anzustoßen: In Kapitel 2.4.1 haben Sie gelesen, dass besonders jugendliche und erwachsene Lernende davon profitieren, wenn sie neues Sprachwissen, landeskundliches Wissen und interkulturelle Erfahrungen bewusst wahrnehmen, verarbeiten und anwenden können. Deshalb muss die Aufmerksamkeit der Lernenden immer wieder auf die Sprache und den Sprachlernprozess gelenkt werden. Wie Sie die Lernenden dazu anleiten können, über ihr eigenes Lernen nachzudenken, beschäftigt uns im nächsten Teilkapitel.

Ein Wort noch vorweg zu unseren Vorschlägen zum Unterricht, die wir Ihnen durch das Kapitel hindurch immer wieder machen: Möglicherweise weichen diese etwas von den Lehrverfahren ab, die Sie im Moment einsetzen. Sie müssen daher immer prüfen, wie Sie die vorgestellten Ideen unter Ihren Rahmenbedingungen und vor dem Hintergrund der Lernkultur Ihrer Lernenden verwirklichen können.

3.2 Wie reflektiert man das eigene Lernen?

Jugendliche und erwachsene Lernende profitieren davon, wenn sie bewusst und reflektierend beim Sprachenlernen vorgehen. Lehrwerke, Instrumente wie Sprachenportfolios und auch fremdsprachendidaktische Konzepte greifen dieses Nachdenken über Sprache und Sprachenlernen auf.

In diesem Teilkapitel lernen Sie, wie Sie
- Lernenden dabei helfen können, über ihr eigenes Sprachenlernen nachzudenken und es zu verstehen,
- wie Sie Lernende dabei unterstützen können, Sprachen und das Sprachenlernen bewusster wahrzunehmen.

3.2.1 Über das Lernen nachdenken

Das Nachdenken über das Sprachenlernen kann bereits in der Primarstufe beginnen und sich über die ganze Lernzeit bis ins Erwachsenenalter hinziehen. Sowohl die kognitivistische als auch die konstruktivistische Lerntheorie unterstützen die Annahme, dass das Bewusstsein für das eigene Lernen eine zentrale Voraussetzung für den Lernerfolg ist. Das eigene Lernen zu kennen und zu verstehen, beginnt damit, zu wissen, auf welche Weise man gern lernt.

Die Antwort auf diese scheinbar einfache Frage, wie man lernt und wie man gern lernt, ist nicht immer ganz so leicht zu geben. Sie setzt voraus, dass man sich aktiv mit den eigenen Kompetenzen und Vorlieben auseinandersetzt. Dafür benötigen Lernende in der Regel Hinweise und Anregungen. Sie müssen also zunächst verschiedene Möglichkeiten des Lernens kennenlernen, um zu wissen, welche sie bevorzugen und welche für sie selbst effektiv sind. Um herauszufinden, wie sie gern lernen, sollten Lernende also nicht nur spontan eine Antwort geben, sondern zuerst verschiedene Lernwege ausprobieren, um dann zu entscheiden, was ihnen am besten gefällt und vor allem, was tatsächlich am besten funktioniert.

Ihre Aufgabe als Lehrerin/Lehrer ist es, die Lernenden beim Ausprobieren neuer Lernwege zu unterstützen. Sie sollten Ihre Lernenden durch Fragen und Aufgaben dazu motivieren, über das Sprachenlernen nachzudenken. Im Folgenden zeigen wir Ihnen, wie Sie diesen Reflexionsprozess anleiten und steuern können.

Reflexion

Reflexion bedeutet, dass Handlungen oder Erfahrungen überdacht und kritisch beleuchtet werden. Lernende denken über das Lernen nach und bewerten, was und wie sie in der Vergangenheit gelernt haben und derzeit lernen. Dies kann in Bezug auf konkrete Lernaufgaben oder auf Lernaktivitäten, die sich über einen längeren Zeitraum erstrecken, geschehen. Daran anknüpfend haben sie die Möglichkeit, ihr Lernen zu verändern oder zu optimieren. Wenn Lernende über eigene Interessen, Wünsche, aber auch über Unsicherheiten nachdenken, besteht die Möglichkeit, dass sie Ängste abbauen und ihre Motivation wächst.

Besonders erfolgreich sind Reflexionen, die während oder direkt nach einer bestimmten Lernaktivität (z.B. eine Liste neuer Wörter auswendig lernen) stattfinden. So kann man nicht nur das Ergebnis des Lernens, sondern auch den Weg, der zu diesem Ergebnis führte, reflektieren.
Häufig denken unsere Lernenden beim Sprachenlernen daran, dass es wichtig ist, Wissen aufzubauen, sie sind sich z.B. bewusst, wie viele neue Wörter oder welche Namen von deutschen Großstädten sie kennen, abrufen und verwenden können. Dieses Wissen fragen wir als Lehrkräfte auch häufig in Tests ab. Es ist allerdings sinnvoll, noch weiter über das Sprachenlernen nachzudenken und nicht nur das Wissen im Blick zu haben.

Ebenen der Reflexion

Reflexion zum Sprachenlernen kann auf drei Ebenen stattfinden:
- auf der kognitiven Ebene: Was kann ich bereits auf Deutsch tun, was weiß ich schon und was ist mein nächstes Lernziel?
- auf der metakognitiven Ebene: Wie lerne ich erfolgreich? Wie entwickelt sich mein Sprachenlernen?
- auf der affektiven Ebene: Wie lerne ich gern?

Auf der **kognitiven Ebene** geht es um die Reflexion des erlernten Wissens und des Könnens. Hier spiegeln sich viele Unterrichtsinhalte wider, z.B. Regelwissen aus der Grammatikstunde, Wissen darüber, was in einem Kulturkreis als höflich gilt, oder aber auch ein Telefongespräch auf Deutsch führen zu können oder im Internet einen kurzen Text zu einem landeskundlichen Thema lesen zu können. Auf der **metakognitiven Ebene** wird reflektiert, welche Wege man einschlägt, um erfolgreich zu lernen. Bei Reflexionen auf der **affektiven Ebene** stehen die Gefühle gegenüber dem Lernen, die Vorlieben beim Lernen und die Motivation, Deutsch zu lernen, im Vordergrund.
Ziel sollte es sein, bei der Reflexion alle Ebenen gleichermaßen anzusprechen, damit die Lernenden sich selbst als Lernende besser kennenlernen.

Wenn Sie die Lernenden dazu anregen, ihr Sprachenlernen zu reflektieren, sollten Sie sich möglichst auf eine konkrete Situation beziehen. Probieren Sie dies in der nächsten Aufgabe doch einmal aus. Werfen Sie dafür einen Blick in einen Kursraum des Goethe-Instituts in Pune. Die Kursteilnehmerinnen und Kursteilnehmer arbeiten zum Thema Feste und Bräuche in Deutschland. Überlegen Sie einmal, durch welche Fragen die Lehrerin die Kursteilnehmerinnen und Kursteilnehmer in diesem Unterricht zur Reflexion über das eigene Sprachenlernen anregen könnte. Hier sind zunächst nähere Informationen zu diesem Unterrichtsmitschnitt.

i

Ort, Jahr	Goethe-Institut Pune, 2008
Zielgruppe	erwachsene Kursteilnehmerinnen und Kursteilnehmer, B2
Lehrkraft	Boddypaty Shubhada
Lernziel	Die Kursteilnehmenden kennen deutsche Feste und Bräuche.
Lehr-/Lernaktivitäten	Einführung und Festigung des Wortschatzes zum Thema, Teilnehmende tauschen Erfahrungen aus und erstellen Plakate zu den Bräuchen an Festtagen in Deutschland
Lernmaterial	Lehrwerk *em neu*, B1, Brückenkurs, Lektion 3, Plakate

Aufgabe 47

Welche Fragen der Lehrkraft regen Reflexion über das Deutschlernen auf welcher Ebene an?

a) Sehen Sie zunächst die Sequenzen 2 bis 9 von *Goethe-Institut Pune.*

b) Ordnen Sie die folgenden möglichen Fragen den drei Ebenen der Reflexion zu.

Fragen der Lehrkraft, die Reflexion anregen	kognitiv	meta-kognitiv	affektiv
1. Welche Vokabeln hast du zum Thema Feiertage und Feste in Deutschland dazugelernt?	☐	☐	☐
2. Was genau hast du getan, um die Vokabeln zu lernen?	☐	☐	☐
3. Welche Lernaktivität hast du besonders gern gemacht?	☐	☐	☐
4. Wie ist es für dich, für eine kurze Zeit die Rolle der Lehrkraft zu übernehmen?	☐	☐	☐
5. Was hast du Neues über Feste in Deutschland erfahren?	☐	☐	☐
6. Hilft es dir, mit deinen Mitlernenden gemeinsam Wissen über Deutschland zu erarbeiten?	☐	☐	☐
7. Lernst du neue Vokabeln und landeskundliches Wissen, indem du es anderen Lernenden vorstellst?	☐	☐	☐
8. Welchen Feiertag würdest du in Deutschland besonders gern erleben?	☐	☐	☐
9. Wie kannst du dir die Feiertage und Feste merken?	☐	☐	☐
10. Welche deutschen Feiertage und Feste kennst du?	☐	☐	☐

In dieser Aufgabe haben Sie erfahren, dass Reflexionen in konkreten Unterrichtssituationen und auf verschiedenen Ebenen angeleitet werden können. Die Anleitung zur Reflexion muss nicht immer umfassend sein. Oft genügen schon kurze Fragen, um das Nachdenken über das Lernen anzuregen.

Aufgabe 48

Regen Sie Ihre Lernenden gelegentlich zur Reflexion an? Wie tun Sie das? Welche Lehr-/Lernaktivitäten nutzen Sie wie oft? Kreuzen Sie an.

Aktivität	häufig	manchmal	nie
1. Ich frage, welche Themen und Übungen den Lernenden gefallen.	☐	☐	☐
2. Ich frage, was sich die Lernenden (eine grammatische Regel, neuen Wortschatz) aus einer Unterrichtseinheit gemerkt haben.	☐	☐	☐
3. Ich spreche mit den Lernenden darüber, wie sie lernen.	☐	☐	☐
4. Reflexionen finden in meinem Unterricht im Plenum, also im Gespräch mit allen Lernenden, statt.	☐	☐	☐
5. In meinem Unterricht rege ich die Lernenden dazu an, in Kleingruppen oder in Partnerarbeit über Lernwege und Lernvorlieben zu sprechen.	☐	☐	☐
6. Meine Lernenden reflektieren ihr Lernen schriftlich (z.B. in einem Lerntagebuch, Portfolio oder auf Fragebögen).	☐	☐	☐
7. Im Lehrwerk gibt es Aufgaben und Aktivitäten zur Reflexion, die ich berücksichtige.	☐	☐	☐

Sie sehen, dass es viele Möglichkeiten gibt, die Reflexion mithilfe von Fragen oder eines Instruments (Checklisten, Lerntagebücher o.Ä.) anzuregen.

Bereitschaft zu Reflexion

Reflexion ist aber nicht in allen Lernkulturen üblich. In vielen Lernkulturen erwarten die Lernenden, dass die Lehrenden und das Lehrwerk ihnen enge Vorgaben machen und dass dies der richtige Weg zum Erfolg ist. Gerade wenn Sie in einem Kontext unterrichten, in dem es nicht üblich ist, die eigene Meinung und die eigenen Gefühle beim Lernen offen zu äußern, sollten Sie die Lernenden vorsichtig an die Reflexion heranführen, weil dies zunächst vermutlich als ungewohnt und irritierend erlebt wird. Wenn Lernende es bisher gewohnt waren, klare Arbeitsanweisungen zum Lernen zu bekommen, wird es neu für sie sein, das eigene Lernen zu hinterfragen, und es wird Ihnen vielleicht auch Schwierigkeiten bereiten. Sie müssen daher prüfen, wie Sie die Ideen, die wir hier vorstellen, in Ihrem Unterricht unter Ihren gegebenen Rahmenbedingungen und vor dem Hintergrund der spezifischen Lernkultur verwirklichen können.

Aufgabe 49

Sehen Sie Ihr Lehrwerk an und beantworten Sie die Fragen.

a) Regt das Lehrwerk, das Sie verwenden, Ihre Lernenden zum Nachdenken darüber an, wie sie gern und gut Deutsch lernen?
☐ Ja
☐ Nein

b) Was würden Sie sich von Ihrem Lehrwerk bezüglich der Anleitung zur Reflexion wünschen?

____

c) Tauschen Sie sich mit Ihren Kolleginnen und Kollegen aus und diskutieren Sie mögliche Gründe für das Gelingen oder auch für das Scheitern der Reflexion über das Lernen im Unterricht.

Formen von Reflexion

In Aufgabe 48 haben wir thematisiert, dass es zahlreiche Formen und Möglichkeiten gibt, über das Sprachenlernen nachzudenken: z.B. in verschiedenen Sozialformen, in mündlicher oder schriftlicher Form, ohne Vorgaben oder anhand vorgegebener Fragen.

Alle diese Formen haben Vor- und Nachteile. Bei der Diskussion im Plenum können die Lernenden die Meinungen, Gedanken und Lernwege der Mitschülerinnen und Mitschüler kennenlernen und von deren Wissen profitieren. Andererseits trauen sie sich vielleicht nicht, darüber zu sprechen, was sie interessiert oder bei welchen Dingen sie unsicher sind. Kleingruppen- und Partnerarbeit bieten hier eine gute Alternative: Der Austausch ist möglich, aber die Diskussion ist etwas privater. Die Einzelarbeit bietet natürlich die größte Privatsphäre, sie kann Lernende aber auch oft überfordern, wenn sie keine Erfahrung damit haben, über das eigene Lernen nachzudenken. Sie wissen nicht, wo sie anfangen sollen. Das gilt besonders, wenn es keine Vorgaben, Fragebögen oder Leitfragen zur Reflexion gibt. Für die Reflexion in Einzelarbeit bietet es sich also an, den Prozess mit Leitfragen oder Hilfestellungen zu steuern. Neuere Lehrwerke bieten Ihnen dabei Unterstützung. In diesen finden Sie oft Leitfragen oder Fragebögen, wenn in Anlehnung an den *Gemeinsamen europäischen Referenzrahmen* mit Kann-Beschreibungen gearbeitet oder das Führen eines Portfolios empfohlen wird. Wir sehen im Folgenden Beispiele dafür.

Während mündliche Reflexionsgespräche meist im Unterricht stattfinden, können schriftliche Reflexionen auch zu Hause erledigt werden. Dann ist es wichtig, dass die Lernenden wissen, was von ihnen verlangt wird. Häufig steht die kognitive Ebene der Reflexion im Mittelpunkt, so auch im folgenden Beispiel aus *Planetino,* einem Lehrwerk für Kinder.

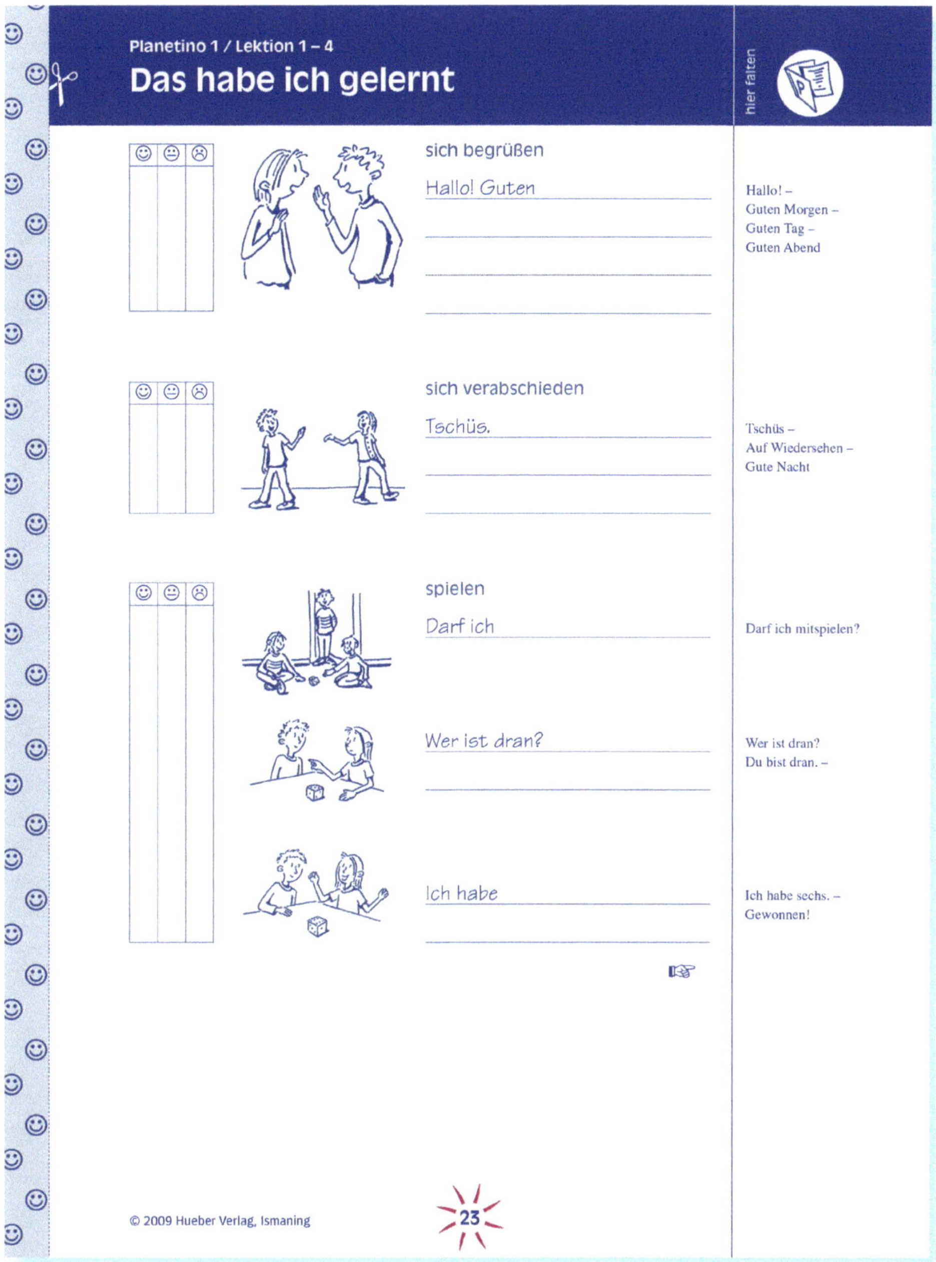

Planetino 1 / Lektion 1 – 4

Das habe ich gelernt

hier falten

sich begrüßen

Hallo! Guten

Hallo! – Guten Morgen – Guten Tag – Guten Abend

sich verabschieden

Tschüs.

Tschüs – Auf Wiedersehen – Gute Nacht

spielen

Darf ich

Darf ich mitspielen?

Wer ist dran?

Wer ist dran? Du bist dran. –

Ich habe

Ich habe sechs. – Gewonnen!

© 2009 Hueber Verlag, Ismaning

23

Planetino, Arbeitsbuch 1, S. 23.

Aufgabe 50 **Wie beurteilen Sie die Seite „Das habe ich gelernt" aus dem Lehrwerk *Planetino*? Kreuzen Sie die Aussagen an, denen Sie zustimmen, und ergänzen Sie, wenn Sie möchten.**

1. Es werden Wortschatz und Redemittel der gerade bearbeiteten Lektion des Lehrwerks thematisiert. Dadurch können die Kinder ihren Lernfortschritt selbst überprüfen.	☐
2. Es ist nicht hilfreich, dass die Kinder nur auswendig gelerntes Wissen abrufen müssen.	☐
3. Man weiß nicht, ob die Kinder wirklich eine Kompetenz (sich begrüßen und verabschieden) erworben haben.	☐
4. Die Kinder lernen doch nichts, weil sie alles aus der Lektion abschreiben können.	☐
5. Es ist gut, dass die Kinder noch einmal im Buch nachschlagen können, was sie noch nicht wissen/können, und es so lernen.	☐
6. Die Kinder können die Lehrwerkseite später herausschneiden und in ihr Portfolio ablegen. So sehen sie auf einen Blick, was sie gelernt haben und können sollen.	☐
7. …	☐

Reflexion und Selbsteinschätzung

In *Planetino* sollen die Lernenden im Anschluss an jede Lektion überlegen, was sie gelernt haben. Sie sind aufgefordert, Beispiele für ihr Wissen zu den Sprachhandlungen einzutragen und anschließend einzuschätzen, was sie schon gut, einigermaßen oder noch nicht so gut können. Diese Bewusstmachung ist dann die Grundlage für weitere Wiederholungen des Gelernten. An diesem Beispiel sehen Sie, wie Reflexion eng mit den Unterrichtsinhalten verbunden werden kann und wie die Lernenden ihre eigene Leistung leicht überprüfen und bei Bedarf noch einmal in die entsprechende Lektion oder in die Materialien einsehen können. Darüber hinaus wird die Einschätzung der eigenen Leistungen konkreter und genauer, denn die Lernenden müssen ein Beispiel aus der Lektion finden. Allerdings besteht auch die Gefahr, dass die Kinder nur einzelne Sätze aus der Lektion abschreiben und diese gar nicht anwenden können. Diesen Aspekt haben Sie vielleicht in Ihrer Beurteilung auch in den Vordergrund gestellt und in Aufgabe 50 die Punkte 2 und 3 angekreuzt. Und Sie haben damit auch recht, denn ein Lehrwerk kann allein nicht zur Reflexion anleiten. Sie als Lehrkraft sind gefordert!

Wenn Ihr Lehrwerk solche Anregungen zur Reflexion nicht vorgibt, können Sie diese auch selbst erstellen. In der folgenden Aufgabe können Sie das ausprobieren. Denken Sie dabei an eine aktuelle Unterrichtseinheit, die Sie gerade planen.

Aufgabe 51

Überlegen Sie, wie Sie Ihre Lernenden zur Reflexion anleiten können, und probieren Sie dies in Ihrem Unterricht aus.

a) Worauf soll sich die Reflexion beziehen? Notieren Sie Ihre Überlegungen auf dem Arbeitsblatt, so behalten Sie die verschiedenen Ebenen und Formen der Reflexion im Blick.

Reflexionen über Unterricht und Lernen anleiten

Lernziel und Inhalt der Unterrichtseinheit:

____

Fragen zum Wissen/Können (Was-/Wie-Fragen, z.B. zu Landeskunde, Grammatik):

____

Fragen zu den Lernwegen (Wie-Fragen, z.B. wie Wortschatz gelernt wurde, wie eine bestimmte Aufgabe gelöst wurde):

____

Fragen zu den Gefühlen während des Lernens (z.B. dazu, was Spaß gemacht hat, was schwierig/einfach war):

____

Die Lernenden beantworten diese Fragen

☐ schriftlich
☐ mündlich
☐ allein

☐ in Partnerarbeit
☐ im Plenum
☐ mit der Lehrerin / dem Lehrer im persönlichen Gespräch

☐ zu Hause
☐ im Unterricht

b) Formulieren Sie nun den Arbeitsauftrag, nach dem Ihre Lernenden die Reflexion durchführen können.

____

c) Leiten Sie Ihre Lernenden bei der Reflexion an und dokumentieren Sie, was Sie bei Ihren Lernenden beobachten: Wozu führt die Reflexion? Welche Schritte müssen sich an die Reflexion anschließen?

____

d) Tauschen Sie sich mit Ihren Kolleginnen und Kollegen zu Ihren Erfahrungen aus.

Aufgabe 52

Welche Anregungen, die Sie in diesem Kapitel zum Thema „Nachdenken über das Lernen" bekommen haben, sind Ihnen persönlich besonders wichtig?
Kreuzen Sie drei Punkte an und machen Sie Notizen, wie Sie dies in Ihrem Unterricht umsetzen können.

☐ Aktivitäten zur Reflexion aus meinem Lehrwerk nutzen

Wie? ________________________________

☐ eigene Aktivitäten zur Reflexion entwickeln

Wie? ________________________________

☐ Lernende dabei unterstützen, herauszufinden, wie sie gern lernen

Wie? ________________________________

☐ Lernende dabei unterstützen, herauszufinden, wie sie erfolgreich lernen

Wie? ________________________________

☐ Lernende dabei unterstützen, herauszufinden, was sie schon gelernt haben

Wie? ________________________________

☐ Lernende dabei unterstützen, herauszufinden, was sie als Nächstes lernen wollen

Wie? ________________________________

3.2.2 Bewusst Sprachen lernen

In Kapitel 2.2 haben Sie erfahren, dass Bewusstheit und Aufmerksamkeit den Lernprozess positiv beeinflussen können. Wenn Lernende regelmäßig über Sprache nachdenken, eine Sensibilität für eine oder mehrere Sprachen und für die Rolle der Sprache im Alltag sowie in der Kommunikation entwickeln, spricht man von **Sprachbewusstheit**.

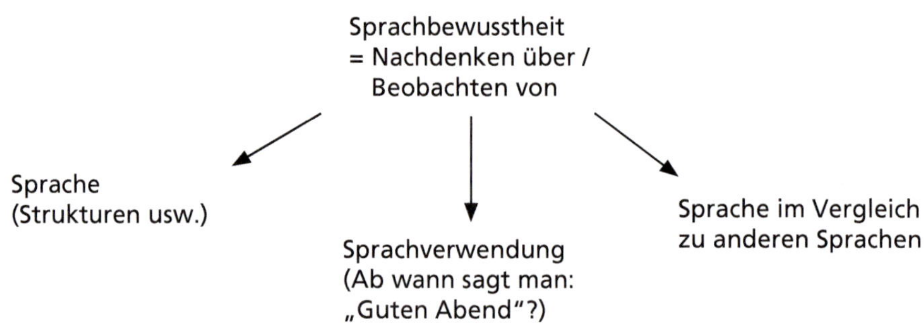

Verschiedene fremdsprachendidaktische Ansätze sehen in Sprachbewusstheit ein entscheidendes Moment des Lernprozesses. Sie ist nicht gleichzusetzen mit Grammatikwissen und anderem explizitem Wissen über eine Sprache, sondern es geht vielmehr um die **Aufmerksamkeit**, mit der eine oder mehrere Sprachen betrachtet werden. Sprachbewusstheit ist ein individuelles Gefüge aus Wissen, Einstellungen und Emotionen einer Person zu Sprache(n) (Morkötter 2005, S. 37). Jeder Mensch verfügt über eine mehr oder weniger ausgeprägte Sprachbewusstheit, sehr sprachbewusste Menschen verfügen darüber hinaus auch über **Strategien**, um Sprachen zu untersuchen und zu betrachten.
Sprachbewusstheit ist nötig, um eine Sprache differenziert verstehen zu können. Durch sie sind die Lernenden in der Lage, die **Sprache als System** zu durchschauen und die Fremdsprache mit der Erstsprache und anderen bereits gelernten Sprachen in Verbindung zu bringen. Zu diesem besonderen Aspekt erfahren Sie mehr in Kapitel 4.

Studien belegen, dass Lernende, die ein hohes Bewusstsein für die Erstsprache und die zu erlernende Fremdsprache haben und beide miteinander in Verbindung bringen können, indem sie z.B. die beiden Sprachen miteinander vergleichen, die Zielsprache schneller beherrschen (Ammar/Lightbown/Spada 2010). In der Primarstufe ist die Bewusstmachung nicht in der Form möglich wie für jugendliche oder gar erwachsene Lernende. Aber auch hier können Lernende sich ihre Einstellungen bewusst machen, Sprachen vergleichen oder Sprachspiele zur Bewusstmachung spielen.

Der *Rahmenplan „Deutsch als Fremdsprache" für das Auslandsschulwesen* bezeichnet die Reflexion über Sprache(n) und sprachliche Kommunikation daher explizit als Lernziel. Hier heißt es:

> Die Schüler verfügen am Ende des vierten Bildungsabschnitts über vertiefte Einsichten in Struktur, Funktion und Gebrauch der deutschen Gegenwartssprache.
>
> Sie können dieses Wissen sowohl in Bezug auf mündliche als auch schriftliche Kommunikationsprozesse differenziert reflektieren und analysieren; dabei verfolgen sie das Ziel, ihre (fremd-)sprachlichen Kompetenzen sowie ihre individuellen Mehrsprachigkeitsprofile selbstständig weiter auszubauen. Sie können ihr Wissen über (Fremd-)Sprachen und sprachliche Phänomene beim Verstehen von und im Umgang mit Texten und Medien sowie zur Deutung komplexer Kommunikationssituationen nutzen.
> (Zentralstelle für das Auslandsschulwesen 2009, S. 48)

Wie äußert sich Sprachbewusstheit?
Sie äußert sich z.B. in subjektiven Annahmen über die Sprache. Im Folgenden finden Sie Beispiele für solche subjektiven Annahmen von drei Lernenden.

subjektive Annahmen über Sprache

Sophia kommt aus Armenien. Sie ist 22 Jahre alt, Studentin und lernt Deutsch, um in Deutschland Architektur zu studieren. Deshalb besucht Sophia jetzt einen Deutschkurs in ihrem Heimatland. Sie glaubt, dass Deutsch eine gute Sprache ist, um wissenschaftliche Zusammenhänge auszudrücken, weil man komplizierte Sätze bilden und das Passiv verwenden kann. Ihr Lehrer hat ihr aber gesagt, dass zu komplizierte Sätze und zu viel Passiv kein guter Stil seien. Sophia gefällt es, wie man im Deutschen Wörter zu Sätzen zusammensetzen kann. Sie lernt gern Grammatik und findet das am wichtigsten. Das Sprechen werde sie in Deutschland noch genug üben, glaubt sie. Deshalb findet sie auch das Präteritum viel wichtiger als das Perfekt, weil man beim Schreiben mehr Präteritum verwendet.

Eddy ist 13 Jahre alt und lernt in der Schule Deutsch. Er findet, dass Deutsch viele lange Wörter hat und deshalb manchmal schwierig ist. Inzwischen hat er aber gelernt, dass bei den zusammengesetzten Wörtern immer das letzte Wort den Artikel bestimmt: Ein Haustürschlüssel ist immer noch „der Schlüssel". So wird es schon etwas leichter. Schwieriger findet Eddy es hingegen, dass die Deutschen manchmal beim Sprechen lange Pausen machen. In seiner Muttersprache Spanisch tut man das nicht. Warum das so ist, würde er gern wissen.
Eddy versteht nicht, warum er immer noch große Probleme mit dem Sprechen und Schreiben auf Deutsch hat. Er weiß nie, welche Wörter er benutzen soll, obwohl er die Vokabeln gut auswendig lernt, indem er sie immer wieder liest, und wirklich gut beherrscht. Woran liegt das nur? Er glaubt, dass die Verwendung von Vokabeln im Deutschen besonders schwierig ist und man sie nicht gut lernen kann.

Maryam ist 48 Jahre alt und Hausfrau. Deutsch ist ihre erste Fremdsprache. Sie hat gerade erst begonnen, Deutsch zu lernen, und will nur ein paar Sätze und Floskeln können, die sie verwenden kann, wenn sie ihre Tochter, die in Deutschland lebt, besucht. Dabei stellt sie fest, dass Deutsch völlig anders ist als ihre Muttersprache Persisch. Es gibt im Deutschen viel mehr verschiedene Verben und die Grammatik mit all den Konjugationen und Deklinationen kommt ihr ein bisschen wie Mathematik vor.
Zunächst hatte Maryam versucht, persische Sätze mithilfe des Wörterbuchs ins Deutsche zu übersetzen, und war überrascht, dass das nicht funktionierte, selbst als die Grammatik korrigiert wurde. Die Lehrerin hatte sie immer darauf hingewiesen, dass man das auf Deutsch nicht so sagen könne, und nach einer Weile hatte sie verstanden, dass wörtliche Übersetzungen in vielen Fällen einfach nicht möglich sind. Aber woher soll man wissen, wie man etwas auf Deutsch sagen kann?

Die subjektiven Annahmen der drei Personen zeigen deren persönliche Erkenntnisse über die deutsche Sprache.

Aufgabe 53

Welche Erkenntnisse über die deutsche Sprache haben Sophia, Eddy und Maryam gewonnen? Fassen Sie die subjektiven Annahmen der drei Lernenden kurz und in eigenen Worten zusammen.

Sophia glaubt, dass

Eddy hat erfahren, dass

Maryam denkt, dass

---

die Rolle von subjektiven Annahmen

Nicht immer entsprechen diese Annahmen der Realität. Sophia glaubt, möglichst viel Passiv und lange, komplizierte Sätze seien guter Stil. Das stimmt aber so nicht unbedingt. Trotzdem können manche dieser Vorstellungen das Lernen auch erleichtern. Maryam hat beispielsweise erkannt, dass es auf Deutsch mehr Verben gibt als in ihrer Muttersprache. Daher wird sie beim Lernen vermutlich besonders auf die Verben achten. Eddy ist sich bewusst, dass im Deutschen längere Gesprächspausen entstehen können als im Spanischen. Somit hat er schon ein Bewusstsein für diese Besonderheit in der Kommunikation mit Deutschsprachigen, auch wenn er noch nicht genau versteht, dass auch das Sprechen kulturell geprägt ist und im Deutschen andere Merkmale aufweist als im Spanischen. Übrigens haben natürlich auch Lehrende subjektive Vorstellungen von Sprachen, besonders von jenen Sprachen, die sie unterrichten. Fragen Sie sich deshalb doch zuerst einmal, welche Vorstellungen Sie von der deutschen Sprache haben, und erkunden Sie dann im nächsten Schritt, was Ihre Lernenden über die deutsche Sprache denken.

Aufgabe 54

Welche Annahmen haben Ihre Lernenden über die deutsche Sprache?

a) Machen Sie eine Umfrage in Ihrer Klasse / Ihrem Kurs. Hierzu können Sie die unten stehenden Fragen verwenden und sie gegebenenfalls ergänzen.

b) Was sagt die Mehrheit Ihrer Lernenden? Kreuzen Sie an und ergänzen Sie.

c) Welche dieser Annahmen sind Ihrer Meinung nach lernförderlich, helfen also beim Lernen? Markieren Sie die entsprechenden Annahmen.

Annahmen über die deutsche Sprache	Die Mehrheit der Lernenden stimmt zu.	Diese Annahme ist lernförderlich.
1. Es kostet etwas Mühe, Deutsch zu lernen.	☐	☐
2. Im Deutschen kann das Verb im Satz an ganz verschiedenen Positionen stehen.	☐	☐
3. Im Deutschen gibt es viele verschiedene Wörter für eine Sache.	☐	☐
4. Die deutsche Grammatik ist logisch.	☐	☐
5. Die deutsche Grammatik hat viele Ausnahmen.	☐	☐
6. Die Satzmelodie hat im Deutschen eine große Aussagekraft.	☐	☐
7. Im Deutschen gibt es viele Wendungen, die aus mehreren Wörtern zusammengesetzt sind.	☐	☐
8. Das Deutschlernen ist anstrengend, besonders weil alles, was nach dem Nomen steht, dekliniert werden muss.	☐	☐
9. Das Deutsche klingt härter als viele andere Sprachen durch Laute wie /r/ in rasieren.	☐	☐
10. Im Deutschen gibt es ganz verschiedene Artikel.	☐	☐
11. Im Deutschen benutzt man den Konjunktiv, wenn man um etwas bittet.	☐	☐
12. …	☐	☐

Ihre Lernenden haben vermutlich ganz unterschiedlichen Aussagen zugestimmt und es wird deutlich, dass nicht alle dieselben Annahmen über die deutsche Sprache haben. Es ist hilfreich, sich darauf einzustellen, dass Lernende mit unterschiedlichen Vorstellungen über die Sprache in den Unterricht kommen. Einige Vorstellungen sind lernförderlich, andere hemmen vielleicht die Motivation. Eine Aussage wie *Es kostet Mühe, eine Sprache zu lernen* kann beispielsweise durchaus lernförderlich sein, denn sie ist realistisch und verhindert Frustration, wenn sich nicht schnell große Erfolge einstellen.
Im Unterricht ist es sinnvoll, den Lernenden immer wieder die Gelegenheit zu geben, sich ihre Annahmen bewusst zu machen. Im Anschluss daran können Sie als Lehrkraft darauf reagieren. Sie können lernförderliche Annahmen bestärken, lernhinderliche Annahmen hinterfragen und den Lernenden so zu realistischen und positiven Vorstellungen von der zu erlernenden Sprache verhelfen.

Förderung von Sprachbewusstheit

Die Sprachbewusstheit Ihrer Lernenden können Sie durch Aktivitäten fördern, die dazu führen, die Sprache zum einen als System zu begreifen und analytisch zu betrachten, zum anderen aber auch dazu, Besonderheiten der Sprache zu erkennen und zu verstehen. In der Primarstufe sollte das natürlich noch spielerischer und mit weniger Fachausdrücken getan werden als bei Jugendlichen und Erwachsenen. Statt Formulierungen wie *Verben konjugieren* zu verwenden, sollte man jüngeren Lernenden konkrete Beispiele vorgeben. Im Folgenden finden Sie fünf Vorschläge, wie Sie Sprachbewusstheit fördern können.

1. Eigene Annahmen über Sprache bewusst machen und überprüfen

Fragen Sie Ihre Lernenden, was sie über die deutsche Sprache denken. Dazu können Sie beispielsweise Satzanfänge vorgeben wie *Deutsch klingt ...* An die Bewusstmachung der eigenen Annahmen schließt sich die Überprüfung an. Fordern Sie die Lernenden auf, Beispiele und Gegenbeispiele für ihre Annahmen zu finden und sie gegebenenfalls zu relativieren.

2. Sprache analysieren

Analysieren Sie mit Ihren Lernenden die deutsche Sprache und halten Sie die Ergebnisse fest. Das folgende Beispiel zeigt, wie das Lehrwerk *Tangram* eine solche Analyse anleitet.

Beispiel

G Deutsche Wörter – deutsche Wörter?

G 1 Üben Sie zu zweit den Wortakzent in Sprachen.

ARBEITSBUCH 28

Arabisch ◆ Chinesisch ◆ Englisch ◆ Französisch ◆ Griechisch ◆ Indonesisch ◆ Italienisch ◆ Japanisch ◆ Polnisch ◆ Portugiesisch ◆ Suaheli ◆ Spanisch ◆ Türkisch ◆ Vietnamesisch ◆ …

● *Ich komme aus … Ich spreche … und etwas Deutsch. Und du? / Und Sie?*
■ …

! Fast alle Sprachen enden auf ______ . Der Akzent ist ☐ ☐

G 2 Welche Wörter kennen Sie? Unterstreichen Sie.

Algebra *(f)* ◆ Computer *(m)* ◆ Foto *(n)* ◆ Gitarre *(f)* ◆ Information *(f)* ◆ Joghurt *(m)* ◆ Judo *(n)* ◆ Kaffee *(m)* ◆ Kiosk *(m)* ◆ Pilot *(m)* ◆ Radio *(n)* ◆ Risiko *(n)* ◆ Samowar *(m)* ◆ Schokolade *(f)* ◆ Sofa *(n)* ◆ Tango *(m)* ◆ Tee *(m)* ◆ Zigarette *(f)*

G 3 Wie heißt das Wort in Ihrer Sprache?

● *„Kaffee" heißt auf Arabisch …*
■ *Auf Englisch heißt es …*
▲ *Auf Türkisch heißt es …*
▼ *Und auf Französisch …*
● …
■ …

G 4 Sortieren Sie die Wörter aus G 2.

Die Artikel:	*f* = feminin → die	*m* = maskulin → der	*n* = neutrum → das
	die Gitarre	*der Computer*	*das Foto*

Lerntipp:
Diese Wörter sind **Nomen.** Nomen schreibt man im Deutschen immer groß (das Foto). Lernen Sie **Nomen** immer **mit Artikel.** Also: Foto → **das** Foto. Die Artikel stehen in Ihrem Wörterbuch und im Lernwortschatz im Arbeitsbuch.

die Gi|tar|re [gi'tarə]; -, -n: *Musikinstrument mit flachem Körper und langem Hals mit sechs Saiten:* sie begleitet sich selbst auf der Gitarre.

e **Gitarre, -/-n** chitară; ~ *spielen* a cînta chitară
r **Gitarrenspieler, -s/-** chitarist

Gi'tar·re *(f)* *sechssaitiges Zupfinstrument mit achtförmigem Körper;* Sy *Klampfe, Zupfgeige* [<span. *guitarra* <arab. *kittara*, grch. *kithara*; → *Zither*]
Gi·tar'rist *(m)* *Gitarrenspieler*

ARBEITSBUCH 29–30

12 *zwölf*

Tangram 1A, Lehrerbuch, S. 12.

3. Sprachen vergleichen

Lassen Sie die Lernenden ihre Sprachen vergleichen. Wie klingt Deutsch im Vergleich zu Englisch oder zur eigenen Erstsprache? Wie erklärt man in den verschiedenen Sprachen so höflich wie möglich, dass man eine Einladung absagen muss? Gibt es in allen Sprachen bestimmte Artikel? Mehr dazu erfahren Sie in Kapitel 4, hier aber schon einmal ein Beispiel:

Beispiel

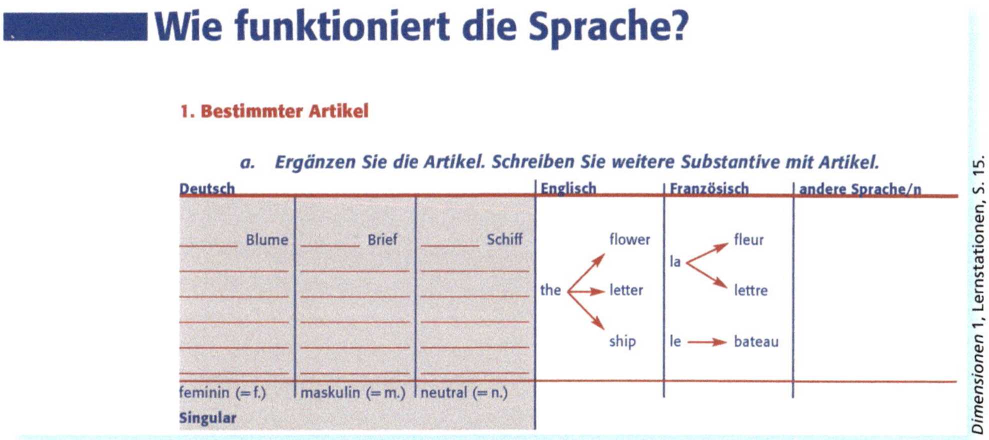

Wie funktioniert die Sprache?

1. Bestimmter Artikel

a. Ergänzen Sie die Artikel. Schreiben Sie weitere Substantive mit Artikel.

Deutsch			Englisch	Französisch	andere Sprache/n
____ Blume	____ Brief	____ Schiff	the → flower	la → fleur	
			the → letter	la → lettre	
			the → ship	le → bateau	
feminin (= f.)	maskulin (= m.)	neutral (= n.)			
Singular					

Dimensionen 1, Lernstationen, S. 15.

4. Unterschiede erklären

Lassen Sie die Lernenden über bestimmte Aspekte der Sprachverwendung sprechen. Wie lange darf z.B. eine Pause zwischen zwei Redebeiträgen auf Deutsch sein? Inwiefern hängt dies mit kulturellen Konzepten zusammen?

www.

Weitere Lehr- und Lernmaterialien zu Sprache und Kultur finden Sie auf www.world-enough.net/picture/, besonders im Modul direkte und indirekte Sprache.

5. Sprachspiele

Lassen Sie Ihre Lernenden mit der Sprache spielen. Gerade die Wortbildung (z.B. Komposita) bietet sich dafür an, sich mit der Sprache zu beschäftigen. So können Lernende selbst zusammengesetzte Wörter erfinden, Wortpositionen im Satz ausprobieren oder auch das Gegenteil von Wörtern, also Antonyme, suchen. Interessant sind Wörter, die gleich klingen, aber verschiedene Bedeutungen haben, sogenannte Homonyme. Solche Wörter müssen z.B. bei dem Spiel Teekesselchen erraten werden. Dort heißt es z.B.: Auf meinem Teekesselchen kann man sitzen und bei meinem Teekesselchen kann man Geld abheben. (Lösung: Bank)

Durch Aktivitäten zur Förderung der Sprachbewusstheit können auch mögliche Irritationen reduziert werden, wie etwa: *Warum machen die Deutschen so viele Pausen beim Sprechen? Warum klingt das, was ich gesagt habe, auf Deutsch nicht richtig?* Als Lehrkraft können Sie Ihre Lernenden dazu anhalten, aufmerksam zu sein. Sie erhalten dadurch mehr Kontrolle über das Lernen, weil sie verstehen, dass sie die Sprache analysieren und begreifen können. Allerdings ist die Bewusstheit nicht damit gleichzusetzen, möglichst viele Regeln zu vermitteln und zu lernen. Vielmehr geht es darum, die Lernenden für die Sprache, die sie lernen, zu sensibilisieren, sodass sie sich Regelmäßigkeiten, Strukturen und Sprachverwendung erklären können.

Aufgabe 55

P

Planen Sie eine Aktivität zur Förderung von Sprachbewusstheit für Ihre Lerngruppe.

a) Skizzieren Sie die Aktivität zunächst kurz.

____

b) Tauschen Sie Ihre Ideen mit Ihren Kolleginnen und Kollegen aus und inspirieren Sie sich gegenseitig.

Sprachlernbewusstheit

Es stellt sich nicht nur die Frage nach der Bewusstheit für die Sprache selbst. Schon in den Beispielen von Sophia, Eddy und Maryam wird deutlich, dass die Annahmen über die Sprache Auswirkungen auf das Sprachenlernen haben. Eddy weiß noch nicht, dass er Wortschatz auch mit seinen Verwendungsmöglichkeiten lernen muss, um ihn zu beherrschen. Maryam stellt fest, dass wörtliche Übersetzungen aus ihrer Muttersprache nicht funktionieren, sie weiß aber auch noch nicht, wie sie sonst korrekte deutsche Sätze bilden kann. Beide werden anders und vermutlich effektiver Deutsch lernen, wenn sie auch Zugänge zum eigenen Lernen entwickeln. Man spricht dann von wachsender **Sprachlernbewusstheit**.

Wir zeigen Ihnen hier noch einmal, woran Sprachlernbewusstheit deutlich wird. Sie lässt sich am besten erkennen, wenn Lernende über ihr eigenes Lernen sprechen.

Aufgabe 56

Lesen Sie noch einmal Sophias, Eddys und Maryams Annahmen über Sprache vor Aufgabe 53.

a) Notieren Sie diesmal, welche persönlichen Erkenntnisse die drei jeweils über das Lernen von Deutsch gewonnen haben.

Beispiel: Grammatik ist am wichtigsten.

Sophia: ______

Eddy: ______

Maryam: ______

b) Ergänzen Sie Annahmen über das Lernen von Deutsch, die Sie schon von Ihren eigenen Lernenden gehört haben.

______

Die Anleitung zur Reflexion über das Lernen ist auch der Weg, wie Sie Ihre Lernenden zu mehr Sprachlernbewusstheit führen können. Sie haben in Aufgabe 47 erarbeitet, durch welche Fragen man Reflexion auf unterschiedlichen Ebenen anregen kann. Jetzt sollen Sie in der nächsten Aufgabe überlegen, wie es der Lehrer schaffen könnte, dass Schülerinnen und Schüler beispielsweise gezielt über ihr Wortschatzlernen nachdenken.
Dazu möchten wir Sie in eine Mathematikstunde auf Deutsch an der deutschen Auslandsschule in Barcelona mitnehmen. Der Lehrer Willi Weyers arbeitet mit seinen Schülerinnen und Schülern intensiv am deutschen Wortschatz für den Mathematikunterricht. Sie sehen eine Aufwärmübung zum Wortschatz zu Beginn der Unterrichtsstunde.
Hier sind zunächst die Informationen zu diesem Unterricht:

i

Ort, Jahr	Deutsche Schule Barcelona, 2011
Zielgruppe	Sekundarstufe 1, 6. Klasse, B1.2
Lehrkraft	Willi Weyers
Globales Lernziel	Die Schülerinnen und Schüler können neuen Wortschatz aus dem Mathematikunterricht verwenden.
Lehr-/Lernaktivitäten	Wörter und Sätze aus dem Mathematikunterricht hören und im Chor nachsprechen
Lernmaterial	Vokabelkarten

Aufgabe 57

Wie könnte der Lehrer seine Schülerinnen und Schüler zur Reflexion ihres Wortschatzlernens anregen?

a) Sehen Sie Sequenz 1 von *Deutsche Schule Barcelona* und notieren Sie beim Sehen einige Vokabeln, die die Klasse gemeinsam spricht.

____

b) Raten Sie dem Lehrer nun, wie er die Lernenden zur Reflexion ihres Wortschatzlernens anleiten kann. Halten Sie sich dabei an die Punkte in der Tabelle.

	So könnte der Lehrer vorgehen
1. Wie sollten die Schülerinnen und Schüler über das Wortschatzlernen nachdenken: im Plenum, in Kleingruppen/Partnerarbeit oder jede/r für sich?	
2. Wie und wo soll die Reflexion stattfinden: mündlich oder schriftlich, im Unterricht oder zu Hause?	
3. Wie lautet der Arbeitsauftrag des Lehrers?	

Wir möchten dieses Teilkapitel, in dem Sie mehrere Ebenen der Reflexion über Sprache und Sprachenlernen gesehen haben, mit folgender Aufgabe abschließen:

Aufgabe 58

Was ist Ihnen mit Blick auf das Thema „Bewusst Sprachen lernen" besonders wichtig? Notieren Sie.

Ich möchte mir merken, dass …

____

3.3 Wie leitet man selbstständiges Lernen an?

Jugendliche, erwachsene Lernende, aber auch Kinder übernehmen Verantwortung für ihren Lernprozess, z.B. wenn sie entscheiden, wie sie Wortschatz lernen, oder wenn sie mit dem Lernen schon am Nachmittag anfangen, weil sie wissen, dass sie dann besser lernen. Je bewusster und sinnvoller die Maßnahmen Ihrer Lernenden sind, umso erfolgreicher können diese lernen, sowohl im Unterricht als auch darüber hinaus. Nach einem konstruktivistischen Verständnis (siehe Kapitel 2.2) ist Lernen auch nur dann erfolgreich, wenn es aktiv und selbstständig geschieht.
In diesem Teilkapitel gehen wir der Frage nach, wie Sie als Lehrkraft die Selbstständigkeit Ihrer Lernenden fördern können.

Ziel dieses Teilkapitels ist, dass Sie am Ende
- die Merkmale von selbstständigem Lernen kennen,
- wissen, warum es wichtig ist, dass Lernende zunehmend selbstständig lernen,
- Lernaktivitäten entwickeln können, die die Lernenden dazu anregen, selbstständig zu lernen,
- Ihre eigene Einstellung zu selbstständigem Lernen kennen.

3.3.1 Merkmale und Voraussetzungen selbstständigen Lernens

Aufgabe 59

Welche Entscheidungen treffen Ihre Lernenden selbst? Kreuzen Sie an und ergänzen Sie eigene Punkte.

Ihre Lernenden entscheiden selbst, ...	ja	manchmal	nein
1. wann sie in den Unterricht kommen.	☐	☐	☐
2. was genau sie lernen wollen.	☐	☐	☐
3. wann sie ihre Hausaufgaben machen.	☐	☐	☐
4. wo sie ihre Hausaufgaben machen.	☐	☐	☐
5. welche Aufgaben sie im Unterricht bearbeiten.	☐	☐	☐
6. welche Aufgaben sie als Hausaufgaben machen.	☐	☐	☐
7. mit wem sie Hausaufgaben machen.	☐	☐	☐
8. mit wem sie zu Hause Wortschatz lernen.	☐	☐	☐
9. welchen Wortschatz sie lernen.	☐	☐	☐
10. bei welchen Aufgaben sie Sie als Lehrkraft um Hilfe bitten.	☐	☐	☐
11. mit welchen Medien sie lernen.	☐	☐	☐
12. welche Texte sie lesen wollen.	☐	☐	☐
13. wie sie sich Grammatikregeln merken.	☐	☐	☐
14. ...	☐	☐	☐

Verantwortung übernehmen

Es gibt Entscheidungen, die Lernende nicht selbst treffen können. Meist können sie sich die Unterrichtszeiten, die Klasse bzw. die Niveaustufe oder das Lerntempo nicht aussuchen. Trotzdem gibt es auch viel Freiraum für eigene Entscheidungen, z.B. wann sie ihre Hausaufgaben machen, wie viel Zeit sie sich dafür nehmen usw. Sicher wünschen Sie sich als Lehrkraft, dass Ihre Lernenden sinnvolle Entscheidungen darüber treffen, was sie wann und auf welche Weise lernen wollen. Bei anderen Aspekten ist es Ihnen vielleicht lieber, wenn Sie die Verantwortung übernehmen und nicht Ihre Lernenden. Wofür die Lernenden selbst Verantwortung übernehmen, hängt von verschiedenen Faktoren ab. Dies zeigen auch die Aussagen einer Lehrerin, die diese Frage nach der Verantwortung reflektiert.

A: Ich übe selbstständiges Lernen vor allem mit Lernenden, die später nach Deutschland gehen wollen, denn da müssen sie das auch können. Dort sollen Lernende viele Entscheidungen selbst treffen, sowohl im Sprachkurs als auch z.B. an der Hochschule. Für meine chinesischen Schülerinnen und Schüler ist es gut, wenn ich sie schon früh darauf vorbereite.

B: Bei jüngeren Lernenden treffe ich viele Entscheidungen. Ich sage ihnen, welche Wörter sie bis zum nächsten Tag lernen sollen und was die Hausaufgaben sind. Bei Jugendlichen oder gar Erwachsenen sage ich das nicht immer so genau. Sie wissen selbst ganz gut, welche Wörter sie neu lernen wollen und welche sie vergessen haben. Ich gebe auch oft größere Hausaufgaben bis zur nächsten Woche oder noch länger auf, die sich die Lernenden dann in der Zeit selbst einteilen müssen. Das geht bei Kindern noch nicht.

C: Ich habe schon in China und in England Deutsch unterrichtet. In England sind die Schülerinnen und Schüler es gewohnt, viele Entscheidungen selbst zu treffen. Sie lernen das schon früh in der Schule. Sie freuen sich, wenn ich ihnen drei oder vier Übungen mitbringe und ihnen sage, sie sollen das üben, was sie am wenigsten können. In China machen das Lernende nicht oft und nicht gern. Dort machen gern alle Lernenden im Plenum dasselbe. Trotzdem habe ich das in beiden Ländern immer ein bisschen geübt, in China natürlich anders als in England. Ich finde es nämlich wichtig, dass Lernende auch Verantwortung für ihr Lernen übernehmen.

D: In manchen Situationen nehme ich meinen Lernenden die Entscheidungen ab. Wenn wir ein neues Grammatikthema erarbeiten, machen wir alle dieselben Aufgaben und Übungen, manchmal gemeinsam, manchmal auch in Partnerarbeit oder in Kleingruppen. Wenn wir aber bekannte Grammatikthemen wiederholen, dann finde ich es besser, wenn die Lernenden selbst entscheiden, welche sie gut können und welche sie intensiver wiederholen wollen. Schließlich wollen doch alle eine gute Note und deshalb treffen sie meist auch sinnvolle Entscheidungen.

Aufgabe 60

Von welchen Faktoren hängt es ab, wie selbstständig die Lernenden im Lernprozess entscheiden können? Ordnen Sie die Aussagen der Lehrerin (A–D) den genannten Faktoren zu.

Faktoren	Aussagen der Lehrerin
Alter	
Ziele der Lernenden	
Lernziele und Inhalte des Unterrichts	
Lernkultur, aus der die Lernenden kommen	

Diese Lehrerin, die z.B. an einer deutschen Auslandsschule arbeiten könnte, überträgt ihren Lernenden je nach Alter, Lernzielen, Unterrichtsinhalten bzw. Lernkultur viel Verantwortung für das Lernen innerhalb und außerhalb des Unterrichts. Sie gibt den Lernenden so den Freiraum, Lernaktivitäten zu wählen, die ihren Motiven, Lernbedürfnissen und ihrem Lernstil entsprechen (siehe Kapitel 2.4.2). Es gibt kein Patentrezept für die Anleitung zum selbstständigen Lernen. Sie müssen deshalb selbst herausfinden, was zu Ihren Lernenden passt.

Aufgabe 61

Was bedeutet das für Ihren Unterricht? Machen Sie sich Notizen.

Wie stark ich als Lehrkraft die Selbstständigkeit meiner Lernenden beim Sprachenlernen fördere, ist abhängig …

1. vom Alter der Lernenden. Die Lernenden, die ich im Moment unterrichte, können selbst …

____

2. von den Zielen der Lernenden. Meine Lernenden haben folgende Ziele:

____

3. von den Lernzielen und Inhalten des Unterrichts. In meiner Lerngruppe eignen sich diese Themen und Inhalte gut für das selbstständige Lernen:

____

4. vom kulturellen Hintergrund der Lernenden. In meinem Land ist selbstständiges Lernen …

____

5. von der Erfahrung, die die Lernenden schon mit selbstständigem Lernen gemacht haben. Meine Lernenden …

____

Gründe für selbstständiges Lernen

Eigentätigkeit und Selbständigkeit erhöhen Motivation → Lernerfolg

Verantwortung für das eigene Lernen übernehmen zu können, lernt man individuell. Man entscheidet selbst über Ort, Zeit, Lernstoff und Menge. Wie Sie in Kapitel 2.2 erfahren haben, ist diese Anpassung an die Individualität der Lernenden aus kognitionspsychologischer Sicht eine zentrale Voraussetzung für den Lernerfolg.
Die Lernenden werden darauf vorbereitet, dass sie irgendwann ohne Anleitung durch die Lehrkraft weiterlernen können. Lebenslanges Lernen vorzubereiten ist ein wichtiges Bildungsziel der Schule. Die Selbstständigkeit, die im Rahmen des Unterrichts verlangt wird, ist nur sehr gering im Vergleich dazu, was die Lernenden leisten müssen, wenn sie allein weiter Deutsch lernen, aber sie ist ein wichtiger Anfang.
Ein weiterer wichtiger Grund dafür, dass Sie als Lehrkraft Ihre Lernenden so intensiv wie möglich in ihrer Selbstständigkeit unterstützen sollten, ist wohl der überzeugendste: Eigentätigkeit und Selbstständigkeit erhöhen die Motivation und damit den Lernerfolg.

Lernerautonomie

Wir haben das didaktisch-methodische Prinzip **Förderung von Lernerautonomie** zu Beginn des Kapitels bereits als wichtige Orientierung für diese Einheit genannt: Wenn Lernende in verschiedenen Bereichen die Verantwortung für ihr Lernen übernehmen und in verschiedenen Kontexten selbstständig und unabhängig sind, spricht man von Lernerautonomie. Zur Förderung von Lernerautonomie gehört,

- dass Lernende lernen, sich im Lernprozess eigene Ziele zu setzen,
- dass sie einschätzen lernen, was sie gut bzw. nicht so gut können, und
- dass sie entscheiden lernen, wann, mit welchen Materialien und vielleicht auch mit wem sie lernen wollen.

Ihre Aufgabe als Lehrkraft ist es, die Lernenden auf dem Weg zur Lernerautonomie zu unterstützen, indem schon im Unterricht einige der Kompetenzen geübt werden (z.B. sich Ziele setzen, die eigene Leistung einschätzen). Dann können Lernende langfristig selbstständiger lernen. Den Lernenden zu mehr Autonomie zu verhelfen ist also Ziel und Prinzip im Deutschunterricht.

Aufgabe 62

P

Was denken Sie über selbstständiges Lernen? Vervollständigen Sie die Sätze.

Ich glaube, es ist notwendig, dass Lernende eigene Entscheidungen über ihr Lernen treffen, weil …

___

Ich glaube, selbstständiges Lernen ist schwierig, weil …

___

Wenn man selbstständiges Lernen im Unterricht fördert, muss man unbedingt darauf achten, dass …

___

Sie haben nun schon Vorteile und Schwierigkeiten von selbstständigem Lernen benannt. Sie haben vielleicht notiert, dass die unterschiedlichen Voraussetzungen und Vorlieben der Lernenden auf diese Weise berücksichtigt werden können. Vielleicht haben Sie auch aufgeschrieben, dass die Lernenden erst üben müssen, Verantwortung für ihr Lernen zu übernehmen. Darauf werden wir später noch näher eingehen. Behalten Sie Ihre Einschätzung im Hinterkopf, während Sie dieses Teilkapitel bearbeiten. Sie haben am Ende des Kapitels noch die Gelegenheit, über Ihre Vorstellungen von selbstständigem Lernen nachzudenken und sie mit dem hier Gelesenen in Verbindung zu bringen.

Training

Selbstständiges Lernen muss in der Regel trainiert werden. Lernende wissen nicht von Anfang an, was sie gut können, was sie üben müssen und mit welchen Materialien sie gut arbeiten können. Dies gilt vor allem für Kinder und Jugendliche, aber auch für weniger lernerfahrene Erwachsene. Für das Training brauchen sie Ihre Hilfe als Lehrkraft. Sie können eine Lernumgebung schaffen, in der Schülerinnen und Schüler eigene Entscheidungen treffen lernen, Lernwege kennenlernen und die Hilfen bekommen, die sie brauchen. Dafür muss man genügend Zeit einräumen.

Selbstständigkeit von Anfang an

Schon kleine Kinder lernen selbstständig. Sie entdecken jeden Tag etwas Neues und nehmen Informationen schnell auf. Wie nun gehen kleine Kinder vor, wenn sie selbstständig lernen und etwas Neues entdecken?

Aufgabe 63

Denken Sie an ein Kleinkind, das etwas Neues herausfinden möchte. Wodurch zeichnet sich das Verhalten des Kindes aus? Halten Sie Ihre Überlegungen in Stichpunkten fest.

___

Neugier

Ein Kind ist in erster Linie neugierig und interessiert, wenn es einen Gegenstand als ansprechend wahrnimmt und es etwas entdecken kann. Im Unterricht ist es ähnlich: Wie Sie schon in Kapitel 2.4.2 im Zusammenhang mit den Motivationsstrategien erfahren haben, muss im Unterricht zunächst das Interesse der Lernenden geweckt werden.
Überlegen Sie nun, wie Sie die Neugier Ihrer Lernenden wecken könnten.

Aufgabe 64

Nehmen wir an, in Ihrem Lehrwerk finden Sie einen Text über den übermäßigen Fernsehkonsum von Kindern und Jugendlichen.

a) Wie wecken Sie die Neugier Ihrer Lernenden für dieses Thema? Kreuzen Sie an und ergänzen Sie eigene Ideen.

Lehraktivitäten	
1. Lernende nach der eigenen Meinung zum Thema Fernsehkonsum fragen	☐
2. eine Umfrage zum Medienkonsum unter den Lernenden durchführen	☐
3. eine Umfrage zum Medienkonsum im Umfeld der Lernenden anregen	☐
4. Internetrecherche zum Thema Medienkonsum anregen und anleiten	☐
...	☐

b) Tauschen Sie sich mit Ihren Kolleginnen und Kollegen aus.

Lernaktivitäten im Unterricht sollten also so gestaltet sein, dass es für die Lernenden etwas zu **entdecken** gibt. Wichtig ist, dass die Lernenden eigene Entscheidungen treffen können, beispielsweise indem sie zwischen verschiedenen Inhalten wählen oder unterschiedliche Lernwege ausprobieren können.

Motivation

Selbstständiges Lernen ist eng mit der Fähigkeit verbunden, **sich selbst zu motivieren**. Motivierte Lernende können meist selbstständig lernen. Wenn sie das tun, sind sie erfolgreich, was wiederum ihre Motivation steigert. Selbstständiges Lernen und Motivation sind also eng miteinander verknüpft.

Selbstständiges Lernen heißt übrigens nicht, dass Lernende nur allein lernen oder alles selbst entscheiden. Genauso wie sie Materialien und Lernwege selbst auswählen, sollen sie auch entscheiden, ob sie bestimmte Aufgaben lieber allein oder gemeinsam mit anderen machen wollen. Erfahrungsgemäß ist ein Wechsel der Sozialformen der beste Weg.

Schwierigkeitsgrad

Der Schwierigkeitsgrad einer Aufgabe sollte so gewählt werden, dass die Lernenden gefordert, aber nicht überfordert sind. Die Aufgaben sollten komplex sein, aber nicht zu schwierig für den Leistungsstand. Hilfestellungen, die die Lernenden in Anspruch nehmen können, aber nicht müssen, sind besonders für schwächere Lernende sinnvoll. Die Aufgaben sollten außerdem idealerweise eine Relevanz für die Lernenden haben, also z.B. mit ihrem Alltag in Verbindung stehen.

3.3.2 Selbstständigkeit fördern

Wie kann die Förderung von selbstständigem Lernen nun im Deutschunterricht aussehen?

Aufgabe 65 **Stellen Sie sich vor, Sie unterrichten Sophia, Eddy oder Maryam. Welche Vorschläge würden Sie ihnen für das selbstständige Lernen machen?**

a) Ordnen Sie die Vorschläge 1–7 den Personen zu.

Sophia
Sophia besucht jetzt einen Deutschkurs in ihrem Heimatland, um sich auf das Studium der Architektur in Deutschland vorzubereiten. In dem Deutschkurs sind nur noch zwei andere Studierende, die nach Deutschland gehen wollen. Die anderen Teilnehmer und Teilnehmerinnen lernen Deutsch aus anderen Gründen. Sophia möchte schnell und gut Deutsch lernen, um ohne Probleme in Deutschland studieren zu können und um dort auch schnell Freunde zu finden.

Eddy
Eddy ist neu an seiner Schule. Seine neuen Mitschüler lernen schon seit mehr als zwei Jahren Deutsch, Eddy hat an seiner alten Schule aber nur ein Jahr Deutsch gelernt. Er muss das Verpasste schnell aufholen, damit er keine Probleme hat. Eddy hat bisher noch nicht so viel selbstständig gelernt.

Maryam
Maryams Tochter wohnt seit zwei Jahren in Deutschland. Maryam möchte sie dort besuchen und lernt ein bisschen Deutsch, damit sie sich am Flughafen, beim Einkaufen und in anderen alltäglichen Situationen etwas verständigen kann. Sie hat davor noch keine Fremdsprache gelernt.

Sophia	Eddy	Maryam	Vorschläge
☐	☐	☐	1. … könnte die Lehrkraft fragen, mit welchem Buch die anderen Lernenden im letzten Jahr gelernt haben.
☐	☐	☐	2. … könnte sich einige Situationen überlegen, in denen sie/er gern Deutsch sprechen würde, und die sie/er trainieren möchte, z.B. bei der Reise nach Deutschland, im Supermarkt an der Kasse o.Ä.
☐	☐	☐	3. … könnte mit den anderen Studierenden im Kurs zusammen lernen.
☐	☐	☐	4. … sollte herausfinden, wie sie/er am besten und am liebsten lernt, sodass sie/er zu Hause etwas von dem verpassten Lernstoff aufholen kann.
☐	☐	☐	5. … könnte im Internet nach Fachwortschatz für Architektur suchen.
☐	☐	☐	6. … könnte ihre/seine Mitschülerinnen und Mitschüler fragen, ob sie ihr/ihm helfen, das Versäumte aufzuholen.
☐	☐	☐	7. … könnte die Lehrkraft um Lernmaterialien für Konversation im Alltag bitten.

b) Welche weiteren Vorschläge hätten Sie? Notieren Sie.

____

Würden Sophia, Eddy und Maryam diese Vorschläge annehmen, könnten sie selbstständiger Deutsch lernen. Selbstständigkeit bedeutet also, dass Lernende aktiv werden und sich selbst überlegen, welche Lernmaterialien, Hilfestellungen oder auch Personen ihnen beim Lernen helfen können. Doch wie können sie auch im Unterricht selbstständig agieren?
Im Folgenden möchten wir Ihnen Unterrichtsformen vorstellen, die selbstständiges Lernen ermöglichen.

Aufgabe 66

Sehen Sie sich die Unterrichtssituation auf dem Bild an. Was vermuten Sie? Kreuzen Sie an und ergänzen Sie.

Vermutungen zur Situation im Klassenraum	
1. Die Kinder machen eine Pause; jede/r macht, was sie/er möchte.	☐
2. Die Lernenden arbeiten an unterschiedlichen Aufgaben.	☐
3. Die Lehrkraft ist gerade nicht im Klassenraum; die Lernenden warten, dass sie zurückkommt.	☐
4. Die Lehrkraft ist im Klassenraum, arbeitet aber gerade mit einer Schülerin.	☐
...	☐

An dieser Unterrichtsituation wird deutlich: Die Lernenden sind in einem Klassenraum und beschäftigen sich mit unterschiedlichen Dingen. Was wir nicht sehen, ist, dass die Lehrkraft Lernmaterialien zur Verfügung gestellt hat und bei Fragen und Problemen hilft. Wir sehen hier eine offene Form des Unterrichts, die sogenannte Freiarbeit.

offene Formen des Unterrichts

Diese offene Form des Unterrichts bietet sich an, wenn Lernende neue Inhalte erarbeiten sollen oder selbst entscheiden, was, wie und mit wem sie etwas üben wollen. Der offene Unterricht unterscheidet sich deutlich von einem instruktiven Unterricht, in dem die Lehrkraft eine zentrale Rolle einnimmt und einen hohen Redeanteil hat.

Wenn die Lernenden Freiräume im Unterricht bekommen sollen und entscheiden können, welche Lernaktivitäten sie auswählen oder mit wem sie zusammenarbeiten, bietet es sich an, auch die Sitzordnung zu verändern, um den Austausch zu erleichtern. Die Lernenden können beispielsweise an Stationen (siehe Kapitel 3.5.4) einzelne Aufgaben bearbeiten oder sich geeignete Arbeitsplätze im Raum schaffen. Im Vergleich zum traditionellen Klassenzimmer sieht das vielleicht zunächst ungeordnet aus, für die Lernenden kann es für bestimmte Aufgaben aber von Vorteil sein.

Literatur zum Weiterlesen

In der Einheit *Lehrkompetenz und Unterrichtsgestaltung* dieses Fortbildungsprogramms können Sie nachlesen, wie Sie als Lehrkraft Ihr Klassenzimmer, z.B. die Sitzordnung, gestalten können, damit vielfältige Arbeitsformen möglich sind.

Natürlich können Sie nicht alles den Lernenden überlassen. Manche Inhalte müssen gemeinsam erarbeitet werden, einige Dinge werden Sie als Lehrkraft gern erklären wollen und natürlich muss es auch gemeinsame Ziele geben. Trotzdem sollte der Unterricht jeder Lernerin und jedem Lerner auch Freiräume für eigene Ziele und Wege geben. Eine Möglichkeit, dies umzusetzen, ist die Arbeit mit dem *Europäischen Sprachenportfolio*, das die Lernenden zum Nachdenken über das eigene Lernen anregt und individuelle Lernwege sichtbar macht.

das Europäische Sprachenportfolio

Das Europäische Sprachenportfolio ist eine besondere Form des Portfolios, das sich auf das Lernen von Sprachen konzentriert und in Anlehnung an den *Gemeinsamen europäischen Referenzrahmen* (Europarat 2001) mit einer starken Vorstrukturierung arbeitet (siehe Kapitel 3.2.1). Es ist ein 1991 veröffentlichtes Instrument der europäischen Sprachenpolitik, das das sprachliche und kulturelle Zusammenwachsen Europas und die Idee eines Europas mit mehrsprachigen Bürgerinnen und Bürgern unterstützen soll. Es stellt damit die Individualität und Mehrsprachigkeit der Lernenden in den Mittelpunkt und begleitet das Lernen über längere Zeit.

Das Ziel des Portfolios ist es, dass Lernende ihr eigenes Lernen dokumentieren und reflektieren. In einer Mappe oder in einem digitalen Ordner auf dem Computer sammeln die Lernenden verschiedene Dokumente aus dem Lernprozess: Im sogenannten **Dossier** können die Lernenden diese gesammelten Materialen ablegen, zum Beispiel selbst verfasste Texte, Texte, die sie gelesen haben, und vieles mehr. Die Lernenden sollen die Materialien allerdings nicht nur sammeln, sondern auch bewerten. Sie sollen anhand der Materialien zeigen, was sie schon können. Dazu finden sie in der **Sprachenbiografie** Bögen, die zur Reflexion anleiten. Einen solchen Bogen sehen Sie unten abgebildet. Darüber hinaus beinhaltet das Portfolio auch einen **Sprachenpass**, der eine Übersicht über abgelegte Prüfungen usw. enthält.

Durch diese unterschiedlichen Materialien und die dazugehörigen Selbsteinschätzungen können Lernende ihren Lernprozess für sich selbst und für andere dokumentieren und ihn vor allem anhand der Beispiele reflektieren, denn durch das Portfolio haben die Lernenden ihre Leistungen aus dem letzten Jahr oder vielleicht sogar aus dem gesamten Lernprozess präsent.

B 2 Lesen

Sprache ______

Ich kann viele und unterschiedliche Arten von Texten verstehen, auch wenn ich ab und zu ein Hilfsmittel brauche.

	z.B.:	Datum
Ich kann literarische Texte lesen und dabei einzelne Aspekte untersuchen.	Eine Erzählung lesen und die Beschreibung von Personen verstehen: ihre grundlegenden Merkmale, ihre Rolle in Bezug auf andere Personen der Handlung (positiv, negativ, hilfreich usw.).	
Ich kann Fachartikel, die über mein eigenes Gebiet hinaus gehen, lesen und verstehen, wenn ich ab und zu im Wörterbuch nachschlagen kann.	Die Beschreibung des neuesten Computermodells, seine technischen Merkmale und die Neuheiten in Bezug auf die vorhergehenden Modelle.	
Ich kann etwas komplexeren Zeitungsartikeln relevante Informationen entnehmen.	Einen Artikel aus einer Fachzeitschrift über die Tätigkeiten der Vulkane im Mittelmeerraum und ihre Gefahren für die Bevölkerung.	
Ich kann Geschäftsbriefe und Standardkorrespondenz verstehen.	Eine Absage der Jugendherberge, in welcher meine Klasse Zimmer für den Maiausflug reserviert hatte.	
Ich kann umfangreichere argumentierende Texte verstehen, d.h. den Gedanken folgen und Standpunkte ermitteln.	Eine Filmkritik lesen und verstehen, was der Kritiker vom Film hält, warum er ihn für wertvoll oder nicht wertvoll erachtet, indem er ihn mit anderen Filmen desselben Regisseurs vergleicht.	

Und außerdem kann ich noch:

127

Europäisches Sprachenportfolio, S. 127.

Sicher können Sie sich vorstellen, dass die Arbeit mit dem *Europäischen Sprachenportfolio* von den Lernenden Selbstständigkeit erfordert, denn sie müssen ihre Kompetenzen einschätzen lernen. Mittelfristig können Lernende durch die Arbeit mit dem Portfolio mehr Verantwortung für ihr Lernen übernehmen.

Lesen Sie nun, was eine Lehrerin (Anne Brit Sivertsen), die seit 2008 das *Europäische Sprachenportfolio* in einer Schule in Oslo einsetzt, über ihre Arbeit mit diesem Instrument sagt. Hier ist ein Transkript zu dem Interview, das mit Frau Sivertsen geführt wurde:

Interview mit Anne-Brit Sivertsen
In der Schule arbeiten wir mit dem *Europäischen Sprachenportfolio* in einer achten Klasse. Wir haben es parallel zu einem Projekt zum Thema Weihnachten ausprobiert.
In dieser Projektarbeit sollten die Schülerinnen und Schüler ein mündliches und ein schriftliches Produkt erarbeiten. Das mündliche Produkt war eine kurze Präsentation vor der Klasse und das schriftliche Produkt war eine Gegenüberstellung, wo sie norwegische und deutsche Traditionen zu Weihnachten miteinander vergleichen sollten. Das Lernziel war, etwas über deutsche Weihnachtstraditionen zu wissen, den Wortschatz zu diesem Thema zu kennen und generell den Wortschatz auszubauen.
Die Lernenden setzten sich in dieser Projektarbeit selbst bestimmte Ziele, die sie erreichen wollten. Ich zeigte ihnen, wo sie ihre persönlichen Ziele in die Vorlage im *Europäischen Sprachenportfolio* eintragen können und wie sie Beispiele formulieren können.

Das *Europäische Sprachenportfolio* ist ein didaktisches Werkzeug, das man im Sprachunterricht benutzen kann. Das Gute daran ist, dass es die Schülerautonomie fördert. Die Schüler müssen aktiv sein und mehr Verantwortung für das Lernen übernehmen. Man fokussiert dadurch ganz anders, wie man am besten Sprachen lernt, und später hat man eine gute Dokumentation des Sprachenlernens.
Es war am Anfang ein bisschen schwierig, dieses Instrument einzuführen, denn einige Schüler denken sehr traditionell. Meine Schüler haben ja schon sieben, acht Jahre Sprache gelernt und wissen, was sie wollen. Sie wollen Vokabeln auswendig lernen und Texte lesen und sie finden, dass sie im *Europäischen Sprachenportfolio* zu viele Listen ausfüllen müssen und zu viel über das Sprachenlernen nachdenken müssen. Und viele denken, dass sie dann weniger lernen. Also, die Schüler brauchen auch ihre Zeit, um die Arbeit mit diesem Instrument zu schätzen.

Die Motivation der Schüler hat sich mit dem *Europäischen Sprachenportfolio* aber geändert: Sie sind motivierter und sie lernen mehr. Außerdem erfahren sie, dass es wichtig ist, das Lernen zu lernen. Mein Ausgangspunkt ist jetzt nicht mehr das Lehrbuch, sondern die Checklisten. Ich fokussiere die Lernstrategien mehr und ich überlasse den Schülern auch mehr Verantwortung. Sie müssen selbst sehen, ob sie ihre Ziele erreicht haben und warum vielleicht nicht, und was sie gut gemacht haben. Für den Lehrer ist das manchmal auch schwer, weil man auch Kontrolle über den Lernprozess haben möchte, und das ist auch ein Prozess für die Schüler, die Verantwortung für das Lernen zu übernehmen.

Aufgabe 67 **Was sagt diese erfahrene Lehrkraft über ihre Arbeit mit dem *Europäischen Sprachenportfolio*?**

a) Lesen Sie das Transkript.
b) Beantworten Sie dann die Fragen, indem Sie ankreuzen.

1. Welche Schwierigkeiten haben die Lernenden am Anfang der Arbeit mit dem *Europäischen Sprachenportfolio*? Kreuzen Sie die richtigen Antworten an.

A. Sie verstehen die Lehrerin nicht.	☐
B. Sie sind nicht an diese Art des Unterrichts gewöhnt.	☐
C. Sie brauchen Zeit, um sich an diese Art des Unterrichts zu gewöhnen.	☐
D. Sie bekommen schlechte Noten.	☐
E. Sie glauben, dass sie weniger Deutsch lernen als in ihrem gewohnten Unterricht.	☐

2. Welche Vorteile hat die Arbeit mit dem *Europäischen Sprachenportfolio*? Kreuzen Sie an, was die Lehrerin berichtet.

A. Die Lernenden werden aktiver.	☑
B. Die Lernenden beherrschen die Grammatik besser.	☐
C. Alle Lernenden haben bessere Noten.	☐
D. Die Lernenden sind motivierter.	☑
E. Die Lernenden sehen, was sie gut gemacht haben.	☑

3. Was verändert sich im Unterricht der Lehrkraft durch die Verwendung des *Europäischen Sprachenportfolios*? Kreuzen Sie die richtigen Antworten an.

A. Das Lehrbuch ist jetzt wichtiger.	☐
B. Das Lehrbuch ist jetzt weniger wichtig.	☑
C. Die Vermittlung und Verwendung von Strategien wird wichtiger.	☑
D. Die Vermittlung und Verwendung von Strategien wird weniger wichtig.	☐
E. Die Lernenden haben mehr Verantwortung.	☑

Um selbstständig zu lernen, müssen einige Voraussetzungen gegeben sein. Erarbeiten Sie diese in der nächsten Aufgabe.

Aufgabe 68

Wie muss der Unterricht gestaltet sein, damit die folgenden vier Voraussetzungen selbstständigen Lernens (A–D), die die Lehrerin im Interview genannt hat, umgesetzt werden können? Ordnen Sie bitte zu.

Voraussetzungen für selbstständiges Lernen	Was die Lehrerin dazu erfahren hat
1. sich eigene Ziele beim Lernen setzen	D
2. die eigene Leistung einschätzen / eigene Stärken und Schwächen kennen	B
3. sich auf eine neue Art des Lernens einstellen, auch wenn sie zuerst komisch / schwierig / anders ist	A
4. mehr Verantwortung übernehmen	C

A: Veränderungen im Unterricht sind nicht immer einfach. Die Lernenden sind oft an eine bestimmte Art des Unterrichts gewöhnt und sind irritiert, wenn sich etwas ändert. Die Schülerinnen und Schüler glauben zum Beispiel, dass sie jetzt weniger lernen, auch wenn das nicht stimmt. Es ist wichtig, dass die Lernenden bereit sind, etwas Neues auszuprobieren, um herauszufinden, ob sie so besser lernen können. Die Lehrkraft muss ihnen dabei helfen, die neuen Methoden kennenzulernen.

B: Die Lernenden müssen zunächst wissen, was die Ziele im Unterricht sind. In diesem Rahmen können sie dann überlegen, was ihnen besonders wichtig ist, und sich eigene Ziele setzen, die für sie besonders wichtig sind und die sie deshalb auch sehr motiviert verfolgen können.

C: Wenn Lernende selbstständig sein sollen, muss die Lehrkraft möglichst viele Entscheidungen darüber, wie oder mit welchen Lernmaterialien im Unterricht gelernt wird, den Lernenden überlassen.

D: Um selbstständig lernen zu können, müssen die Lernenden ihre eigenen Stärken und Schwächen kennen. Selbsteinschätzung muss man zunächst im Unterricht üben. Im *Europäischen Sprachenportfolio* gibt es Kann-Beschreibungen, die die Lernenden auswählen können. Zu diesen Kann-Beschreibungen finden sie verschiedene Beispiele im Portfolio (z.B.: Ich kann E-Mails auf Deutsch schreiben.). Mithilfe dieser Beschreibungen können sie das, was sie gelernt haben, konkret abbilden (z.B.: Ja, ich habe im letzten Monat eine E-Mail an meine deutsche Austauschpartnerin geschrieben.) und diese mit der Lehrkraft besprechen. Mit der Zeit wissen die Lernenden immer besser, was sie gut können und was sie noch üben müssen.

Aufgabe 69

P

Sehen Sie sich noch einmal Ihre Aussagen aus Aufgabe 62 an. Gibt es jetzt etwas, was Sie in Bezug auf das selbstständige Lernen ergänzen oder ändern würden? Formulieren Sie Ihre Antworten noch einmal.

Ich glaube, es ist notwendig, dass Lernende eigene Entscheidungen über ihr Lernen treffen, weil ...

___

Ich glaube, selbstständiges Lernen ist schwierig, weil ...

___

Wenn man selbstständiges Lernen im Unterricht fördert, muss man unbedingt darauf achten, dass ...

___

Literatur zum Weiterlesen

Wenn Sie mehr Anregungen zur Arbeit mit Portfolios erhalten möchten, empfehlen wir Ihnen Heft 45 der Zeitschrift *Fremdsprache Deutsch*. Sie finden das Heft in digitaler Form, wenn Sie www.fremdsprachedeutschdigital.de in Ihren Browser eingeben und dann über die Suchfunktion nach Heft 45/2011 suchen.

www.

Unter www.coe.int/portfolio finden Sie verschiedene vom Europarat akkreditierte Versionen des *Europäischen Sprachenportfolios*.

3.4 Wie leitet man systematisches Lernen an?

Damit Lernende im Unterricht und außerhalb des Unterrichts selbstständig lernen können und Wege finden, die für sie am besten geeignet sind, brauchen sie ein Bewusstsein dafür, wie sie gern und erfolgreich lernen. Um jeweils einen geeigneten Weg zu wählen, muss man verschiedene kennen. Lernende sollen deshalb im Fremdsprachenunterricht verschiedene Lernstrategien kennenlernen.

Wenn Sie dieses Teilkapitel bearbeitet haben, dann
- wissen Sie, welche Lernstrategien es gibt,
- wissen Sie, wie Lernende ihren Lernprozess durch den Einsatz von Lernstrategien systematisch planen und gestalten können,
- können Sie Lernende dazu anleiten, ihr eigenes Lernen zu beurteilen.

3.4.1 Lernstrategien

In Kapitel 3.2.2 haben Sie erfahren, wie Eddy vorgeht, um neuen Wortschatz zu lernen. Er liest die neuen Wörter immer wieder, bis er sie auswendig kennt. Sicher kennen Sie noch andere Möglichkeiten des Wortschatzlernens, z.B. die Arbeit mit einer Vokabelkartei oder das Lernen neuer Vokabeln in ganzen Sätzen. Lernende haben aber auch ihren eigenen Weg, ihre Sprechfertigkeit auf Deutsch zu trainieren. Einige suchen vielleicht über das Internet in Chats Kontakt zu Deutschsprachigen, andere sprechen neue Wörter laut vor dem Spiegel. Lernende verfolgen also unterschiedliche Strategien, um sich Kenntnisse und Fertigkeiten anzueignen.

Aufgabe 70

Wie lernen Ihre Lernenden? Welche Vorgehensweisen haben Sie beobachtet? Kreuzen Sie an und notieren Sie weitere Beispiele.

Vorgehensweisen beim Lernen	häufig	manchmal	selten	nie
1. Vokabeln lernen: neue Wörter immer wieder lesen	☐	☐	☐	☐
2. Aussprache üben: zu Hause vor dem Spiegel neue Wörter laut sprechen	☐	☐	☐	☐
3. vor der Gruppe sprechen: vorher Notizen auf einem Zettel machen	☐	☐	☐	☐
4. mit anderen sprechen: in Gesprächen Wörter erfinden, wenn man nicht mehr weiter weiß, Mimik und Gestik einsetzen	☐	☐	☐	☐
5. Hör-/Sehverstehen: regelmäßig deutschsprachige Fernsehsendungen und Filme ansehen	☐	☐	☐	☐
6. lesen: im Internet nach kurzen Informationstexten suchen	☐	☐	☐	☐
7. schreiben: E-Mails auf Deutsch an eine/n Brieffreund/in schreiben	☐	☐	☐	☐
8. schreiben: eine Checkliste verwenden, auf der Merkmale der Textsorte stehen	☐	☐	☐	☐
9. Hilfsmittel verwenden: Wörter im Wörterbuch nachschlagen	☐	☐	☐	☐
10. Lernumgebung gestalten: beim Lernen für Ruhe sorgen	☐	☐	☐	☐
11. ...	☐	☐	☐	☐

Lernen mit System

An dieser Liste können Sie schon erkennen, dass Lernen meist viel systematischer ist, als wir uns bewusst sind. Würden wir ohne System lernen, wäre der Lernprozess sehr chaotisch und der Lernerfolg gering. Allerdings sind die Vorgehensweisen von Lernenden nicht immer optimal. Wenn Sie beispielsweise eine Lernerin in Ihrer Klasse haben, die alle unbekannten Vokabeln eines Lesetextes im Wörterbuch nachschlägt, werden Sie sie vermutlich darauf hinweisen, dass diese Vorgehensweise nicht effektiv ist: Sie kostet viel Zeit und verhindert, dass die Lernerin auch einmal neue Wörter aus dem Kontext erschließt.

Planvolle Vorgehensweise

Oftmals können die Lernenden nicht ohne Weiteres beschreiben, wie sie lernen. Wenn Sie Ihre Lernenden fragen, wie sie die Vokabeln gelernt haben, werden Sie vermutlich ungenaue Antworten bekommen wie *Die habe ich einfach gelernt.* Erst wenn Sie nachfragen, werden Sie erfahren, dass das Vokabellernen für einige Lernende bedeutet, die Vokabeln leise zu lesen und sich das Schriftbild einzuprägen, für andere, sich die Vokabeln laut vorzulesen und für wieder andere, neue Sätze mit den Wörtern zu bilden.

Auch der *Rahmenplan „Deutsch als Fremdsprache" für das Auslandschulwesen* formuliert selbstständiges, reflektiertes und planvolles Vorgehen als Lernziel:

> Die Schüler können am Ende des vierten Bildungsabschnitts ihre (fremd-)sprachlichen Kompetenzen selbstständig und reflektiert sowie unter Einsatz ihres jeweils vorhandenen prozeduralen Wissens gezielt und planvoll erweitern. Dabei nutzen sie ein breites Repertoire von sprachlichen Mitteln, kulturspezifischen Handlungsmustern, -konventionen und -routinen sowie v.a. Kommunikations- und Lernstrategien, Arbeits- und Erschließungstechniken.
> (Zentralstelle für das Auslandsschulwesen 2009, S. 48)

Um diese Kommunikations- und Lernstrategien wird es nun gehen.

Lernstrategien

Beim Lernen stellt sich immer die Frage nach dem Wie, also nach den Wegen, die zum Erreichen eines Zieles gegangen werden. Dabei spricht man von **Lernstrategien**. Unter Lernstrategien versteht man die **planvolle Vorgehensweise**, die man einsetzt, um ein Ziel zu erreichen. Lernstrategien können je nach Bedarf, persönlichem Lernstil und Situation unterschiedlich sein, sie haben aber immer das Ziel, den Lernprozess zu steuern und den Lernerfolg zu erhöhen.

Lerntechniken

Die konkrete Ausführung einer Strategie ist die **Lerntechnik**, also der sichtbare, beobachtbare Teil einer Strategie. Eine Strategie kann aus mehreren konkreten Teilhandlungen, aus Lerntechniken, bestehen. Eine Lerntechnik wäre beispielsweise das Nachschlagen im Wörterbuch.
In unterschiedlichen Publikationen werden Ihnen die Begriffe der Lernstrategie und der Lerntechnik mit verschiedenen Definitionen begegnen. Einige Autoren benutzen die Begriffe synonym, andere fassen alle Aspekte unter dem einen oder anderen Begriff zusammen. Im Folgenden werden wir uns der Einfachheit halber auf den Begriff der Lernstrategien beschränken.
Selbstständig lernende Schülerinnen und Schüler zeichnen sich dadurch aus, dass sie **verschiedene Typen von Strategien** gezielt einsetzen. Sie nutzen sie dazu,

- Aufgaben und Lernprobleme zu analysieren,
- realisierbare Lernziele zu formulieren,
- Wege und Vorgehensweisen auszuwählen, mit denen diese Ziele erreicht werden können,
- zu überprüfen, ob die gewählte Lernstrategie erfolgreich war,
- zu prüfen, ob das Lernziel erreicht wurde.

Es gibt unzählige Typen von Strategien beim Lernen. Um den Überblick zu behalten, lassen sich die Strategien in verschiedene Gruppen einteilen.

Sprachlernstrategien

Sprachlernstrategien umfassen eine ganze Reihe von Strategien. Man unterscheidet, genau wie bei den Formen der Reflexion (siehe Kapitel 3.2.1), zwischen **kognitiven**, **metakognitiven** und **affektiven** Sprachlernstrategien.

kognitive Strategien

Kognitive Strategien sind mentale Handlungen, die dazu führen, dass Wissen und Fakten aufgenommen und gespeichert werden. Hier gibt es einerseits **Gedächtnisstrategien**, durch die sich die Lernenden etwas merken, z.B. Vokabeln oder grammatische Strukturen, und andererseits **Verständnisstrategien**, die. z.B. dabei helfen, gesprochene oder geschriebene Texte zu verstehen.

itive Strategien

Metakognitive Strategien setzen Lernende ein, wenn sie das Lernen organisieren. Zentral sind dabei drei Bereiche: Ziele setzen, das Lernen planen und das Lernen evaluieren. Dazu gehört es beispielsweise, die Lernumgebung so zu gestalten, dass man konzentriert lernen kann, indem man z.B. den Fernseher und den Computer ausschaltet. Außerdem gehören viele Handlungen, die Selbstständigkeit und Eigenverantwortung ausdrücken (siehe Kapitel 3.3), zu den metakognitiven Strategien, nämlich zu entscheiden, was man schon gut kann und was man noch einmal wiederholen möchte, wen man um Hilfe bittet oder mit wem man gut gemeinsam lernen kann. Metakognitive Strategien dienen dazu, den Sprachlernprozess bewusst zu gestalten, und sind somit eng mit Sprachlernbewusstheit verbunden.

affektive Strategien

Affektive Strategien sind solche Strategien, die sich auf Emotionen und Motivation beziehen. Dazu gehört, sich selbst zu motivieren (Warum lerne ich?, Was macht mir daran Spaß?) und produktiv mit Ängsten und Unsicherheiten umzugehen.

Kommunikationsstrategien

Neben Sprachlernstrategien gibt es Kommunikationsstrategien, d.h. Anwendungs- oder Sprachgebrauchsstrategien (Bimmel/Rampillon 2000, S. 65). Unter **Kommunikationsstrategien** versteht man die Strategien, die Lernende nicht zum Lernen, sondern in der Verwendung der Sprache benutzen. Dazu gehört, wenig Angst vor Fehlern zu haben und kreativ mit der Sprache umzugehen, beispielsweise indem Platzhalter für unbekannte Wörter (Dingsda) verwendet oder neue Wörter erfunden werden (z.B. Bücherhaus für Bibliothek/Bücherei), die es zwar nicht gibt, die der Gegenüber aber oft versteht. Solche Kommunikationsstrategien sind sehr hilfreich für die Kommunikation und können auch im Unterricht trainiert werden.

In der folgenden Übersicht sehen Sie die verschiedenen Typen von Strategien noch einmal auf einen Blick:

Strategien, die beim Deutschlernen generell eine Rolle spielen	
Sprachlernstrategien	**Kommunikationsstrategien**
kognitive Strategien Gedächtnisstrategien, z.B. Wortgruppen bilden Verständnisstrategien, z.B. Schlüsselwörter in einem Text markieren	**Strategien, die beim Gebrauch einer Sprache angewandt werden** Strategien zum Anbahnen und Aufrechterhalten von Kommunikation, z.B. Nachfragen Kompensationsstrategien, z.B. Mimik und Gestik einsetzen
metakognitive Strategien Strategien, die das Lernen organisieren, z.B. sich das Lernziel bewusst machen	
affektive Strategien Strategien, die das Lernen regulieren, z.B. Stress reduzieren durch Entspannung	

In Aufgabe 70 haben Sie einige planvolle Vorgehensweisen Ihrer Lernenden gesammelt, die Sie beobachten konnten. Die folgende Übersicht zeigt Ihnen nun Beispiele für jeden Typ von Strategie.

Strategien, die beim Deutschlernen generell eine Rolle spielen (mit Beispielen)	
kognitive Strategien	**Gedächtnisstrategien** – Gruppen von bedeutungsverwandten Wörtern erstellen – Vokabelkartei verwenden – Lautverwandtschaften nutzen (z.B. ähnlich klingende Wörter aus Reimen zusammen lernen) – Kontexte erfinden, in denen sich Wörter besser merken lassen **Verständnisstrategien** – Wörter und Ausdrücke untersuchen und dadurch Bedeutung herausfinden – sich Notizen machen – etwas zusammenfassen – in Texten Schlüsselwörter markieren – Zusammenhänge visualisieren (z.B. Grafiken und Bilder zeichnen) – Regelmäßigkeiten entdecken (z.B. durch Sammeln von Beispielen) – Laute, Wörter und Satzbau in Sprachen miteinander vergleichen – Regeln anwenden und sich darüber verständigen – Deutsch kommunikativ gebrauchen: Sprecherinnen und Sprechern in der Zielsprache zuhören (z.B. in einem Café / im Internet) – Fernsehsendungen in der Zielsprache sehen – Hilfsmittel einsetzen: beim Schreiben von Texten eine Checkliste mit den Kriterien für die jeweilige Textsorte verwenden, ein elektronisches Wörterbuch verwenden
metakognitive Strategien	– sich orientieren und Lernziele bestimmen – den Arbeitsplatz organisieren – sich konzentrieren und Ablenkungen ausschalten – geeignete Lernzeiten festlegen – den Lernprozess überwachen (z.B. über Lernstrategien entscheiden; überwachen, ob Lernziele erreicht werden) – das Erreichen der Lernziele kontrollieren
affektive Strategien	– Stress reduzieren und sich entspannen – sich selbst belohnen – sich überlegen, wie man gern lernt, und das Lernen entsprechend einrichten – sich seine Motive (siehe Kapitel 2.4.2) für das Deutschlernen bewusst machen (z.B. ein Lerntagebuch führen)
Kommunikationsstrategien	**Strategien zum Anbahnen und Aufrechterhalten von Kommunikation** – Vorwissen zum Thema aktivieren – Weltwissen und Logik einsetzen, um Hypothesen über z.B. einen Text zu bilden und zu bestätigen – Bedeutung aus dem Kontext ableiten **Kompensationsstrategien** – in die Muttersprache wechseln, wenn ein Wort fehlt – eigene/neue Wörter erfinden – Synonyme und Umschreibungen nutzen – wichtige Wörter auf einem Zettel dabeihaben und bei Bedarf ablesen – Mimik und Gestik einsetzen, um auch nonverbal zu kommunizieren – bestimmte Gesprächsthemen vermeiden, zu denen Wortschatz fehlt

(nach: Goethe-Institut 1996, S. 95–102)

Lernende verwenden normalerweise immer mehrere dieser Strategien und kombinieren sie. Lesen Sie, wie Sophia beim Deutschlernen agiert.

Aufgabe 71

Wie sehen Sophias Lernstrategien konkret aus? Finden Sie die konkrete Umsetzung ihrer Strategien im Text und ordnen Sie sie den Lernstrategien in der Tabelle zu.

Lernstrategien	Sophias Aktivitäten
kognitive Sprachlernstrategien	*Informationen im Internet hören und möglichst viel verstehen*
metakognitive Sprachlernstrategien	
affektive Sprachlernstrategien	
Kommunikationsstrategien	

Sophias Lernstrategien
Sophia kommt nach Deutschland, um dort Architektur zu studieren. Nun möchte sie ihr Deutsch auffrischen. Sie ist sehr motiviert, schnell mehr Deutsch zu lernen. Um ihr Hörverstehen zu verbessern, klickt sie im Internet auf www.tagesschau.de und versucht, möglichst viel zu verstehen. Sie nutzt Informationen wie Bilder, Grafiken und Bildunterschriften, um die gesprochenen Nachrichten besser zu verstehen. Wenn die Nachricht zu einem Thema ist, über das auch in ihrem Nachrichtenkanal berichtet wird, hört sie sie zuerst in der Muttersprache. Wenn ihr im Kontext Wörter immer wieder begegnen und sie sie als wichtig erkennt, notiert sie sie und schlägt sie im Wörterbuch nach. Um die Wörter zu behalten, zeichnet sie sie oder spricht sie – manchmal auch vor dem Spiegel – mehrfach aus. In letzter Zeit nutzt sie auch die Vokabellernkartei auf ihrem Handy.
Sophia macht sich eine Liste von Dingen, die sie noch lernen möchte, und notiert sich hinter jedem Punkt, was sie dafür tun kann. Einmal in der Woche überprüft sie ihre Liste und kreuzt an, was sie geschafft hat. Für diese Erfolge belohnt sie sich, z.B. mit einem Eis oder mit einem Buch. Wenn sie nicht weiterkommt, bittet sie ihre Mitbewohnerinnen und Mitbewohner im Wohnheim um Hilfe.

Lernstrategien in Lehrwerken

Das Training verschiedener Strategien spielt im Unterricht inzwischen eine große Rolle. Auch die meisten neueren Lehrwerke legen Wert auf die Förderung von Lernstrategien, vielleicht auch das, mit dem Sie arbeiten. Unter Rubriken wie „Das Lernen lernen" finden Sie in Lehrwerken gelegentlich ein systematisches Training von Lernstrategien, meist gibt es aber nur kleine Lerntipps zum Deutschlernen. Die folgende Aufgabe zeigt Ihnen drei Beispiele für Lerntipps aus Lehrwerken für Kinder (*Planetino*) und Jugendliche (*deutsch.com*).

Aufgabe 72

Was glauben Sie: Wie hilfreich sind die Tipps zu Lernstrategien für Ihre Lernenden? Sehen Sie sich die Aufgaben aus den Lehrwerken an. Kreuzen Sie an und begründen Sie.

	sehr hilfreich	eher hilfreich	weniger hilfreich	nicht hilfreich	Begründung
Beispiel 1	☐	☐	☐	☐	
Beispiel 2b	☐	☐	☐	☐	
Beispiel 2, A6	☐	☐	☐	☐	
Beispiel 3	☐	☐	☐	☐	

Beispiel 1

Planetino 2, Arbeitsbuch, S. 51.

Beispiel 2

b) Andere Körperteile: Vergleicht mit anderen Sprachen und ergänzt in a).

Deutsch	**der Körper**	der Kopf	der Hals	der Bauch	die Hand	die Finger (Pl)	der Arm	das Bein	der Fuß
Andere Sprachen		______	______	______	______	______	______	______	______
Meine Sprache		______	______	______	______	______	______	______	______

Deutsch	**der Kopf**	das Auge	der Zahn	die Haare (Pl)	der Mund	die Nase	das Ohr
Andere Sprachen		______	______	______	______	______	______
Meine Sprache		______	______	______	______	______	______

Lern Wörter in Wortfeldern!

2/15 **A5 AUSSPRACHE**

Wortakzent: Hör und sprich nach.

der Kopf | der Hals – die Hälse | das Auge – die Augen | das Ohr – die Ohren | der Zahn – die Zähne | das Haar – die Haare | der Arm – die Arme | der Bauch | der Fuß – die Füße | die Hand – die Hände | der Finger – die Finger | der Mund | die Nase | das Bein – die Beine

A6 SPRECHEN

1 Macht zwei Gruppen.
2 Zeichnet Körperteile auf Kärtchen für die andere Gruppe.
3 Tauscht die Kärtchen. Spielt Pantomime. Ratet.
4 Für jede richtige Antwort gibt es einen Punkt!

Dein Bauch tut weh.
Du hast Bauchschmerzen.

Dein Bauch tut weh.
Deine Zähne tun weh.
Du hast Bauchschmerzen.
Du hast Zahnschmerzen.

Was ist denn los?
Ich bin krank.

Spiel die Bedeutung beim Lernen!

deutsch.com 1, Kursbuch, S. 73.

Beispiel 3

13 Zu Hause

A Das habe nur ich!

A

B

A1 BESPRECHEN

Schaut die Bilder an: Was ist anders als bei euch? Was ist für euch in einem Zimmer wichtig?

A2 WORTSCHATZ

Möbel: Was ist wo auf den Bildern? Kreuze an.

der Tisch	A	B	C
das Bett	A	B	C
das Poster	A	B	C
der Computer	A	B	C
die Lampe	A	B	C
das Fenster	A	B	C
der Stuhl	A	B	C
der Schrank	A	B	C
das Bild	A	B	C
das Regal	A	B	C

A3 LESEN

Ordne zu.	Text
Die Welt in meinem Zimmer!	☐
Alles für Musik!	☐
Fußball überall!	☐

1 Mein Zimmer ist klein, aber gemütlich - ich bin sehr gerne hier. Mein Hobby ist Musik und ich habe ziemlich viele Musikinstrumente: ein elektronisches Klavier, einen MP3-Player, eine Gitarre und eine neue Bassgitarre! Ich brauche keine anderen Sachen, ich habe keinen Tisch im Zimmer (ich lerne nicht, hihi 🙂). Manchmal kommen meine Freunde zu mir und wir machen zusammen Musik. Das finden meine Eltern nicht so toll. Aber sie sind nicht sehr oft zu Hause.
Mikako, Japan

2 Mein Zimmer ist weiß und gelb mit vielen Postern. Ich habe ein Poster mit David Beckham. Das ist zwei Meter groß! Fußball ist meine Krankheit! In meinem Zimmer habe ich einen Schreibtisch und Regale voll mit Sportzeitschriften und auch einen Fernseher mit DVD-Player und ein Bett. Alle Möbel sind sehr alt. Mein Fenster ist zu klein und ich habe sehr viele Sachen im Zimmer, es ist ziemlich dunkel. Ich möchte ein großes Zimmer. Ich brauche mehr Platz für meine Sachen.
Lise, Dänemark

3 Mein Zimmer ist sehr groß und hell. Ich habe nicht so viele Sachen hier: mein Bett, meinen Schreibtisch, einen kleinen Schrank ... Ich habe einen Computer und Internet in meinem Zimmer und verbringe also sehr viel Zeit im Internet: manchmal sogar zu viel! Aber jetzt kenne ich sehr viele Leute aus verschiedenen Ländern. Sie schicken mir immer Fotos per Internet und schreiben viele Mails. Manchmal bekomme ich auch eine Postkarte oder Briefe. Das finde ich wirklich cool! Ich bin sehr gerne in meinem Zimmer.
Robyn, Großbritannien

Häng Zettel mit deutschen Wörtern in deinem Zimmer auf! So lernst du die Wörter schneller!

78 LEKTION 13 A

deutsch.com 1, Kursbuch, S. 78.

Strategietraining

Sicherlich finden sich auch in Ihrem Lehrwerk ähnliche Tipps. Diese Tipps sind dann hilfreich, wenn sie die Lernenden darauf aufmerksam machen, neue Lernwege auszuprobieren. Außerdem sind sie mit konkreten Aufgaben und Übungen verbunden. So können die Lernenden sie gleich in einem sinnvollen Zusammenhang anwenden. Allerdings genügen solche Tipps nicht, wenn Sie Ihre Lernenden zu einer systematischen Vorgehensweise beim Lernen ermuntern wollen. Dazu muss auch das Strategietraining **systematisch** sein. Lernende müssen ihrem Alter und ihrer Lernerfahrung entsprechend an Lernstrategien herangeführt werden. Das Ziel eines Strategietrainings ist, dass den Lernenden ein Repertoire an Strategien zur Verfügung steht und sie besonders solche Strategien kennenlernen, die für sie geeignet sind. Dabei sollten sie ihre Lernstile und Lerntypen (siehe Kapitel 2.4.2) berücksichtigen.

Wenn Sie ein systematisches Strategietraining planen, sind für jugendliche und erwachsene Lernende die folgenden drei Schritte zu empfehlen. Für Kinder bietet es sich an, Schritt 1 auszulassen und nur Schritt 2 und 3 zu nutzen.

1. Bewusstmachung

Beginnen Sie das Strategietraining stets mit der Reflexion darüber, wie die Lernenden üblicherweise vorgehen. Wie schreiben sie normalerweise Texte? Wie lernen sie neuen Wortschatz? Wo liegen die Schwierigkeiten? Was hilft ihnen? Haben sie schon etwas gegen die Schwierigkeiten unternommen? Was funktioniert nicht?
Sie können Ihr Strategietraining beispielsweise mit einem Gespräch über diese Fragen im Plenum oder in Kleingruppen beginnen und die Ergebnisse auf Plakaten oder an der Tafel festhalten (siehe das Beispiel aus dem Lehrwerk *Schritte* in Kapitel 2.4.2 vor Aufgabe 45).

2. Ausprobieren

Geben Sie den Lernenden im Unterricht die Möglichkeit, verschiedene Strategien auszuprobieren. Bei der Produktion von Texten können die Lernenden ihre Texte auf verschiedene Weise überarbeiten: Sie können sich z.B. gegenseitig ein Feedback geben, die Korrekturfunktion des Schreibprogramms ihres Computers (z.B. Word) benutzen oder ihren Text mit einem Beispieltext vergleichen. Indem die Lernenden also verschiedene Verfahren anwenden, können sie herausfinden, welche Strategie für sie gut funktioniert. Das heißt natürlich nicht, dass sie sich auf diese eine Strategie begrenzen sollen. Meist ist es sinnvoll, verschiedene Strategien zu kombinieren.

3. Bewerten

Anschließend ist es wichtig, dass die Lernenden reflektieren, welche Strategien bei ihnen gut funktionieren und welche weniger gut. Auch über die Gründe kann man diskutieren. Hier eignen sich Reflexionsbögen, in die die Lernenden eintragen, welche Strategie erfolgreich, angenehm, zeitaufwendig oder langweilig war.

an Strategien erinnern

Es ist sinnvoll, in regelmäßigen Abständen noch einmal über die Strategien zu sprechen und die Lernenden daran zu erinnern, Verschiedenes auszuprobieren. Schließlich ist es erwiesen, dass man aus Gewohnheit und Bequemlichkeit gern bei jenen Strategien bleibt, die man schon immer verwendet hat. Gleichzeitig belegen Studien aber auch, dass das Sprechen über verwendete Strategien zu einem bewussteren Umgang mit Aufgaben und eigenen Leistungen führt und die Sprachlernbewusstheit fördert (Cross 2010).

Die in Ihrem Lehrwerk vorgeschlagenen Aktivitäten zu Lernstrategien sollten Sie dahingehend überprüfen, ob sie zu Ihrer Lerngruppe passen und ob systematisch verschiedene Bereiche von Strategien angesprochen und trainiert werden. Es wäre schade, auf Sprachverwendungsstrategien oder auf affektive Strategien vollständig zu verzichten. Sollten nicht alle Strategietypen angesprochen sein, müssen Sie eigene Aktivitäten zu Lernstrategien entwickeln, um Lücken zu füllen oder etwas zu haben, was besser passt. Zunächst wollen wir uns aber ansehen, welche Vorschläge es in verschiedenen Lehrwerken gibt.

Aufgabe 73

Sehen Sie sich die folgenden Beispiele 1–3 aus den Lehrwerken an.

a) Benennen Sie den Typ der Strategie, die thematisiert wird (kognitiv, metakognitiv, affektiv).
b) Prüfen Sie, ob die drei Schritte für die Strategievermittlung eingehalten wurden (Bewusstmachung, Ausprobieren, Bewerten).
c) Entscheiden Sie, ob diese Aktivitäten auch für Ihren eigenen Unterricht geeignet sind.

Beispiel	Welcher Typ von Strategien wird hier thematisiert?	Ist dies ein systematisches Strategietraining?	Können Sie solche Aktivitäten in Ihrem Unterricht einsetzen? Wenn nein, warum nicht?
1	☐ kognitiv ☐ metakognitiv ☐ affektiv	☐ Bewusstmachung ☐ Ausprobieren ☐ Bewertung	☐ ja ☐ nein, weil:
2	☐ kognitiv ☐ metakognitiv ☐ affektiv	☐ Bewusstmachung ☐ Ausprobieren ☐ Bewertung	☐ ja ☐ nein, weil:
3	☐ kognitiv ☐ metakognitiv ☐ affektiv	☐ Bewusstmachung ☐ Ausprobieren ☐ Bewertung	☐ ja ☐ nein, weil:

Beispiel 1

4 Jetzt sind Sie dran.

a | Was schreiben Sie oft, manchmal, nie auf Deutsch? Was möchten Sie schreiben? Berichten Sie.

Postkarte | E-Mail | Brief an Ämter | Liebesbrief | Grußkarte | privater Brief | Anzeige | Nachricht auf Zettel | SMS | Formular | Gedicht | …

b | Bilden Sie zu den Textsorten Kleingruppen. Überlegen Sie sich ein Thema und schreiben Sie gemeinsam einen Text (z.B. einen Liebesbrief an einen berühmten Menschen, eine Glückwunschkarte zum 50. Geburtstag Ihres Chefs, einen Beschwerdebrief an den Vermieter).

5 Schreibstrategien für Ihren Alltag

Wo brauchen Sie Strategien zum Schreiben? Notieren Sie.

Wo? / An wen?	Was?	Welche Strategie(n)?
im Kurs		nach Feedback von anderen fragen
privat		
Freunde, Familie	Brief	
	Postkarte	
	SMS	
beruflich		Struktur planen
Chef	E-Mail	
Kollegen	Zettel mit Nachricht	
öffentlich		
auf dem Amt	Formulare	

Aussichten A1, Kurs- und Arbeitsbuch, S. 180.

Beispiel 2

30 Hauptperson Deutsch

C » Sprache lernen

1 Warum ich Deutsch lerne

a Lesen Sie die Texte zum Thema „Warum Deutsch?" in der Zeitschrift „Sprachenlernen" und notieren Sie die wichtigsten Informationen mit Hilfe der W-Fragen unten. ÜB: C 1

Ich heiße Jolanta und komme aus Kraków in Polen. Meine Großmutter war Deutsche und sie hat mir als Kind immer die Grimmschen Märchen vorgelesen. Leider ist meine Oma früh gestorben, aber die emotionale Verbindung zu Deutsch ist geblieben. Das ist ein wichtiger Grund, warum ich in Heidelberg Germanistik studieren möchte. Und damit ich die deutsche Literatur lesen kann, muss ich die Sprache wirklich gut können. Deshalb mache ich einen Intensivkurs, lerne sehr viel und lese jeden Tag: Zeitung natürlich, aber auch Bücher. Ein noch wichtigerer Grund ist natürlich, dass ich mit Deutsch bessere Berufsaussichten in Polen habe.

Ich heiße Dan Wang und komme aus Harbin in China. Seit 2008 haben wir eine Städtepartnerschaft mit Magdeburg. Da habe ich mich engagiert und aus diesem Grund schon in China Deutsch gelernt. Durch die Partnerschaft haben sich Freundschaften mit Magdeburgern entwickelt und aufgrund dessen bin ich auf die Idee gekommen, hier zu studieren. Ich wohne bei einer deutschen Familie und bin im 2. Semester des Studiengangs „Wirtschaftsingenieur Logistik". Besonders motiviert mich, dass ein Studium in Deutschland mir größere berufliche Möglichkeiten eröffnet. Ich arbeite natürlich immer noch an meinem Deutsch. Ich sehe z. B. ziemlich viel fern und höre Radio, denn ich habe gemerkt, dass ich durch Zuhören sehr gut lernen kann.

Mein Name ist Amir. Ich komme aus Kenia. Ich mache gerade einen Deutschkurs an der Uni, denn ich will hier in Frankfurt „Management und Mikroökonomie" studieren. In meiner Heimat gibt es eine Reihe von deutschen Firmen. Außerdem ist die Tourismusbranche sehr wichtig. Ich denke, mit guten Deutschkenntnissen verbessern sich meine Berufschancen. Das ist meine Hauptmotivation fürs Lernen. Aber das ist nicht der einzige Grund: Es geht auch um Freundschaft. Ich habe schon ein paar wirklich gute deutsche Freunde. Übrigens lerne ich in der Kommunikation mit anderen am meisten, nur das Schreiben fällt mir noch ziemlich schwer. Deshalb habe ich mir einen deutschen Tandempartner gesucht, der lernt von mir Kiswahili und korrigiert dafür meine deutschen Texte.

1. Wer hat die Texte geschrieben? *Junge Ausländer in Deutschland.* ______
2. Was ist das Thema? ______
3. Warum sind die Leute in Deutschland? ______
4. Was ist ihr Hauptgrund fürs Deutschlernen? ______
5. Welche weiteren Gründe nennen sie? ______

b Fassen Sie mündlich den Inhalt der Texte mithilfe der Antworten in 1a und der Redemittel rechts zusammen. ÜB: C 2

> Die Texte zum Thema „…" sind in … erschienen. | Es handelt sich um Beiträge von …, die in Deutschland … | Es geht um das Thema „…" | Der Hauptgrund fürs Deutschlernen ist … | Als weitere Gründe werden genannt: …

c Markieren Sie in den Texten in 1a die Redemittel, die Gründe bzw. die Wichtigkeit von Gründen ausdrücken, und notieren Sie sie.

Das ist ein wichtiger Grund, … ______

d Notieren Sie Ihre persönlichen Gründe fürs Deutschlernen auf Zettel. Sammeln Sie die Zettel und ordnen Sie sie nach der Art der Gründe. Besprechen Sie im Kurs, welche Gründe für Sie am wichtigsten sind und warum.

248 zweihundertachtundvierzig B1: 100

DaF kompakt A1–B1, Kursbuch, S. 248.

schriftliche Beschreibungen verstehen » unkomplizierte Texte mündlich zusammenfassen » Informationen wiedergeben und wichtigsten Punkt hervorheben » Geschichten schreiben » schriftlich Träume, Gefühle, Ziele beschreiben

2 Wie lerne ich Deutsch?

a Welche Methoden benutzen die Personen in 1a? Notieren Sie. ÜB: C 3a–b

Jolantha: viel lesen

b Lesen Sie die Tipps zum Wortschatzlernen. Wie finden Sie sie: „sehr sinnvoll" (++), „sinnvoll" (+), „weniger sinnvoll" (-)? Kreuzen Sie an.

1.	Wörter lernen: Jeden Tag 10 Wörter lernen und regelmäßig wiederholen.	++	+	–
2.	Wörter auf Karten notieren, einen Beispielsatz schreiben.	++	+	–
3.	Wörter und Texte laut lesen und deutlich betonen.	++	+	–
4.	Ein Vokabelheft mit zwei Spalten benutzen: Deutsch und Übersetzung.	++	+	–
5.	Wörter in „Wortfeldern" lernen: Nomen, Verben, Adjektive, Redewendungen, …	++	+	–
6.	Kleine Geschichten zu neuen Wörtern erfinden und sie sich immer wieder erzählen.	++	+	–
7.	Wörter mit Synonymen und Gegensätzen lernen.	++	+	–
8.	Fremdsprachenkenntnisse nutzen, z. B. Internationalismen, „eingewanderte Wörter".	++	+	–
9.	Texte selbst sprechen und aufnehmen.	++	+	–
10.	Texte immer wieder hören – auch nebenbei, z. B. beim Saubermachen.	++	+	–
11.	Mit Sprache spielen: Wörter zeichnen, pantomimisch darstellen, Szenen spielen, …	++	+	–

c Machen Sie eine Statistik im Kurs und sprechen Sie über das Ergebnis.

Tipp 1:
11 x ++, 5 x +, 0 x –

d Welche Methoden benutzen Sie? Sammeln Sie in Gruppen Tipps fürs Hörverstehen, Leseverstehen, Wortschatzlernen etc. Mit Mindmaps können Sie z. B. Ihre Wortschatzkenntnisse aktivieren. Ergänzen Sie. ÜB: C 3c–d

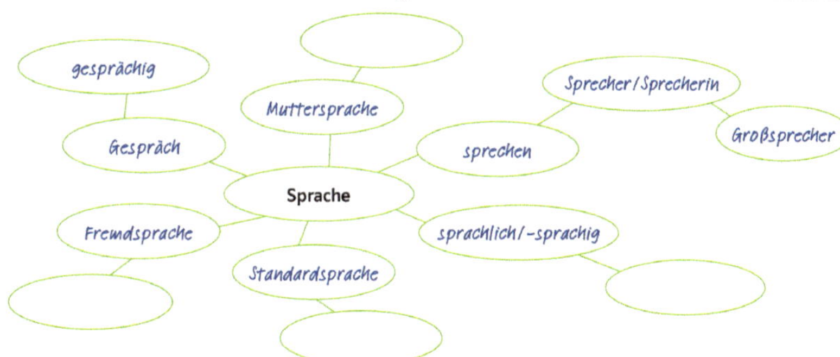

e Präsentieren Sie Ihre Ergebnisse im Kurs und gestalten Sie eine Tipp- und Spielesammlung. ÜB: C 3e

DaF kompakt A1–B1, Kursbuch, S. 248f.

Beispiel 3

Training 10

Lesen testen

Wenn ich eine Lösung nicht sofort finde, dann mache ich zuerst die nächste Aufgabe. Oft bleibt am Schluss die richtige Lösung übrig.
Brian, 26, London

Manchmal können zwei Lösungen passen. Dann lese ich die Fragen noch mal genau und markiere die Schlüsselwörter. Das hilft!
Judit, 32, Budapest

A 9
Schreiben Sie *Ihre* Test-Tipps. Vergleichen Sie.

Beispiel

0 Sie möchten Ihr Wohnzimmer neu einrichten und Ihr altes Sofa und Ihre Sessel verkaufen. **Lösung:** Anzeige c

Situation	0	1	2	3	4	5
Anzeige	c	☐	☐	☐	☐	☐

A 10
Lesen Sie a – h und 1 – 5. Welche Anzeige passt? Für eine Aufgabe gibt es keine Lösung. Markieren Sie hier mit X.

→ Ü 10

1 Sie suchen einen Job am Wochenende. Sie haben immer nebenbei gearbeitet.
2 Eine Freundin sucht Arbeit. Sie reist gerne. Sie hat einen PKW-Führerschein.
3 Sie sprechen gut Französisch und möchten in einem Hotel arbeiten. Sie können zu jeder Zeit arbeiten.
4 Ein Freund sucht einen Nebenjob für ein paar Stunden. Er kann gut kochen.
5 Ein Bekannter von Ihnen sucht eine Stelle als Fahrer. Er hat den Führerschein für Lastwagen und möchte keine langen Fahrten machen, weil er ein kleines Kind hat.

Möbelhaus sucht Ausfahrer!
LKW-Führerschein notwendig! 5-Tage-Woche, gute Bezahlung, nur regionale Auslieferung.
Rufen Sie an: Möbelhaus Peinter, Frau Kraft
Tel. 0 87 31 - 2 00-4
a

Sie haben den LKW-Führerschein? Sie reisen gerne? Dann sind Sie für uns der Richtige! **Spedition sucht Fahrer** für die Strecke Berlin-Istanbul. Türkisch-Kenntnisse erwünscht.
Spedition Deutz Tel. 019 - 74747-5, Herr Kramer
e

Für unseren **Heimatabend**
suchen wir einen Koch – auch ohne Ausbildung!
Musikverein Tirolerland Tel. 0 52 34 - 44 12 44
b

Parlez vous français? Nachtportier m/w für Hotelrezeption gesucht. 22.00 bis 6.00 Uhr, 5-Tage-Woche, gute Bezahlung!
Hotel Saint-Germain, Lutry Tel. 0 21 - 31 10 42
f

Junge Familie sucht Wohnzimmereinrichtung: Sofa, Sessel usw. bis 250 Euro.
Tel. 04 21 - 84 45 32 abends
c

Küchenhilfe gesucht! Deutschkenntnisse Voraussetzung. Vollzeit in Festanstellung, Wohnung im Haus! Gasthaus Salzburg Tel. 06 62 - 40 40 32
g

Heimatmuseum sucht Kassenhilfe.
Nur Samstag/Sonntag! Flexibel und schnell abrufbar. Erfahrung erwünscht!
Heimatmuseum Massing, 0 85 44 - 88 89 99
d

Büroauflösung! Alles muss raus! Aktenschrank, Schreibtisch, Regale. Topzustand, ca. 2 Jahre alt. Nur 500,-SFr. Selbstabholung in Fribourg, Tel. 0 26 - 481 45 31
h

einundachtzig | 81

Optimal A2, S. 81.

Sie sehen an den Beispielen, dass in allen Aktivitäten verschiedene Typen von Strategien vorkommen. In Beispiel 1 sind unter der Überschrift „Schreibstrategien für Ihren Alltag" vor allem kognitive und metakognitive Strategien zu finden, beispielsweise die Strukturierung eines Textes oder die Bitte um Feedback. Das Anlegen einer solchen Tabelle ist selbst bereits eine metakognitive Strategie, weil sie dabei hilft, das Lernen zu planen. Auch eine affektive Komponente ist dabei: Wenn man sich bewusst macht, wozu man etwas lernt, motiviert uns das oft. In Beispiel 2 und 3 geht es vorrangig um kognitive Strategien.

Ein vollständiges Strategietraining findet sich in keinem der Beispiele. Im ersten Lehrwerkbeispiel liegt der Schwerpunkt auf der Bewusstmachung, im zweiten auf der Bewusstmachung und der Bewertung und im dritten werden lediglich zwei Lernstrategien vorgestellt (Bewusstmachung und Ausprobieren verschiedener Strategien). In einigen Fällen finden Sie an anderen Stellen im Lehrwerk mehr Anleitung, meist ist es aber Ihnen als Lehrerin/Lehrer überlassen, ergänzende Aufgaben zu stellen und somit die Lernenden weiter anzuleiten, indem Sie beispielsweise Ihren Lernenden die Gelegenheit geben, Strategien auszuprobieren und sie dann zu beurteilen.

Wenn Ihnen eines dieser Beispiele gut gefällt, können Sie es für Ihren eigenen Unterricht verwenden und es auch etwas erweitern, sodass ein vollständiges Strategietraining entsteht, das thematisch besser zu Ihren Unterrichtsinhalten passt.

Aufgabe 74

Was möchten Sie in Zukunft in Ihrem Unterricht tun, um Ihre Lernenden an Lernstrategien heranzuführen? Ergänzen Sie die Sätze.

In der nächsten Zeit möchte ich im Unterricht ...

___

Schwierig wird vielleicht ...

___

Es ist sinnvoll, ...

___

Literatur zum Weiterlesen

Wenn Sie sich weiter mit dem Thema Lernstrategien beschäftigen möchten, empfehlen wir Ihnen die Fernstudieneinheit 23 *Lernerautonomie und Lernstrategien* (2000) von Peter Bimmel und Ute Rampillon, die Ihnen einen guten Überblick über das Thema gibt und zahlreiche Hinweise zur praktischen Umsetzung bietet.

3.4.2 Das Lernen bewerten

Die Verwendung von Lernstrategien ist ein aktiver und sich verändernder Prozess. Lernende sollten die Wahl ihrer Strategien immer wieder überprüfen und sich fragen, ob sie sie erfolgreich einsetzen. Indem sie ihren Lernweg und ihren Lernerfolg (Wie gut ist mein Deutsch geworden?) analysieren, verwenden sie eine metakognitive Lernstrategie.

Schon in Kapitel 3.2.1 haben Sie sich damit beschäftigt, wie Sie Ihre Lernenden dazu anleiten können, über das Lernen nachzudenken. Die eigenen Leistungen einschätzen zu können ist ein weiteres wichtiges Anliegen im Deutschunterricht. Denn nur so wird den Lernenden deutlich, was sie schon können und was sie wiederholen müssen. Dieses Wissen ist eine wichtige Voraussetzung, um weitere Schritte zu planen und um allein weiterzulernen.

Selbstevaluation

Sophia, Eddy und Maryam, die Sie in diesem Kapitel kennengelernt haben, werden im Unterricht zu Reflexion und Selbstständigkeit angeleitet, jede/r so, wie es dem Alter und den Lernzielen entspricht. Sie setzen verschiedene Strategien ein, um ihre unterschiedlichen Lernziele zu erreichen. Irgendwann, beispielsweise nach einem halben Jahr, ist es Zeit für einen Zwischenstand. Haben Sophia, Eddy und Maryam ihre Ziele erreicht? Wer kann das beurteilen? Und wie?

Sophia, die bald in Deutschland studieren will, weiß nicht, ob ihre Deutschkenntnisse ausreichen. Wie gut hat sie Deutsch gelernt? Eddy muss ein Jahr Deutsch nachholen und ist immer noch nicht so gut wie seine Mitschülerinnen und Mitschüler. Wie viel von seinem Rückstand hat er aufgeholt? Maryam kann inzwischen einige Sätze auf Deutsch sagen. Genügt das, um in Deutschland einfache Alltagssituationen zu bewältigen?
Als Lehrkraft könnten Sie beurteilen, ob Sophia, Eddy und Maryam ihre jeweiligen Ziele erreicht haben. Vielleicht tun Sie das anhand einer Prüfung. Das kann ein Test sein, den Sie selbst entwickeln, der an Ihrer Schule vorgegeben ist oder der für mehrere Länder gilt, wie beispielsweise die Prüfungen des Goethe-Instituts (z.B. *Start Deutsch 1*).

Zusätzlich dazu sollten aber die Lernenden auch in der Lage sein, sich selbst ein Bild von ihrem Leistungstand zu machen. Wenn sie das tun, spricht man von **Selbstevaluation**. Nur so wissen Sophia, Eddy und Maryam, ob sie neben den Kurs- und Klassenzielen auch ihre persönlichen Ziele erreicht haben. Vor allem für Sophia ist es wichtig; es wird sie motivieren, auch in Deutschland während des Studiums weiter Deutsch zu lernen.

Voraussetzungen für die Selbstevaluation

Um die eigenen Leistungen beurteilen zu können, müssen einige Voraussetzungen erfüllt sein:

Lernende müssen Kriterien für die Beurteilung einer Leistung kennen.
Wann ist mein Text gut? Wann kann ich sagen, dass ich mich verbessert habe? Wie kann ich meine Leistung messen? Um diese Fragen beantworten zu können, müssen Lernende die Lernziele, die Sie in Ihrem Unterricht verfolgen, kennen. Daraus können dann ganz konkrete Kriterien der Beurteilung abgeleitet werden.
Transparente Lernziele sind also wichtige Orientierungspunkte für die Lernenden. Gleichzeitig ist es nicht immer leicht, den Lernenden die oft abstrakt formulierten Ziele begreiflich zu machen. Je jünger die Lernenden sind, desto mehr sollte dabei auf Metasprache verzichtet werden. In der Primarstufe sollten Sie als Bewertungskriterium z.B. nicht festhalten, ob die Textsortenmerkmale eines Briefs eingehalten wurden und ob dieser seine kommunikative Absicht erfüllt. Vielmehr sollten die Lernenden entscheiden, ob der Brief wie ein solcher formuliert ist und aussieht und ob der Empfänger ihn verstehen kann.

Lernende müssen ihre Leistungen zu den Bewertungskriterien in Bezug setzen können.
Wenn das Ziel ist, eine inhaltlich und sprachlich verständliche E-Mail auf Deutsch zu verfassen (Kriterien: die kommunikative Absicht muss erfüllt sein, die Textsortenmerkmale müssen eingehalten werden, die sprachlichen Fehler sollten nicht zu viele und vor allem nicht verständnisbehindernd sein), müssen die Lernenden in der Lage sein, ihren eigenen Text mit diesen Kriterien abzugleichen. Weder Selbstunterschätzung (*Ich kann das alles überhaupt nicht!*) noch Selbstüberschätzung (*Ich kann alles und mache keine Fehler!*) sind förderlich. Notwendig ist eine realistische Selbsteinschätzung.

Lernende müssen Selbstevaluation, genau wie jede andere Form von Selbstständigkeit beim Deutschlernen, erst üben. Sie müssen die Kriterien für die Bewertung einer Leistung kennenlernen und ihre Leistungen zu den Kriterien in Bezug setzen können.
Wenn Ihre Lernenden diese beiden Voraussetzungen für Selbstevaluation noch nicht erfüllen, heißt das jedoch nicht, dass Sie keine Selbstevaluation vornehmen lassen sollen, sondern dass dies ein Ziel Ihres Unterrichts sein muss.

Formen der Selbstevaluation

Häufig leiten Lehrwerke zur Selbstevaluation an. Dies ist eine Möglichkeit, Kriterien und Formen der Selbstevaluation kennenzulernen. Viele neuere Lehrwerke orientieren sich eng an den Kann-Beschreibungen des *Gemeinsamen europäischen Referenzrahmens*. Selbstevaluation kann sich auf verschiedene Kompetenzen beziehen. Auch die Formen können ganz unterschiedlich sein.

Eine einfache Variante der Selbsteinschätzung, die man vor allem gut im Anfangsunterricht einsetzen kann, ist die Arbeit mit einer Checkliste. Die Lernenden kreuzen zunächst nur an, ob sie etwas gut, einigermaßen gut oder nicht gut können. Als Beweis für ihre Kompetenz formulieren sie einfache Aussagen. In *Planetino* (siehe Beispiel 1 in Aufgabe 75) sind dazu auch umklappbare Lösungsvorschläge zu finden.

Fortgeschrittene Lernende können ihren Kenntnisstand mit eigenen Texten oder ausgefüllten Arbeitsblättern belegen oder eigene Audio- oder Videoaufnahmen machen. Gerade bei der Bewertung der eigenen Sprechfertigkeit ist es hilfreich, sich selbst zu hören, um sich selbst einzuschätzen (siehe auch Kleppin 2005).

In Aufgabe 75 sollen Sie selbst eine Checkliste erstellen, mit der Ihre Lernenden sich selbst evaluieren können. Sie soll zu Ihren aktuellen Lernzielen und Unterrichtsinhalten passen.

Wir zeigen Ihnen an je einem Beispiel für den Anfangsunterricht und für den Unterricht mit Fortgeschrittenen, wie Sie dabei vorgehen können.

Beispiel 1

Anfangsunterricht
Schritt 1: Bestimmen Sie etwa zehn Äußerungen, die Ihre Lernenden in der letzten Stunde gelernt haben sollten.
Schritt 2: Erstellen Sie ein Arbeitsblatt, auf dem Sie die Lernenden auffordern, bestimmte Äußerungen auf Deutsch zu formulieren (z.B.: Alter: Ich bin ________________).
Schritt 3: Geben Sie drei Kategorien vor, nach denen die Lernenden angeben, ob sie etwas gut, ein bisschen oder noch nicht können (z.B.: Kann ich sehr gut. / Kann ich schon ganz gut. / Kann ich noch nicht so gut.).

Beispiel 2

Unterricht für Fortgeschrittene
Schritt 1: Formulieren Sie zwei bis drei Lernziele, die Ihre Lernenden in der letzten Unterrichtsstunde erreicht haben sollten, z.B. eine E-Mail auf Deutsch zu schreiben lernen.
Schritt 2: Erstellen Sie ein Arbeitsblatt, auf dem Sie die Lernenden auffordern, anzugeben, was sie gut, ein bisschen oder noch nicht können. Darüber hinaus sollen sie Beispiele benennen, die zeigen, dass sie das Genannte wirklich können (z.B.: Ich kann E-Mails auf Deutsch schreiben. Ich habe letzte Woche im Unterricht eine E-Mail geschrieben.).

Aufgabe 75

Sehen Sie sich nun zwei Beispiele aus Lehrwerken zur Selbstevaluation im Anfangsunterricht an. Beispiel 1 kennen Sie schon aus Aufgabe 50.

a) Entwickeln Sie für Ihre Lerngruppe zur Selbstevaluation eine ähnliche Checkliste.

b) Tauschen Sie sich mit Ihren Kolleginnen und Kollegen aus und kommentieren Sie gegenseitig Ihre Entwürfe.

Beispiel 1

Planetino 2 / Lektion 21 – 24

Das habe ich gelernt

hier falten

Personen beschreiben

Wie ist ________ ?

Mein Mund ist ________

Die Beine sind ________

____

Wie ist dein Mund?

groß, klein, dick, dünn, lang, kurz

fragen, wie es geht – Schmerzen

Wie geht's? – Mir geht es gut. / Es geht.

Mir geht es gar ________

Ich bin ________

Hast du ________ ?

Ich habe Halsschmerzen, ________

____

____

Wie geht's? Mir geht es gut. / Es geht.

Mir geht es gar nicht gut.

Ich bin krank/gesund.

Hast du Schmerzen?

Ich habe Halsschmerzen, Kopfschmerzen, Ohrenschmerzen,

Au, au! – Was tut denn ________ ?

Mein Bauch ________

Meine ________

Tut dein ________ ?

Tun deine ________ ?

Au, au! – Was tut denn weh?

Mein Bauch tut so weh.

Meine Ohren tun so weh.

Tut dein Zahn weh?

Tun deine Ohren weh?

krank sein

Arzt, ________

____

____

Arzt, Zahnarzt, Apotheke, Rezept, Medizin, Krankenhaus

© 2010 Hueber Verlag, Ismaning

23

Planetino 2, Arbeitsbuch, S. 23.

Beispiel 2

4–6

Das kann ich jetzt!		Ja	Es geht	Nein
Ich kann mich und andere vorstellen:	*Name: Ich ______.* *Name: Das ist ______.*	☐	☐	☐
Ich kann über mich und andere kurz erzählen:	*Alter: Ich ______.* *Beruf: Er ______.* *Herkunft: Ich komme ______.* *Wohnort: Ich ______.*	☐	☐	☐
Ich kann über meine Hobbys sprechen:	*Meine Hobbys sind ______.* *Ich ______ gern ______.*	☐	☐	☐
Ich kann über die Schule sprechen:	*Schulfächer: ______* *Schulräume: ______* *Aktivitäten: Ich ______*	☐	☐	☐
Ich kann Fragen stellen:	*Name: W______?* *Alter: W______?* *Wohnort: W______?* *Hobbys: ______?* ■ *Ja! / Nein!*	☐	☐	☐
Ich kann Fragen beantworten:	*Name: ______.* *Alter: ______.* *Wohnort: ______.* *Hobbys: ______.*	☐	☐	☐
Ich kann etwas bewerten:	*Das ist ______!* *Das macht ______.*	☐	☐	☐
Ich kann nachfragen:	*Was ______ du so?* *Was ______ du denn gerade?*	☐	☐	☐
Ich kann sagen, dass ich etwas (nicht) habe:	*Ich ______.* ______ ______ ______	☐	☐	☐
Ich kann sagen, dass ich etwas (nicht) brauche:	______ ______	☐	☐	☐
Ich kann etwas bestätigen: Ich kann etwas verneinen:	______*! Richtig!* ______*!* ______*!*	☐	☐	☐
Ich kann sagen, dass ich etwas nicht weiß:	______	☐	☐	☐

MODUL 2 47

deutsch.com 1, Arbeitsbuch, S. 47.

Bedeutung der Selbsteinschätzung

Vielleicht haben Sie sich bei der Entwicklung der Selbsteinschätzungsbögen die Frage gestellt, ob Ihre Lernenden die eigenen Leistungen überhaupt realistisch einschätzen können. Die Antwort auf diese Frage ist nicht einfach. Natürlich haben viele Lehrkräfte Bedenken, dass ihre Lernerinnen und Lerner nicht in der Lage sind zu sagen, wie gut sie etwas können, oder dass sie sich selbst überschätzen und sich immer die beste Bewertung geben.

Zu einer Selbsteinschätzung gehört selbstverständlich etwas Übung und vor allem eine angstfreie Umgebung. Die Selbsteinschätzung sollte keine Auswirkungen auf die Beurteilung durch die Lehrkräfte oder auf die Noten haben. Wenn Lernende wissen, dass sie schlechter beurteilt werden, weil sie offen zugeben, etwas nicht gut zu können, werden sie natürlich versuchen, sich im besten Licht darzustellen. Die Lernenden sollen aber verstehen, dass ihnen eine genaue Selbstevaluation hilft, besser weiterzulernen und damit erfolgreicher zu sein. Studien haben ergeben, dass Lernende aller Altersgruppen bei diesen Voraussetzungen in der Lage sind, ihre eigenen Leistungen realistisch einzuschätzen (z.B. Kolb 2007).

Integration der Selbstevaluation

Die Auswertung einer Selbstevaluation ist auch immer der Beginn eines neues Lernabschnitts: Aufbauend auf den Ergebnissen der Selbstevaluation entscheiden die Lernenden mit Ihnen als Lehrkraft, wie sie weiterlernen wollen. Was möchten sie wiederholen? Was möchten sie neu lernen? Was müssen sie üben? Neue Lernziele werden formuliert. Ihre Aufgabe ist es, die Lernenden in Einzel- oder Kleingruppengesprächen dabei zu unterstützen. So können Sie z.B. auch im Plenum Themen sammeln, deren Inhalte die Lernenden gern noch lernen möchten. Teilweise können Sie diese Lernziele und Inhalte dann zu Ihren Lehrzielen machen. Wenn nur einzelne Lernende diese Lernziele verfolgen oder diese nicht mit Ihren curricularen Vorgaben übereinstimmen, ist es auch möglich, den Lernenden Lern- und Übungsmöglichkeiten außerhalb des Unterrichts aufzuzeigen.
In Aufgabe 75 haben Sie eine Checkliste zur Selbstevaluation für Ihre Lernenden entwickelt. Im Rahmen der nächsten Aufgabe sollen Sie diese erproben.

Aufgabe 76

Erproben Sie Ihre Checkliste zur Selbstevaluation aus Aufgabe 75 oder eine ähnliche Checkliste in Ihrem Unterricht.

a) Dokumentieren Sie in der Tabelle Ihr Vorgehen, Ihre Beobachtungen und die Meinungen Ihrer Lernenden, die Sie nach der Selbstevaluation gehört haben.

Selbstevaluation in meinem Unterricht	
Angaben zu meiner Lerngruppe	
Lernziel der Unterrichtseinheit, in der ich die Checkliste eingesetzt habe	
So habe ich den Selbstevaluationsbogen eingesetzt	
Meine Beobachtungen während der Arbeit mit dem Selbstevaluationsbogen	
Reaktionen meiner Lernenden – zum Selbstevaluationsbogen – zur Arbeit mit dem Selbstevaluationsbogen	
Was ich beim nächsten Versuch eines Evaluationsbogens ändern werde	

b) Besprechen Sie den Selbstevaluationsbogen und das Ergebnis der Selbstevaluation mit Ihren Kolleginnen und Kollegen und vergleichen Sie: Welche übereinstimmenden Beobachtungen haben Sie gemacht? Wo unterscheiden sich Ihre Erfahrungen?

Zusammenfassend möchten wir nun noch einmal die wesentlichen Aspekte der Selbstevaluation festhalten. Selbstevaluationen sind im Sinne des autonomen Lernens wichtig, um bisher Gelerntes zu reflektieren, um den aktuellen Wissensstand zu überprüfen und um weitere Lernschritte erfolgreich zu planen. Dabei müssen die Lernenden von der Lehrkraft schrittweise an die Selbsteinschätzung herangeführt werden. Diese Anleitung beinhaltet, dass den Lernenden verständlich gemacht wird, welche Lernziele oder Inhalte sie reflektieren sollen und dass sie die Rolle der Checklisten und die einzelnen Kriterien der Leistungsbewertung verstehen. Idealerweise sollten die Lernenden in regelmäßigen Abständen die Gelegenheit zur Selbstevaluation bekommen.

3.5 Wie schafft man Raum für Individualität und Selbstständigkeit?

In den vorangegangenen Teilkapiteln haben Sie sich damit beschäftigt, warum es wichtig ist, Selbstständigkeit und Bewusstheit Ihrer Lernenden beim Lernen zu unterstützen, und was das für den Unterricht bedeutet. In diesem Teilkapitel möchten wir Ihnen nun zeigen, wie Sie die zuvor genannten Aspekte verbinden und in Ihren Unterricht integrieren können.

Ziel dieses Teilkapitels ist, dass Sie
- wissen, wie Sie den Deutschunterricht so gestalten können, dass er den individuellen Bedürfnissen und Voraussetzungen der Lernenden gerecht wird,
- eine lernförderliche Atmosphäre schaffen können,
- wissen, mit welchen Aufgaben und Unterrichtsformen Sie Elemente von reflektiertem, selbstständigem und strategiegestütztem Lernen in Ihren Unterricht integrieren können.

Wenn sich die Fähigkeit zur Reflexion, zu selbstständigem Lernen, zur Verwendung von effektiven Lernstrategien und zur Selbstevaluation entwickeln soll, sind an den Deutschunterricht einige Anforderungen gestellt. Lernende brauchen Freiräume für Individualität und für eigene Wege beim Lernen, um sich mit all ihren Vorkenntnissen, Emotionen, Vorlieben beim Lernen und ihren Stärken im Sprachenlernen wiederzufinden. Darüber hinaus benötigen sie im Sinne der Lernerorientierung die Möglichkeit, sich selbst in den Unterricht einzubringen und sprachlich zu handeln. Es muss ihnen deutlich werden, dass ihr Lernprozess erfolgreicher verläuft, wenn sie selbst Verantwortung für das Gelingen ihres Lernens übernehmen.

Wie Sie die Anforderungen bei der Planung und Gestaltung Ihres Unterrichts berücksichtigen können, behandeln wir in diesem Teilkapitel.

3.5.1 Innere Differenzierung

Eine Möglichkeit, wie Sie der Individualität der Lernenden gerecht werden können, ist eine Unterrichtsgestaltung, die auf die verschiedenen Lernbedürfnisse und Kenntnisse der Lernenden eingeht. Diese Bedürfnisse der Lernenden können sehr unterschiedlich sein.

Aufgabe 77 P

Beschreiben Sie ein oder zwei Situationen aus Ihrem Unterricht, in denen eine einzige Aufgabe, die von allen Lernenden gleich bearbeitet werden muss, nicht sinnvoll erscheint.

Binnendifferenzierung

Sie haben in Aufgabe 77 festgestellt, dass eine Aufgabenstellung nicht immer die individuellen Voraussetzungen Ihrer Lernenden berücksichtigt. Wenn man als Lehrkraft den Lernprozess für seine Lernenden jeweils unterschiedlich gestalten muss, nennt man dies Binnendifferenzierung oder innere Differenzierung. Man bietet also Lernaktivitäten und Arbeits- und Sozialformen an, aus denen Lernende auswählen können und die sie optimal fördern. Im Mittelpunkt steht somit „die selbstbestimmte Gestaltung der Inhalte und Formen des Lernens unter ständiger Reflexion der kognitiven und sozialen Prozesse" (Schwerdtfeger 2001, S. 105).
Eine Möglichkeit, auf die verschiedenen Voraussetzungen Ihrer Lernenden einzugehen, ist es, **unterschiedlich schwierige** Aufgaben und Übungen für sie bereitzuhalten (Differenzierung nach Schwierigkeitsgrad). Man kann sich aber noch andere Möglichkeiten vorstellen. Die Aufgaben könnten beispielsweise **unterschiedlich umfangreich** sein, sodass Lernende, die mehr Zeit benötigen, weniger umfangreiche Aufgaben erhalten müssen

als Lernende, die Aufgaben schneller erledigen (Differenzierung nach Lerntempo). Sie können auch die **verschiedenen Lerntypen** berücksichtigen, indem Sie die Lernenden auswählen lassen, ob sie z.B. lieber eine Videosequenz ansehen, einen Dialog anhören oder im Internet recherchieren möchten. Das setzt natürlich voraus, dass die Lernenden ihre Vorlieben beim Lernen kennen. Darüber hinaus ist es sinnvoll, die **Interessen** der Lernenden zu berücksichtigen, indem Sie sie z.B. aus einer Vielzahl von Themen solche aussuchen lassen, die sie besonders interessieren (siehe Motivation in Kapitel 2.4.2).

Die folgende Übersicht fasst die Möglichkeiten der Binnendifferenzierung zusammen:

Differenzierung nach	Aufgaben und Übungen
Schwierigkeitsgrad	sind für die verschiedenen Lernenden unterschiedlich schwierig.
Umfang / Arbeitsaufwand	werden von den Lernenden in unterschiedlichem Tempo erledigt.
Lerntyp	können unterschiedliche Zugänge zum Lernen ermöglichen.
den Interessen der Lernenden	werden unterschiedlichen Interessengebieten gerecht.

Aufgabe 78

Inwiefern arbeiten Sie in Ihrem Unterricht binnendifferenzierend?

a) Was würden Sie gern einmal ausprobieren?

	Das mache ich bereits.	Das würde ich gern ausprobieren.
1. Ich bringe Zusatzaufgaben für die schnelleren Lernenden mit.	☐	☐
2. Ich frage die Lernenden, welche Themen sie interessieren.	☐	☐
3. Ich lasse die Lernenden selbst Lernwege und Lernstrategien auswählen.	☐	☐
4. Ich gebe den schwächeren Lernenden zusätzliche Hilfestellungen.	☐	☐
5. Ich arbeite mit verschiedenen Medien, um möglichst alle Wahrnehmungskanäle anzusprechen.	☐	☐
6. Ich stelle einfachere und schwierigere Aufgaben zur Verfügung.	☐	☐
7. Ich lasse den langsameren Lernenden mehr Zeit.	☐	☐
8. Ich mache viel arbeitsteilige Projektarbeit in Gruppen, wo die Lernenden dann das einbringen, was sie besonders gut können.	☐	☐

b) Was tun Sie sonst noch? Ergänzen Sie.

Aufgabe 79

Tauschen Sie sich mit Ihren Kolleginnen und Kollegen aus: Welche Erfahrungen haben Sie mit Binnendifferenzierung gemacht?

Was war positiv?

Welche Probleme gab es?

Im nächsten Teilkapitel wollen wir genauer darauf eingehen, wie man eine Differenzierung nach den individuellen Vorlieben der Lernenden vornehmen kann und wie die Lernenden sich in den Unterricht als Individuen einbringen können. Auf diese Art und Weise kann man die Lernerorientierung im Unterricht stärken.

3.5.2 Persönliche Zugänge schaffen

Schon für den Anfangsunterricht gibt es Möglichkeiten, dass Lernende über sich selbst sprechen und sich selbst als Personen mit eigenen Meinungen und Einstellungen einbringen. Wenn sie aus ihrer Perspektive sprechen oder schreiben und beispielsweise ihren Mitschülerinnen und Mitschülern Dinge mitteilen, die diese vorher noch nicht wussten, wird die Kommunikation im Unterricht bedeutungsvoller. Nach dem Verständnis der konstruktivistischen Lerntheorien ist dieser persönliche Zugang eine zwingende Voraussetzung für den Lernerfolg. Dafür zwei Beispiele:

1. Wenn Lernende im Anfangsunterricht beim Thema Familie über einen Jungen sprechen, der Daniel heißt und einen Bruder hat, ist das für sie weniger bedeutungsvoll, als wenn die Kinder von ihren eigenen Geschwistern sprechen können. Deshalb werden die Lernenden in modernen Lehrwerken oft aufgefordert, **über sich selbst zu sprechen**. So werden die Inhalte für alle interessanter, motivierender und die Lernenden werden als Individuen sichtbar.

2. Wenn eine Lernerin beim Thema Heimat mitteilen möchte, wie sie durch einen Umzug in ihrer Kindheit ein neues Zuhause und neue Freunde gefunden hat, stellt sie einen direkten Bezug zu ihrer Lebenswelt her. Wenn ihr die Vokabeln dafür fehlen, wird sie vielleicht im Wörterbuch nachschlagen oder die Lehrkraft um Hilfe bitten müssen. Die Wahrscheinlichkeit, dass sie sich diese unbekannten Wörter merken kann, ist dabei vermutlich viel höher, als wenn sie über eine Person aus dem Lehrwerk gesprochen hätte.

Aufgabe 80

Sehen Sie sich die Lernaktivitäten aus einem Lehrwerk für Kinder oder aus einem für Erwachsene an. Beantworten Sie dann die Fragen.

Beispiel 1

deutsch.com 1, Arbeitsbuch, S. 47.

3 **Verrückte Farben**

Zeichne dein Gesicht mit „verrückten" Farben ins Heft.

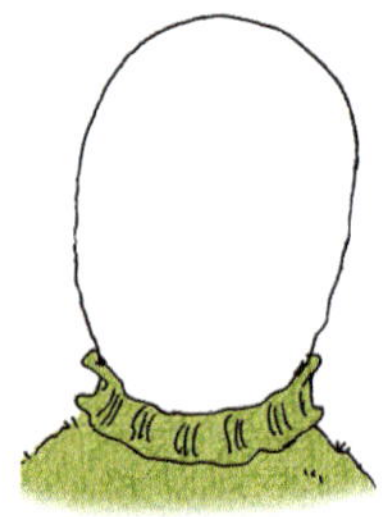

Meine Augen sind …
Meine Haare sind …

Frage deinen Partner:

- Wie sind **deine** Augen?
- Wie sind **deine** Haare?

AB Ü. 2

Der Grüne Max 1 Neu, Lehrbuch, S. 56 f.

1. Welche persönlichen Informationen können die Kinder hier einbringen?

___

2. Wie könnten Sie diese Lernaktivitäten in Ihrem Unterricht einsetzen?

___

Beispiel 2

B
Sabrina Graf, 32, arbeitet als Mode-Designerin. Sie ist ständig unterwegs, von Berlin nach London und Paris. Sie fühlt sich zu Hause, wenn sie ihren Laptop anschließen kann. Mit Heimatgefühlen kann sie nichts anfangen. Aber etwas aus ihrer Kindheit hat sie immer dabei.

A2
a) Lesen Sie. Notieren Sie wichtige Begriffe.
b) Suchen Sie Beispiele in A – D.

A3
Über Heimat sprechen
Was gehört für Sie zu Heimat?
→ Ü 3

Was ist Heimat? Niemand definiert den Begriff „Heimat" gleich. Viele Menschen denken an Natur und Landschaft oder an Sprachen, Klänge, Gerüche. Andere denken an jemand aus ihrer Kindheit, oder sie definieren Heimat mit Symbolen. Welche Definition ist richtig? Natürlich jede, denn es gibt viele Arten von Heimat.

78 | achtundsiebzig

Optimal A2, S. 78.

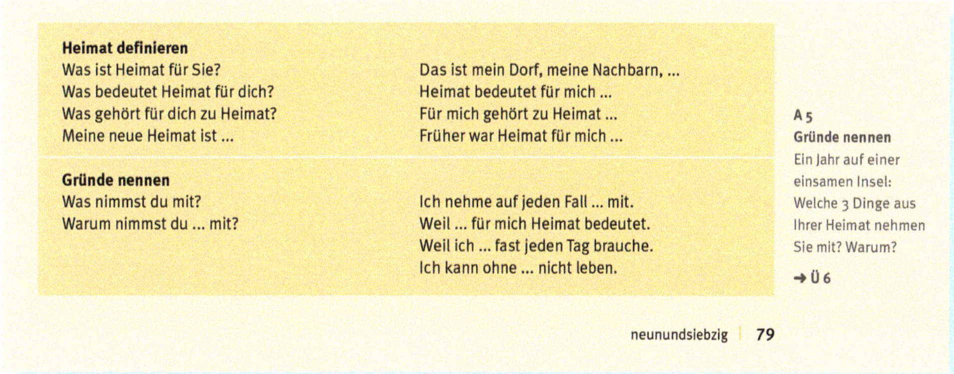

Heimat definieren	
Was ist Heimat für Sie?	Das ist mein Dorf, meine Nachbarn, ...
Was bedeutet Heimat für dich?	Heimat bedeutet für mich ...
Was gehört für dich zu Heimat?	Für mich gehört zu Heimat ...
Meine neue Heimat ist ...	Früher war Heimat für mich ...
Gründe nennen	
Was nimmst du mit?	Ich nehme auf jeden Fall ... mit.
Warum nimmst du ... mit?	Weil ... für mich Heimat bedeutet.
	Weil ich ... fast jeden Tag brauche.
	Ich kann ohne ... nicht leben.

A 5
Gründe nennen
Ein Jahr auf einer einsamen Insel: Welche 3 Dinge aus Ihrer Heimat nehmen Sie mit? Warum?
→ Ü 6

neunundsiebzig | 79

Optimal A2, S. 79.

1. Welche persönlichen Informationen können die Lernenden hier einbringen?

---

2. Wie könnten Sie diese Lernaktivitäten in Ihrem Unterricht einsetzen?

Auch auf Niveau A1 ist es schon möglich, dass Lernende sich persönlich in das Unterrichtsgespräch einbringen. Dies möchten wir Ihnen anhand eines Unterrichtsmitschnitts aus einer öffentlichen Schule in Indien zeigen. Hier sind die Informationen zu der gezeigten Unterrichtseinheit:

i

Ort, Jahr	Schule New Delhi, 2010
Zielgruppe	Schülerinnen und Schüler der Sekundarstufe 1, A1
Lehrkraft	Mohita Miglani
Lernziel	Informationen zur eigenen Person erfragen und geben können
Lernmaterial	Ball

Aufgabe 81

Sehen Sie die Sequenzen 1 und 2 von *Schule New Delhi.*

a) Wie können sich die Schülerinnen und Schüler im Rahmen der Lernaktivitäten als individuelle Personen einbringen?

Sequenz	Die Schülerinnen und Schüler können sich einbringen, indem sie ...
1	
2	

b) Wie könnte es in einem nächsten Schritt gelingen, dass die Lernenden noch mehr von ihrer Persönlichkeit einbringen?

____

Schwierigkeiten bei persönlichen Zugängen

Auch wenn das Austauschen von persönlichen Informationen im Deutschunterricht keine wirklichen Nachteile hat, sollten Sie als Lehrkraft doch einiges beachten. Sie sollten berücksichtigen, dass Ihre Lernenden vielleicht nicht daran gewöhnt sind, über Persönliches zu sprechen. Das kann sich darin zeigen, dass sie sich anfangs nicht gern äußern möchten. Wenn Sie beispielsweise im Plenum die Frage stellen, wovor Ihre Lernenden Angst haben, werden diese eventuell zögern zu antworten, aus Sorge, sich vor den Klassenkameraden bloßzustellen. Andererseits kann es auch sein, dass Lernende sich melden und zu frei und offen private Informationen preisgeben. Auch das kann zu unangenehmen Situationen führen. Als Lehrkraft sollten Sie also zum einen persönliche Zugänge ermöglichen, zum anderen aber bei der Themenauswahl darauf achten, dass sich die Lernenden so dazu äußern können, dass sie offen erzählen können und doch nicht zu viele persönliche Informationen preisgeben müssen. Besonders Jugendliche haben ein großes Bedürfnis nach Privatsphäre und wollen über viele Themen nicht sprechen. Sie sollten sich auch bewusst sein, dass das Empfinden dafür, was zu persönlich oder peinlich ist, sehr stark von der Kultur, dem Alter und der Reife der Lernenden abhängt.
Überlegen Sie nun bitte mithilfe der nächsten Aufgabe, welche Aktivitäten Sie bereits durchgeführt haben und geeignet finden, um die Lernenden persönlich einzubinden.

Aufgabe 82

Wie ermöglichen Sie Ihren Lernenden persönliche Zugänge im Unterricht?

a) Skizzieren Sie bitte eine Lernaktivität, mit der Sie Ihre Lernenden dazu motivieren konnten, sich persönlich einzubringen. Beschreiben Sie das Lernziel, die Lernaktivität und Ihre Erfahrungen.

Lernziel:

____

Lernaktivität:

____

Erfahrungen mit dieser Lernaktivität:

____

b) Diskutieren Sie Ihre Lernaktivitäten mit Ihren Kolleginnen und Kollegen.

Aufgabe 83

**Wie kann man Lernenden persönliche Zugänge zum Lernstoff ermöglichen?
Was möchten Sie sich merken? Ergänzen Sie die Sätze.**

Ich möchte mir merken, dass …

____

Ich finde (es) schwierig, …

____

3.5.3 Ein lernförderliches Arbeitsklima schaffen

In Kapitel 3.5.1 haben wir uns mit der Frage beschäftigt, wie man die Individualität der Lernenden durch Binnendifferenzierung berücksichtigt. In Kapitel 3.5.2 ging es darum, wie man den Lernenden persönliche Zugänge zum Lernstoff ermöglichen kann. Eine wichtige Voraussetzung für den Erfolg dieser Maßnahmen ist ein **lernförderliches Arbeitsklima**. Butzkamm beschreibt dieses als

> die Verbindung einer freundlichen Atmosphäre, die Sicherheit und Entspannung gewährt, mit einer effizienten Klassenführung, d.h. mit zügiger, ernsthafter Arbeit, die den Aktivitätsfluss aufrechterhält und Leerlauf und Langeweile vermeidet. Der Unterricht ist klar strukturiert, unterschiedliche Techniken wechseln sich ab und sind sinnvoll aufeinander bezogen, die Schüler halten die Regeln ein und sind mit vielen Arbeitsformen vertraut.
> (Butzkamm 2004, S. 273)

Ein lernförderliches Arbeitsklima ist nach Butzkamm nur durch ein Zusammenspiel vieler Faktoren zu erreichen. Sehr wichtig ist, dass die emotionalen Bedürfnisse nach einem guten Gruppenklima und nach Interaktion mit anderen befriedigt werden. Aus dem Interaktionismus wissen wir bereits, wie wichtig das Lernumfeld und die Interaktion mit anderen für den Erwerb von sprachlichen Kompetenzen sind. Auch das ist ein wichtiges Argument, weshalb man ein kooperatives und produktives Miteinander im Klassenzimmer fördern sollte.

In diesem Teilkapitel werden wir Ihnen einige praktische Vorschläge machen, wie man ein lernförderliches Arbeitsklima schaffen kann. Diese Vorschläge sind lediglich eine Auswahl aus einer Reihe möglicher Aktivitäten und sollen Anregungen für Sie sein, auch eigene Ideen zu entwickeln und auszuprobieren. Letztendlich müssen Sie als Lehrende sich bei der Umsetzung der Ideen wohlfühlen und Wege finden, die zu Ihnen passen.

Doch bevor wir einige Beispiele für die Unterrichtspraxis darstellen, wollen wir Sie zum Nachdenken darüber einladen, woran man überhaupt ein lernförderliches Arbeitsklima erkennen kann.

Aufgabe 84

Welches sind für Sie Merkmale eines lernförderlichen Arbeitsklimas? Kreuzen Sie an. Vergleichen Sie danach Ihre Meinung mit unseren Vorschlägen im Lösungsschlüssel.

1. Die Lehrkraft lobt die Lernenden, wenn sie etwas gut gemacht haben.	☐
2. Die Lehrkraft und ihre Lernenden gehen respektvoll miteinander um.	☐
3. Es gibt Rituale und Routinen, die dafür sorgen, dass die Lernenden im Unterricht orientiert sind, d.h., dass sie wissen, was gerade passiert und warum.	☐
4. Die Lehrkraft hilft den Lernenden immer gleich, wenn sie Schwierigkeiten haben.	☐
5. Die Lernenden bekommen eine Rückmeldung, wenn sie einen Fehler machen.	☐
6. Die Lernenden nennen die Lehrkraft beim Vornamen.	☐
7. Die Lehrkraft fördert das Gruppengefühl Ihrer Lernenden.	☐
8. Die Lernenden kennen die Leistungserwartungen und Ziele der Lehrkraft.	☐

Nachdem Sie nun einige Merkmale eines lernförderlichen Arbeitsklimas kennengelernt haben, erläutern wir drei zentrale Aspekte, die ein gutes Arbeitsklima maßgeblich beeinflussen, nämlich die **soziale Dynamik** oder **Gruppendynamik** in Lerngruppen, das **Verhältnis zwischen Lehrkraft und Lernenden** und die Art und Weise, wie mit **Fehlern umgegangen wird**. Die praktischen Folgerungen für den Unterrichtsalltag müssen Sie dahingehend überprüfen, inwieweit Sie die Vorgehensweisen anpassen oder alternative Vorgehensweisen entwickeln müssen, die sich für Ihre spezifischen Lerngruppen besser eignen.

Bedeutung der Gruppendynamik

Zu einem lernförderlichen Arbeitsklima gehört unter anderem eine gute Gruppendynamik. Beim Deutschlernen sollen ja neben den sprachlichen Kenntnissen kommunikative Fähigkeiten vermittelt werden. Die Gemeinschaft, in der man lernt und das Kommunizieren übt, spielt also eine wichtige Rolle für den Lernprozess. Die Dynamik entsteht durch das Verhältnis der Lernenden untereinander und durch das Verhältnis zwischen Lehrkraft und Lerngruppe.
Zuerst beschäftigen wir uns hier mit dem Verhalten der Lernenden untereinander.

Als Lehrkraft sollten Sie das soziale Verhalten in der Gruppe und die gruppendynamischen Prozesse genau beobachten und auf Rollenverteilungen und Konstellationen von Cliquen innerhalb Ihrer Lerngruppe achten.

Es kann passieren, dass die Zusammensetzung der Lerngruppe ein lernförderliches Arbeitsklima unmöglich macht, z.B. weil es besonders starke Anführer oder auch Klassenclowns gibt, die ihre Rolle über einen längeren Zeitraum wahrnehmen. Vor allem Kinder und Jugendliche orientieren sich sehr stark an ihren Alterskameraden und die Angst, ausgegrenzt zu werden, kann zu einer verstärkten Anpassung an einzelne Mitglieder der Gruppe bzw. zu einem sogenannten Gruppenzwang führen.
Die Zeichnungen in der nächsten Aufgabe stellen verschiedene Rollen dar, die Gruppenmitglieder übernehmen können. Sie sind hier vereinfacht dargestellt, sie helfen aber bei der Reflexion über gruppendynamische Prozesse.

Aufgabe 85 **Welche Rollen nehmen Lernende in Gruppen ein?**

a) Ordnen Sie die Rollen den Bildern zu.

Rolle	Bildnummer
Mitläufer	
Anführer	
Klassenclown	
Außenseiter	

Andere Rollen in Gruppen: ______

b) Rufen Sie sich Ihre eigene Lerngruppe ins Gedächtnis: Welche verschiedenen Rollen gibt es dort? Ergänzen Sie, wenn Sie wollen, eigene Zeichnungen.

______

das Gruppengefühl fördern

Sie konnten sicher verschiedene Rollen in Ihrer Klasse / Ihrem Kurs identifizieren. Diese Rollen zu kennen ist wichtig, um Konflikte lösen zu helfen und Gruppeneffekte positiv zu nutzen. Für Sie als Lehrkraft kann es sehr wichtig sein, die starken Persönlichkeiten in Ihrer Klasse / Ihrem Kurs, d.h. die Anführer, auf Ihrer Seite zu haben oder, falls nötig, deren Einfluss auf andere zu begrenzen. Unfreiwillige Außenseiter dagegen gilt es geschickt in die Lerngruppe zu integrieren, denn für ein lernförderliches Arbeitsklima ist ein starkes Gruppengefühl eine wichtige Voraussetzung. Wenn es Streitigkeiten und Konflikte zwischen den Lernenden gibt, kann sich das sehr negativ auf das Lernverhalten der Gesamtgruppe auswirken. Die Lernenden sollten deswegen möglichst ein Wir-Gefühl entwickeln und sich als Mitglieder einer größeren Einheit begreifen. Dadurch wird Rivalität abgebaut und das kooperative sowie das soziale Lernen werden gefördert. Der Aufbau eines Gruppengefühls geschieht aber nicht automatisch, sondern setzt voraus, dass sich die Lernenden gut kennen.

Die folgende Aufgabe soll Ihnen als Anregung dienen, wie Sie zu Beginn eines Sprachkurses oder eines Schuljahres das gegenseitige Kennenlernen fördern können.

Aufgabe 86 **Sehen Sie sich das folgende Lehrwerkbeispiel an und notieren Sie in Stichpunkten.**

a) Was ist das Ziel der Partnerinterviews?

______

b) Finden Sie Partnerinterviews für das gegenseitige Kennenlernen sinnvoll? Warum? Warum nicht?

---

c) Wie würden Sie die Aktivitäten a, b und c verändern, um sie in Ihrem eigenen Unterricht durchzuführen?

---

d) Diskutieren Sie Ihre Ergebnisse mit Ihren Kolleginnen und Kollegen.

7 Zusammen Deutsch lernen – Klassenatmosphäre

Das Wichtigste in einer Schulklasse ist die gute Atmosphäre, die gute Stimmung. Dazu müssen sich die Schüler und Schülerinnen gut kennen. Nicht nur die Namen sind wichtig, sondern auch die Interessen, Probleme usw.

a Partnerinterviews – Hört und lest, wie Nora ihre Nachbarin Monika vorstellt.

Also: Sie heißt Monika, ist 15 Jahre alt und wohnt in Kassel. Sie hat viele Hobbys: Sie spielt zum Beispiel Klavier, sie schwimmt gerne, am liebsten im Meer, und sie kocht gerne italienisch, meistens vegetarisch. Ihre Lieblingsmusik ist Klassik (Haydn, Mozart und Beethoven). Sie hat noch keinen festen Freund, aber viele gute Freundinnen. Sie treffen sich immer am Wochenende. Ihr Lieblingsfach ist Kunst und sie möchte später einmal Grafikerin in einer Werbeagentur werden.

b Auf welche Fragen hat Monika geantwortet? Formuliert die Fragen.

Was machst du ...? Treibst du ...? Welche Hobbys ...? Spielst du ...? ...

c Macht nun selbst Interviews und stellt euch gegenseitig vor.

geni@l Zertifikatsniveau, Kursbuch B1, S. 9.

Wie aber schafft man im Unterricht ein Gefühl der Zusammengehörigkeit, das wiederum Teil einer lernförderlichen Arbeitsatmosphäre ist? Hier sind einige Tipps für die Arbeit mit allen Altersgruppen (nach Butzkamm 2003, S. 283):

- Den Unterricht mit einem Morgenkreis beginnen: zusammenkommen und sich gegenseitig berichten, wie man das Wochenende verbracht hat, wie man sich fühlt, welche Aktivitäten für die Woche / den Tag geplant sind.
- Gemeinsam singen, spielen oder auch tanzen sorgt für Bewegung, Abwechslung und Miteinander.
- Projektorientiertes Lernen bewirkt, dass die Lernenden gemeinsam an einem Produkt arbeiten, das sie planen, durchführen und vorstellen. Dies verbindet die Beteiligten.
- Im Rahmen von Spielen oder auch beim Lösen von Aufgaben in Wettstreit zueinander treten. Dies stärkt das Zusammengehörigkeitsgefühl in den kleinen Gruppen.
- Gemeinsam Regeln für den Umgang miteinander oder für das Lernen im Unterricht aufstellen und diese auch schriftlich festhalten. Solche Regeln geben den Gruppenmitgliedern Sicherheit.
- Regelmäßig die Sitzordnung wechseln, wobei sich die Sitznachbarn auf unterschiedliche Art und Weise zusammenfinden (z.B. Paare bilden: nach Geburtstagen im Jahr oder nach der alphabetischen Reihenfolge der Hobbys oder die Partner auslosen, einen Mitschüler als Gast einladen usw.). Auf diese Weise kommen Zufallspaare zustande und man lernt sich kennen.

Gemeinsame Aktivitäten in wechselnd zusammengesetzten Gruppen eignen sich sehr gut, um ein starkes Gruppengefühl zu erzeugen und gleichzeitig die fremde Sprache zu trainieren. Dies gilt insbesondere auch für Kinder.

Aufgabe 87

Wie fördern Sie ein starkes Gruppengefühl? Nennen Sie Beispiele aus Ihrer Unterrichtspraxis. Tauschen Sie sich dazu mit Ihren Kolleginnen und Kollegen aus.

Beispiel:
spielerisch Gruppen bilden – zusammenarbeiten – Austausch in Wirbelgruppen

Ich lasse von den Schülerinnen und Schülern Gruppen nach Farben bilden. Dazu bringe ich eine gleiche Anzahl von roten, grünen, weißen und gelben Gummibärchen o.Ä. mit. Jede/r erhält ein Gummibärchen und findet sich in einer Expertengruppe mit anderen zusammen, die ein Gummibärchen in derselben Farbe bekommen haben. Jede Expertengruppe erarbeitet anhand von Informationsmaterialien ein bestimmtes Themengebiet und bereitet Kurzvorträge, Bilder oder Poster vor. Im Anschluss finden sich die Schülerinnen und Schüler zu neuen Gruppen zusammen, in der jeweils Experten aus dem roten, grünen, weißen und gelben Team sitzen. Jeder Experte erläutert den anderen sein Spezialthema und beantwortet Fragen dazu.

1. ____________________

2. ____________________

3. ____________________

Verhältnis zwischen Lehrkraft und Lernenden

Es ist aber nicht nur der Umgang der Lernenden untereinander, der das lernförderliche Arbeitsklima entscheidend beeinflusst. Auch das Verhältnis zwischen Lehrkraft und Lernenden spielt eine wichtige Rolle.

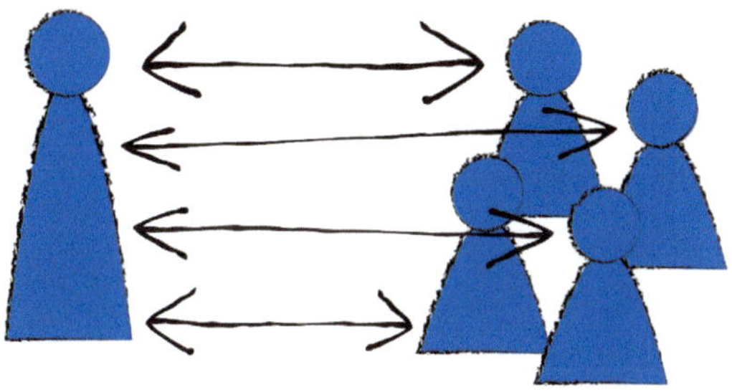

Respekt und Vertrauen

Die Lehrkraft sollte bemüht sein, das Vertrauen der Lernenden zu gewinnen, indem sie ihnen **(Selbst-)Sicherheit** vermittelt. Denn wir erforschen unsere Umwelt am liebsten aus einem sicheren Hafen heraus (Apeltauer 1997, S. 106). Wenn eine Lehrkraft zum Beispiel spürt, dass eine ihrer Lernerinnen im Unterricht Angst hat, sollte sie ihre Gefühle ernst nehmen und sie beim Lernen ermutigen. Außerdem sollte die Lehrkraft darauf achten, dass die Mitschülerinnen und Mitschüler Lernende nicht auslachen, wenn diese Fehler machen. Auf diese Weise können Lernende ihre Angst verlieren und vielleicht aktiver im Unterricht mitarbeiten. Es ist also auch die Aufgabe der Lehrkraft, für eine entspannte, angstfreie Atmosphäre zu sorgen, die gleichzeitig Impulse und Herausforderungen bietet und die Bereitschaft zum Mitmachen erhöht.

Eine wichtige Voraussetzung zur Erreichung dieses Ziels ist zum einen, dass Sie als Lehrkraft selbst Freude am Unterrichten empfinden und Ihren Lernenden offen, freundlich und respektvoll entgegentreten. Zum anderen ist es wichtig, dass Sie als Lehrkraft Interesse an der Entwicklung und an der Person Ihrer Lernenden signalisieren. Ihre Lernenden erkennen dies daran, dass Sie sie ernst nehmen und respektvoll mit ihnen umgehen.

Die innere Haltung einer Person wird oft durch die **Körpersprache** ausgedrückt. Das Auftreten einer Lehrkraft wird von den Lernenden in der Regel genau registriert. Schüler und Schülerinnen bilden sich schnell Urteile und Meinungen, sodass mitunter innerhalb von wenigen Minuten Erwartungen an die Lehrkraft und an den Unterricht aufgebaut werden.

Aufgabe 88

Beschreiben Sie die Lehrerin auf den vier Bildern. Welche auf den Bildern erscheint Ihnen respektvoll und freundlich? Wie drückt sich das durch die Körperhaltung aus? Im Lösungsschlüssel finden Sie Hinweise zu unserer Einschätzung.

Bild 1

Bild 2

Bild 3

Bild 4

Natürlich zeigt sich ein respektvoller Umgang miteinander nicht nur in der Körpersprache der Lehrkraft. Der Unterricht soll sowohl die kognitiven als auch die emotionalen und sozialen Kompetenzen der Lernenden fördern. Das setzt voraus, dass die Lehrkraft selbst Vorbild ist. Sie muss in ihren Entscheidungen gerecht sein. Das gilt für die Vergabe der Noten, aber auch für Belohnungen und Bestrafungen im Unterricht. Nur wer sich fair gegenüber seinen Lernenden verhält, kann erwarten, dass sie der Lehrerin oder dem Lehrer als Person und Vertreter des Unterrichtsfaches Achtung und Respekt entgegenbringen.

Umgang mit Fehlern

Auch ein konstruktiver Umgang mit Fehlern leistet einen wichtigen Beitrag zu einer lernförderlichen Arbeitsatmosphäre. Fehler sollen nicht negativ als Fehlleistung betrachtet werden, sondern es soll ihr Potenzial zum Weiterlernen wahrgenommen werden (siehe Kapitel 2.3). Dementsprechend sollte auch die Fehlerkorrektur den Lernenden nicht signalisieren, dass sie versagt haben. Vielmehr gilt es, ihnen eine **konstruktive Rückmeldung** zu geben. Das heißt, die Lernenden sollen verstehen, worin der Fehler liegt und wie sie sich verbessern können. Durch ein individuelles und konstruktives Feedback sollen sie so in ihrem Fremdsprachenlernen ermutigt werden und ihre eigenen Fortschritte und Verbesserungsmöglichkeiten erkennen können. Als Lehrkraft sollten Sie also ganz bewusst positiv hervorheben, wenn den Lernenden etwas gut geglückt ist (Positivkorrektur). Dadurch kann die Angst vor Fehlern abgebaut und letztlich die Kommunikationsbereitschaft der Lernenden erhöht werden.

Aufgabe 89 **Lesen Sie diesen Brief eines Lerners, die Korrekturen der Lehrerin und unten die Rückmeldung der Lehrerin.**

Betreff: Datum der Prüfung ändern

> **Kommentar [1]:** besser: Prüfungstermin – Das Datum der Prüfung wird ja noch gleich sein, nur für dich soll es einen anderen Termin geben.

Sehr geehrter Herr Müller,

Ich besuche ihr Seminar und habe ich meine mündliche Prüfung am (Präp. in der nächsten Woche) nächste Woche, aber ich kann nicht diese (Akk. m.) Termin wahrnehmen (+), weil ich nach Mexiko fliegen muss, so ich möchte ihnen (Akk.) fragen ob ich kann (WS) meine mündliche Prüfung früher machen? Und wenn es möglich ist (Konj. II), wann kann ich die Prüfung machen? Ich freue mich auf Ihre Antwort (+)

> **Kommentar [2]:** Formelle Anreden werden im Brief großgeschrieben (Ihr, Ihnen, Sie usw.)

> **Kommentar [3]:** Gut wäre es, hier noch einen Grund anzugeben: z.B. aus familiären/beruflichen/privaten Gründen usw.

Vielen Dank im voraus (R) für ihre (R) Zeit

Mit freundlichen Grüßen,

Rückmeldung der Lehrerin

Hallo Joey,
dein Brief an den Dozenten ist recht flüssig und du benutzt angemessene formelle Anreden für die Begrüßung und den Schluss. Vielleicht möchtest du dir auf unserer Moodle-Plattform noch weitere Redemittel ansehen, um deinen Ausdruck zu verbessern?
Achte ein bisschen mehr darauf, den Konjunktiv II zu verwenden, wenn du dich höflich ausdrücken möchtest. Außerdem gibt es einige kleine Rechtschreibfehler, die du vermeiden könntest. Ein (+) bedeutet immer, dass die Struktur oder der Ausdruck gelungen ist.
Viele Grüße
...

Aufgabe 90 **Analysieren Sie den korrigierten Brief. Welche Merkmale einer Positivkorrektur finden Sie dort? Kreuzen Sie an.**

Merkmale einer Positivkorrektur	
1. Die Lehrkraft hebt gute inhaltliche oder sprachliche Leistungen hervor, z.B. durch Symbole (+) oder Icons. ☺	☐
2. Es gibt konkrete Hinweise zur weiteren Verbesserung des Textes.	☐
3. Die Lehrkraft unterstreicht Fehler nur.	☐
4. Die Lehrkraft verweist auf Regeln, die die Lernenden schon kennen.	☐
5. Die Lehrkraft kritisiert die Lernenden nicht.	☐
6. Im Kommentar spricht die Lehrkraft die Lernenden direkt an.	☐
7. Die Lehrkraft sagt den Lernenden, was sie gut können und was sie noch verbessern müssen.	☐

Aufgabe 91 **Probieren Sie selbst eine Positivkorrektur zu schriftlichen Arbeiten Ihrer Lernenden aus.**

a) Machen Sie im Anschluss mit Ihren Lernenden eine Blitzlicht-Runde zu Ihrer Positivkorrektur, d.h., jede/r Lernende darf in einem Satz sagen, wie sie/er persönlich die Positivkorrektur erlebt hat.

b) Wie finden Sie persönlich dieses Verfahren?
Tauschen Sie sich mit Ihren Kolleginnen und Kollegen über Ihre Erfahrungen mit der Positivkorrektur aus.

Vielleicht sind Sie nun neugierig, wie Ihre Kolleginnen und Kollegen ein lernförderliches Arbeitsklima schaffen. Aus diesem Grund haben wir für Sie einen Unterrichtsmitschnitt aus dem Goethe-Institut Berlin ausgewählt.
Hier finden Sie zunächst einige Hintergrundinformationen zum Unterrichtsmitschnitt:

i

Ort, Jahr	Goethe-Institut Berlin, 2008
Zielgruppe	16 erwachsene Teilnehmerinnen und Teilnehmer, A1
Lehrkraft	Martina Schäfer
Lernziel	Die Teilnehmenden können über Reisen bzw. Reiseziele sprechen.
Lehr-/Lernaktivitäten	Kettenübung: „Wohin möchten Sie gern fahren? – Und Sie?" zum Abschluss der Unterrichtseinheit
Lernmaterial	*studio d* A1, Lektion 9

Aufgabe 92

Sehen Sie die Sequenz 14 von *Goethe-Institut Berlin* und notieren Sie Ihre Beobachtungen in der Tabelle. Ergänzen Sie, welche weiteren Maßnahmen der Lehrkraft Sie entdecken.

Die Lehrkraft schafft ein positives Arbeitsklima durch ...	Ihre Beobachtungen/Bewertungen
ihren Umgang mit den Kursteilnehmenden.	– – –
die Art und Weise, wie sie die Kursteilnehmenden in der Gruppe anspricht.	– – –
die Art und Weise, wie sie mit Fehlern umgeht.	– – –
...	– – –

Ein Merkzettel, den Sie für sich selbst schreiben, kann hilfreich sein, wenn Sie die Anregungen, die Sie in dieser Einheit erhalten haben, in Ihrem Unterricht umsetzen möchten. So können Sie immer wieder nachsehen, welche Ideen und Aktivitäten Sie noch ausprobieren wollen.

Aufgabe 93

Schreiben Sie einen Merkzettel für sich selbst, auf dem Sie folgende Punkte festhalten:

Das nehme ich aus dem Kapitel „Ein lernförderliches Arbeitsklima schaffen" für meine Unterrichtspraxis mit:

Diese Anregungen werde ich umsetzen:

So kann die Umsetzung gelingen und diese Vorbereitungen muss ich dafür treffen:

Literatur zum Weiterlesen

In der Einheit *Lehrkompetenz und Unterrichtsgestaltung* Ihres Fortbildungsprogramms finden Sie ebenfalls ein Kapitel zum Lernklima. Wenn Sie an weiteren praktischen Beispielen und Unterrichtsmitschnitten sehen möchten, wie Verhalten und Einstellungen von Lehrkräften, aber auch die Organisation von Unterricht eine lernförderliche Atmosphäre bewirken können, lesen Sie dort Kapitel 2.3.4.

Ein lernförderliches Klima im Klassenzimmer ist eine zwingende Voraussetzung, damit die Lernenden sich entfalten können. Dies trägt dazu bei, dass die Lernenden offen und ehrlich über ihr Sprachenlernen reflektieren und Neues ausprobieren.

3.5.4 Arbeitsformen und Instrumente für selbstständiges Lernen

In diesem Teilkapitel möchten wir Ihnen Arbeitsformen und Instrumente vorstellen, mit denen Sie Ihre Lernenden dabei unterstützen können, das Lernen zu lernen. Es handelt sich dabei nicht um eine vollständige Übersicht, sondern um ausgewählte Anregungen. Einige davon haben Sie schon im Laufe des Kapitels kennengelernt, z.B. im Zusammenhang mit dem Training von Lernstrategien. Nun stellen wir Ihnen noch folgende Arbeitsformen und Instrumente vor:

- Stationenlernen
- Wochenplanarbeit
- Lerntagebuch
- Portfolio

Stationenlernen

Zu Beginn möchten wir Sie wieder einladen, eine Lerngruppe beim Stationenlernen zu beobachten. Das Stationenlernen dient hier der Festigung des Wortschatzes zum Thema Kleidung, der in der vorherigen Stunde eingeführt worden war. Hier sind zunächst einige Informationen zum Kurs:

i

Ort, Jahr	Goethe-Institut Madrid, 2011
Zielgruppe	erwachsene Lernerinnen und Lerner, A2
Lehrkraft	Katja Wirth
Lernziel	Die Lernenden kennen den Wortschatz zum Thema Kleidung.
Lehr-/Lernaktivitäten	pro Station eine Lernaktivität, durch die der Wortschatz zum Thema Kleidung wiederholt und gefestigt wird
Lernmaterial	*Optimal* A 2, Lektion 2

Aufgabe 94

Sehen Sie die Sequenzen 2, 4 und 6 von *Goethe-Institut Madrid*.
Notieren Sie, was Ihnen auffällt. Im Schüttelkasten finden Sie einige Aspekte, auf die Sie achten können.

Lernaktivitäten – Lernmaterialien – Medien / Hilfsmittel – Sozialformen – Unterrichtssprache – Rolle der Lehrkraft – Arbeitsatmosphäre

Ihre Beobachtungen:

In dem vorgestellten Unterricht werden Stationen im Klassenraum aufgebaut, an denen die Lernenden verschiedene Aufgaben bearbeiten. Die Lernenden haben also je nach Gestaltung der Stationen gewisse Freiheiten. Die Stationen können allein oder in Teams, in einer beliebigen oder in einer festgelegten Reihenfolge besucht und bearbeitet werden. Die Lernenden erhalten einen Laufzettel, auf dem sie abhaken, welche Stationen sie bearbeitet haben.

Das Stationenlernen ermöglicht eine **Individualisierung** des Lernens und gibt den Lernenden die Möglichkeit, die angebotenen Lernaktivitäten völlig selbstständig zu bearbeiten. Für die Lehrkraft ist das Stationenlernen mit einigen Vorbereitungen verbunden. In der Unterrichtsstunde selbst nimmt sie eher eine moderierende und unterstützende Rolle ein und hat Zeit, sich um einzelne Lernende und deren individuelle Fragen zu kümmern.

Stationenlernen einführen

Lernende, die schon Erfahrung mit dem **Stationenlernen** haben, können längere Zeit in dieser Form arbeiten. Bei unerfahrenen Lernenden und bei Kindern bietet es sich an, die Phase kurz zu halten und sie zunächst auf 30 oder maximal 45 Minuten zu beschränken. Für den Anfang empfiehlt es sich, wenige Stationen mit kleinen und überschaubaren Übungseinheiten aufzubauen, denn die Lernenden müssen sich zunächst an diese Arbeitsweise gewöhnen. Abschließend können die Lernenden ihre Ergebnisse mit einem Lösungsschlüssel selbstständig korrigieren oder die Ergebnisse der Arbeit werden präsentiert oder zusammen besprochen. Letzteres motiviert die Lernenden stärker dazu, die Zeit an den Stationen effektiv zu nutzen.

Literatur zum Weiterlesen

Wenn Sie mehr über das Stationenlernen erfahren und Ideen zur Durchführung kennenlernen möchten, empfehlen wir Ihnen die Zeitschrift *Fremdsprache Deutsch* 35, die ganz dem Thema Stationenlernen gewidmet ist.

Wochenplanarbeit

Ähnlich wie das Stationenlernen ermöglicht auch die **Wochenplanarbeit** mehr Freiräume und Selbstständigkeit für die Lernenden. Hier geht es besonders um die **freie Zeiteinteilung**. Die Lernenden bekommen bei der Wochenplanarbeit nicht nur eine Aufgabe, sondern mehrere Arbeitsaufträge, die sie im Laufe einer Woche (es kann auch ein Monat sein) erledigen müssen. Sie können dafür bestimmte Zeiten zur Verfügung stellen (z.B. montags in der dritten und freitags in der ersten Stunde) oder Sie lassen Ihre Lernenden in jeder Stunde zehn Minuten für die Wochenplanarbeit nutzen. Dabei müssen die Lernenden sich die Zeit selbst einteilen und Verantwortung dafür übernehmen, dass die Aufgaben rechtzeitig erledigt werden.

Zu beachten ist, dass Sie Aufgaben und Übungen auswählen müssen, die in der angegebenen Zeit gut zu bewältigen sind, und dass es Aufgaben sind, die die Lernenden allein lösen können. Wie der Name schon sagt, bietet es sich an, zur Übersicht einen Wochenplan zu erstellen, in dem die Lernenden Aufgaben abhaken können, die sie erfüllt haben. Auch Sie als Lehrkraft können die Kontrolle der Ergebnisse dokumentieren.

Wochenplan **Datum:** 13.–17.5.20..			
	Aufgabe	erledigt	von Lehrerin/Lehrer gesehen
Montag	Brief an Tandempartner fertigstellen	✔	✔
Dienstag			
Mittwoch	im Buch S. 17, Aufgabe 4		
Donnerstag			
Freitag			

Lerntagebuch

In Lerntagebüchern nehmen die Lernenden regelmäßig Einträge zum eigenen Lernen vor, um sich Lerninhalte, Lernergebnisse und Lernstrategien bewusst zu machen. Sie gibt es in Form von Büchern, Lose-Blattsammlungen und als digitale Lerntagebücher. Lerntagebücher können sich allgemein auf das Deutschlernen beziehen oder aber bestimmte Themen haben (Lernstrategietagebuch, Lesetagebuch). Die Tagebücher können **monologisch** (nur von den Lernenden) oder **dialogisch** (z.B. im Dialog zwischen Lernenden und Lehrkraft) geschrieben werden und die Einträge können **frei formuliert** oder durch **Leitfragen** angeregt werden. Gerade am Anfang ist es natürlich sinnvoll, die Lernenden durch Leitfragen zur Reflexion und zum Schreiben des Lerntagebuchs zu animieren. Die Lernenden können die Seiten der Lerntagebücher leicht selbst gestalten.
Ein Arbeitsblatt aus einem Lerntagebuch könnte beispielsweise so aussehen:

Lerntagebuch

Datum des Eintrags:

___

Lernziel der Unterrichtseinheit:

___

Das habe ich mir gemerkt:

___

Diese Frage/n habe ich noch:

___

Das hat mir in der Unterrichtseinheit gut gefallen:

___

Das hat mir nicht so gut gefallen:

___

Ein Vorteil einer solchen vorgegebenen Fragestruktur ist sicherlich, dass das Schreiben des Lerntagebuchs dadurch nicht zu viel Zeit in Anspruch nimmt und die Lernenden ihren Lernprozess später gut zurückverfolgen können, z.B. vor einer Prüfung, wenn sie einmal einen Überblick über ihre Eintragungen aus der vergangen Zeit benötigen.

Tagebücher sind normalerweise private Texte. Ähnlich sollten Sie es auch mit Lerntagebüchern halten: In erster Linie sind diese für die Lernenden selbst. Wenn Sie denken, dass die Lernenden die Tagebücher aus diesem Grund nicht schreiben, können Sie mit ihnen besprechen, ob und wann Sie sie einsehen. Auf jeden Fall sollte schon am Anfang eindeutig geklärt werden, wann dies geschehen soll.

Lerntagebücher sollten nicht benotet werden. Wer würde schon ehrlich zugeben, dass er etwas nicht kann, wenn er Angst hat, dafür eine schlechte Note zu bekommen?

Fortgeschrittene Lernende schreiben möglichst auf Deutsch in ihr Lerntagebuch, dürfen aber auf die Erstsprache zurückgreifen, wenn sie sehr unsicher sind. Die Sprache ist im Lerntagebuch nicht so wichtig, trotzdem ist dieses eine gute Gelegenheit für die Lernenden, mehr auf Deutsch zu schreiben. Anfänger schreiben natürlich in ihrer Erstsprache. Wenn Sie als Lehrkraft die Erstsprache Ihrer Lernenden nicht beherrschen, müssen Sie darauf verzichten, die Lerntagebücher zu lesen.

Wie geht man mit Fehlern in Lerntagebüchern um? Da es in Lerntagebüchern nicht um die Sprache, sondern um das Nachdenken über den eigenen Lernprozess geht, stehen die Fehler nicht im Mittelpunkt. Daher dürfen Lerntagebücher keine negativen Konsequenzen für die Lernenden in Form von schlechten Noten haben. Sie können aber vorher mit Ihren Lernenden klären, ob Sie Fehler anstreichen sollen, sodass die Lernenden wissen, dass sie hier noch Nachholbedarf haben. Auf jeden Fall sollten Sie bei einer Fehlerkorrektur eine Positivkorrektur wählen.
Es ist sinnvoll, bestimmte Zeiten für die Arbeit am Lerntagebuch zu reservieren, beispielsweise die letzten fünf Minuten jeder Unterrichtsstunde, einmal wöchentlich 15 Minuten oder gar eine ganze Unterrichtsstunde am Ende einer Unterrichtsreihe, z.B. nach vier Wochen zu einem Thema. Je mehr Rituale es gibt, umso weniger Zeit brauchen Sie für Erklärungen. So kann nicht nur die Zeit dafür vorher festgelegt werden, sondern es können auch immer wieder dieselben Fragen (Was war mir wichtig? Was habe ich verstanden? Was fällt mir noch schwer?) beantwortet werden.

Portfolio

Ähnlich wie das Lerntagebuch unterstützt auch das Portfolio das Nachdenken über das Lernen und fördert die Selbstständigkeit der Lernenden (zum *Europäischen Sprachenportfolio* siehe Kapitel 3.3.2). Während im Lerntagebuch die Einträge chronologisch erfolgen, kann diese Struktur im Portfolio aufgebrochen werden, die Lernenden können hier ihre Materialien also z.B. auch thematisch ordnen. Die **Arbeitsproben** sind die Besonderheit des Portfolios. Wenn Lernende angeben, dass sie Zeitungstexte auf Deutsch lesen können und ihre dabei verwendeten Strategien reflektieren, sollten sie einen Zeitungstext beilegen, den sie auf Deutsch gelesen haben.

Im Deutschunterricht können Portfolios für bestimmte Zwecke angelegt werden (Schreibportfolios, Audioportfolios, Projektportfolios usw.) oder aber begleitend über ein Schuljahr geführt werden. Ob Lernende gern mit engen Vorgaben, z.B. mit Checklisten, arbeiten oder nicht, hängt vom Alter, der Lern- und Reflexionserfahrung der Lernenden sowie von der Zielsetzung der Portfolioarbeit ab. Wichtig ist, dass verwendete Vordrucke, z.B. aus dem *Europäischen Sprachenportfolio*, gut zu Ihrem Unterricht passen. Wenn das nicht der Fall ist, müssen Sie sie gegebenenfalls verändern. Bei der Portfolioarbeit ist es Aufgabe der Lehrkraft, den Lernenden unterstützend und beratend zur Seite zu stehen.

Herausforderungen

Die Arbeitsformen und Instrumente, die wir Ihnen vorgestellt haben, bringen für die Lernenden und den Unterricht viele Vorteile. Sie stellen Sie als Lehrkraft aber auch vor Herausforderungen. Der Vorbereitungsaufwand kann vor allem am Anfang recht hoch sein. Während Sie im Unterricht mit dem Lehrwerk die Materialien in der vorgeschlagenen Reihenfolge abarbeiten können, müssen Sie für das Stationenlernen mehr Vorbereitungen treffen, wenn Sie die Materialien aus dem Lehrwerk neu zusammenstellen oder eigene Materialien entwickeln. Auch der Wochenplan und die Leitfragen für das Lerntagebuch müssen zunächst einmal entworfen werden. Später können Sie dann auf Ihre einmal entwickelten Materialien zurückgreifen, aber Sie müssen sie dennoch immer wieder überprüfen und jedes Mal neu anpassen, damit die Materialien auch zu Ihrer Lerngruppe passen.

Für einen sinnvollen Einsatz dieser Arbeitsformen und Instrumente müssen Sie gezielt entscheiden, an welchen Stellen es sich lohnt, offenere Lernformen für individuelle Lernprozesse anzubieten. Das gilt besonders für große Lerngruppen, wenn die Zeit für die Einzelbetreuung Ihrer Lernenden knapp bemessen ist. In diesem Fall benötigen Sie zeitsparende Ansätze, wie beispielsweise Reflexionen und Feedback in Kleingruppen.

Aufgabe 95

Stationenlernen, Wochenplanarbeit, Lerntagebuch, Portfolio – welche dieser Arbeitsformen und Instrumente sind für Ihren Unterricht interessant? Wie können Sie sie einsetzen?

a) Lesen Sie die Fragen und notieren Sie die Antworten in der Tabelle.

	Stationenlernen	Wochenplanarbeit	Lerntagebuch	Portfolio
Für welche Lerngruppe?				
Mit welchem Ziel?				
Wie lange (z.B. eine Stunde, eine Woche, ein Halbjahr?)				
Ihre Aufgaben?				
Aufgaben der Lernenden?				
Notwendige Vorbereitungen?				
Ablauf?				
Wie werden die Ergebnisse kontrolliert?				

b) Tauschen Sie sich mit Ihren Kolleginnen und Kollegen aus.

3.6 Zusammenfassung

In Kapitel 2 dieser Einheit hatten Sie sich damit beschäftigt, wie Lernen im Allgemeinen und das Sprachenlernen im Besonderen funktioniert. Darüber hinaus haben Sie erfahren, welche individuellen Voraussetzungen und Bedürfnisse Ihre Lernenden in den Unterricht mitbringen. Im dritten Kapitel stand nun die Frage im Mittelpunkt, wie Lernende darin unterstützt werden können, das Sprachenlernen zu lernen. Damit verbunden war die zentrale Frage, wie Unterricht gestaltet werden kann, damit die Lernenden möglichst selbstständig werden und auch über den Unterricht hinaus erfolgreich weiterlernen können.

Ein erster Schritt zu erfolgreicherem Lernen stellt das Nachdenken über Sprachen und über das Sprachenlernen dar. **Sprachbewusstheit** beschreibt die Sensibilität für eine oder mehrere Sprachen und ihre Verwendung, **Sprachlernbewusstheit** bezieht sich auf die Sensibilität für den eigenen Lernprozess.
Nur durch die Bewusstmachung auf verschiedenen Ebenen können die Lernenden über den Unterricht hinaus ihr eigenes Lernen besser einschätzen und dieses dadurch in Zu-

kunft auch selbst planen und gestalten. Dabei gilt es zu bedenken, dass das Reflektieren erst gelernt werden muss. Besonders jüngere Lernende dürfen nicht überfordert werden und brauchen eine kleinschrittige Anleitung. Hilfreich ist es, wenn die Reflexionsaufgaben so eng wie möglich an die Lernaktivitäten im Unterricht angebunden sind, damit über konkrete Inhalte und Situationen gesprochen werden kann. Die Klage vieler Lehrender, dass Reflexionen im Unterricht viel Zeit kosten, ist berechtigt. Allerdings lohnt es sich, diese Zeit zu investieren, da es gleichzeitig eine Zeiteinsparung bedeutet, wenn Lernende sich selbst und ihren Lernprozess gut kennen und so effektiver arbeiten. Außerdem müssen Reflexionen nicht sehr aufwendig sein. Häufig reichen schon kurze Aktivitäten aus, um bei den Lernenden neue Denkprozesse zu initiieren.

In diesem Kapitel haben Sie außerdem viele Beispiele für Lernaktivitäten, Arbeitsformen und Instrumente für selbstständiges Lernen kennengelernt. Lernenden kommt in einem solchen Unterricht mehr Verantwortung zu. Sie müssen sich selbst Ziele setzen, die eigenen Lernleistungen evaluieren und diejenigen Lernstrategien auswählen und einsetzen, die zu ihnen passen. Dazu müssen sie oft erst angeleitet werden. Das ist die zentrale Aufgabe der Lehrkraft. Sie sollten sich deshalb etwas Zeit nehmen, die jeweiligen Entscheidungen der Lernenden gemeinsam zu besprechen, und den Lernenden in allen Phasen beratend zur Seite stehen.

Die Lernenden benötigen auch Freiräume, in denen sie selbstständig und entsprechend ihren Bedürfnissen arbeiten können. Diese Freiräume können beispielsweise in Form einer inneren Differenzierung oder auch in Freiarbeitsphasen (im Rahmen des Stationenlernens oder der Wochenplanarbeit) entstehen. Die Lernenden werden dazu angeleitet, diese Freiräume sinnvoll zu nutzen. Selbstständiges Lernen heißt jedoch nicht, allein zu lernen. Vielmehr muss es möglich sein, dort, wo es nötig ist, die Unterstützung der Lehrerin / des Lehrers einzufordern.

Mit dem Stationenlernen, der Wochenplanarbeit, dem Lerntagebuch und der Portfolioarbeit haben Sie vier Möglichkeiten kennengelernt, den Unterricht zu öffnen und die Lernenden anzuleiten, individuelle Lernwege zu beschreiten und dadurch ihre Lernfähigkeit zu verbessern. Dafür ist es wichtig, eine angstfreie Unterrichtsatmosphäre zu schaffen.
Ihre Rolle als Lehrkraft verändert sich hier natürlich, indem Sie sich stärker zurücknehmen und den Lernenden mehr betreuend und beratend zur Seite stehen. Achten Sie auch hier wie bei der Reflexion und Selbstevaluation immer darauf, Ihre Lernenden langsam an neue Arbeitsformen heranzuführen. Bei zu großen Schritten kann es schnell zu einer Überforderung kommen.

Im nächsten Kapitel werden Sie weitere Aktivitäten kennenlernen, mit denen Sie die Sprachbewusstheit und die Sprachlernbewusstheit Ihrer Lernenden fördern können. Sie erfahren, wie Sie Ihre Lernenden darin unterstützen können, ihre Vorkenntnisse systematisch einzubinden, wenn sie Deutsch als zweite oder weitere Fremdsprache lernen.

4 Wie helfen andere Sprachen beim Deutschlernen?

4.1 Einführung

Die meisten Menschen lernen nicht nur eine Fremdsprache im Laufe ihres Lebens – und so haben auch Ihre Lernenden vermutlich bereits Erfahrungen mit anderen Sprachen gesammelt, bevor sie mit dem Deutschlernen beginnen. Im Zusammenhang mit den Spracherwerbshypothesen haben Sie in Kapitel 2.3.5 erfahren, welche Prozesse ablaufen, wenn man mehrere Fremdsprachen erlernt. Mehrsprachigkeitsmodelle wie das Faktorenmodell bilden diese Prozesse ab.

In Kapitel 4 gehen wir jetzt der Frage nach, in welcher Weise andere Sprachen beim Deutschlernen helfen. Dabei stützen wir uns wiederum auf die Mehrsprachigkeitsdidaktik, wenn wir z.B. feststellen, wie eng manche Sprachen miteinander verwandt sind, und wenn wir darüber nachdenken, wie man diese Verwandtschaft im Unterricht nutzen kann.

Im Unterricht sollten wir als Lehrkräfte ganz gezielt Lehrverfahren wählen, die die bereits vorhandenen sprachlichen Kenntnisse der Lernenden aufgreifen und ihr Wissen in Bezug setzen zu der neu zu erlernenden Sprache – in unserem Fall Deutsch –, denn die Lernenden bringen die neue Sprache oft nicht von allein mit den bisherigen Kenntnissen in Verbindung. Es muss ihnen im Unterricht erst bewusst werden, dass es Ähnlichkeiten und Unterschiede zwischen den bereits gelernten Sprachen gibt und ein bewusster Umgang damit für das Lernen der neuen Sprache hilfreich ist. Die Lernenden müssen also zunächst für den Sprachenvergleich sensibilisiert werden.

Als Lehrkraft können Sie sie dabei unterstützen. Ausgewählte Beispiele aus Lehrmaterialien veranschaulichen Ihnen auch in diesem Kapitel die unterrichtsmethodischen Vorgehensweisen, die sich für den sprachlichen Vergleich und die Bewusstmachung von Sprachlernerfahrungen eignen, und geben Ihnen Impulse für Ihren Unterricht. Am Ende des Kapitels werden Sie selbst Lernmaterialien erstellen oder auch eine Unterrichtssequenz planen und diese in Ihrem Unterricht ausprobieren.

4.2 Welche Sprachen gibt es im Klassenzimmer?

Ziel dieses Kapitels ist, dass Sie entdecken, welche Sprachen Ihre Lernenden in den Unterricht mitbringen und wie Sie diese beim Erlernen des Deutschen nutzen können. Sie werden außerdem anhand von Beispielen vorhandene Sprachen miteinander vergleichen. Dabei ist es besonders ergiebig, eng miteinander verwandte Sprachen zu betrachten. Da Deutsch oft als zweite Fremdsprache gelernt wird und die erste Fremdsprache meist Englisch ist, ist der Vergleich zwischen Englisch und Deutsch naheliegend, um mögliche Parallelen zu entdecken, die das Erlernen des Deutschen erleichtern könnten (siehe Kapitel 4.3). Aber auch wenn die erste Fremdsprache eine andere als Englisch ist, lassen sich die sprachlichen Vorkenntnisse nutzen.

Ziel dieses Teilkapitels ist, dass Sie
- die sprachliche Situation in Ihrem Klassenzimmer/Kursraum kennen und wissen, wie Sie sie gemeinsam mit Ihren Lernenden erkunden können,
- die sprachliche Vielfalt in Ihrem Klassenzimmer/Kursraum als Chance sehen,
- wissen, wie Sie die bei Ihren Lernenden bereits vorhandenen Sprachen beim Erlernen des Deutschen thematisieren können.

Ihre Lernenden haben ganz sicher täglich Kontakt mit mehreren Sprachen: Sie sprechen zu Hause vielleicht andere Sprachen als in der Schule, sie sprechen vielleicht in einem Dialekt mit ihren Großeltern oder ihren Freunden, sie kommen durch Fernsehen, Kino oder Internet mit unterschiedlichen Sprachen in Kontakt usw. Mit der folgenden Aufgabe können Sie die sprachliche Situation Ihrer Lernenden noch einmal beschreiben. Zu einigen Aspekten haben Sie schon Informationen in Kapitel 1 dieser Einheit zusammengetragen (siehe Aufgabe 3), die Fragen 2, 3 und 4 in Aufgabe 96 führen Sie jedoch noch weiter.

Aufgabe 96

Entdecken Sie so viele Sprachen wie nur möglich in der Umgebung Ihrer Lernenden. Ergänzen Sie die Tabelle.

1. Welche Sprachen sprechen und verstehen Ihre Lernenden?	
2. Welche Sprachen hören Ihre Lernenden in ihrer Umgebung (auf der Straße, im Stadtteil usw.)?	
3. Mit welchen Sprachen kommen Ihre Lernenden über die Medien in Kontakt (z.B. Internet, Fernsehen, Kino)?	
4. Mit welchen Sprachen kommen Ihre Lernenden auf Urlaubsreisen, über Schüleraustausch oder über ihr Lehrwerk in Kontakt?	

Oft ist den Lernenden nicht bewusst, welche Potenziale ihnen mit ihren bereits vorhandenen Sprachenkenntnissen zur Verfügung stehen. Wie viele Sprachen bereits vorhanden sind und dass Kenntnisse in anderen Sprachen als der Zielsprache nützlich sein können, muss man Lernenden oft erst bewusst machen. Eine solche Bewusstheit über die sprachliche und kulturelle Vielfalt in der eigenen Umgebung kann zu Respekt gegenüber Vertreterinnen und Vertretern anderer Kulturen beitragen und Neugier wecken, mehr über andere Sprachen und Kulturen zu erfahren.

Sprachenkenntnisse identifizieren

Insbesondere in Ländern mit verschiedenen koexistierenden Sprachen, wie beispielsweise Indien, finden sich Sprecherinnen und Sprecher in den Klassen-/Kursräumen, die ganz unterschiedliche Erfahrungen mit verschiedenen Sprachen haben. Aber auch in Ländern und Regionen, die traditionell als homogen gelten, entdeckt man schnell, wie vielfältig die sprachlichen Vorerfahrungen der einzelnen Lernenden sein können. Um diesen Sprachenschatz ins Bewusstsein der Lernenden zu rufen und den Wert der Sprachen anzuerkennen, gibt es verschiedene Möglichkeiten. Wir zeigen Ihnen zwei Beispiele dafür, wie vorhandene Sprachenkenntnisse ins Klassenzimmer geholt werden können.

Beispiel 1

Das erste Beispiel ist die Arbeit mit sogenannten Sprachenporträts. Bei diesem Verfahren geht es darum, im Unterricht Sprachenporträts oder auch Sprachbiografien zu erarbeiten. Die Lernenden erhalten dafür

> eine Silhouette (…) mit der Arbeitsanweisung, alle „ihre" Sprachen dort hineinzumalen und dabei für jede Sprache eine andere Farbe zu benutzen. Weitere Angaben wurden nach Möglichkeit nicht gemacht, vor allem auch nicht dazu, ob man eine Sprache besonders gut können müsse, um sie aufzunehmen. Auf Nachfrage wurde auch erlaubt, die Porträts zu beschriften. (Krumm/Jenkins 2001, S. 5f.)

Hier sehen Sie ein Beispiel für das Sprachenporträt eines mehrsprachigen Mädchens:

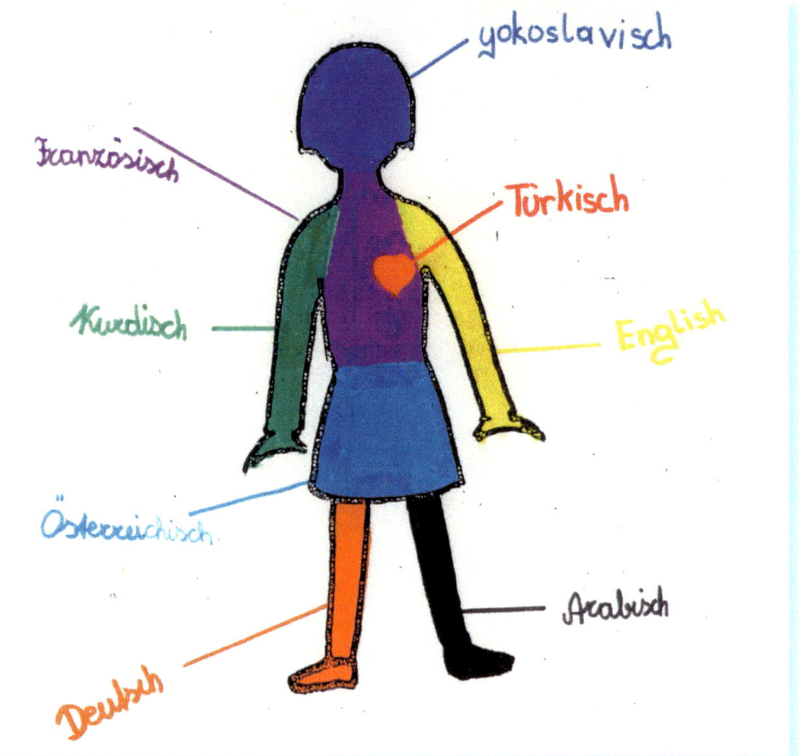

(Krumm/Jenkins 2001, S. 86)

Ein Arbeitsblatt zu Sprachenporträts könnte so aussehen:

Ich und meine Sprachen

Welches sind „deine" Sprachen? Welche Sprachen kennst du? Welche Rolle spielen sie für dich?
Wähle eine Silhouette aus und zeichne deine Sprachen mit verschiedenen Farben ein. Du kannst sie überall im Körper verteilen.

(Silhouetten gestaltet nach: Krumm/Jenkins 2001, S. 100f.)

Aufgabe 97 **Mit welchen Zielen und wie genau könnten Sie in Ihrem Unterricht mit solchen Sprachenporträts arbeiten?**

a) Welche Lernziele würden Sie verfolgen?

Beispiel:
Die Lernenden werden für die eigenen Sprachenkenntnisse sensibilisiert.

___

b) Wie könnten Sie mit den Sprachenporträts arbeiten?

___

Verbindungen zwischen Sprachen

Dass Sprachen nicht isoliert nebeneinander existieren, sondern in einem dynamischen Kontakt zueinander stehen, beweisen die zahlreichen Fremdwörter und **Lehnwörter** (z.B. aus dem Bereich Sport: Jogging, Fitness, trainieren), die man bei einem **Sprachvergleich** finden kann. Diese Sprachverwandtschaften machen deutlich, dass Sprachen einander beeinflussen und dass sie sich in ständiger Entwicklung befinden. Wenn Lernende Lehnwörter aus der eigenen Sprache in einer Fremdsprache entdecken oder merken, dass sie z.B. aufgrund ihrer Deutschkenntnisse auch ein bisschen Niederländisch oder Dänisch verstehen können, wächst oftmals ihre Lernmotivation. Das Deutschlernen bekommt dadurch eine neue Dimension.

Sie finden hier als zweites Beispiel ein Lernmaterial, das man im Unterricht nutzen kann, um zu zeigen, dass Sprachen miteinander verwandt sind.

Beispiel 2

Übung 2 *Welche Sprachen sind miteinander verwandt?*

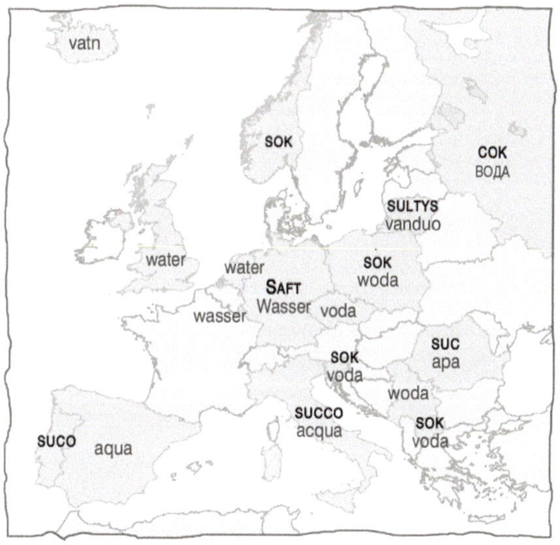

44

Der grüne Max 1, Arbeitsbuch, S. 44.

Aufgabe 98 **Wie könnten Sie eine solche Sprachen-Landkarte im Unterricht einsetzen?**

a) Welche Lernziele würden Sie mit der Sprachen-Landkarte verfolgen?

___

b) Wie könnten Sie mit der Sprachen-Landkarte arbeiten?

___

Der Einsatz solcher Lernmaterialien trägt dazu bei, die Lernenden im Unterricht einerseits für die sprachliche Vielfalt in ihrer Umgebung zu sensibilisieren und ihnen andererseits die Gemeinsamkeiten ihrer gelernten Sprachen zu vermitteln. So kann die Motivation für das Sprachenlernen wachsen und die Vorteile von Deutschkenntnissen werden offensichtlich, wenn deutlich wird, dass diese wiederum den Zugang zu anderen Sprachen erleichtern.
Solche Aktivitäten können Sie sowohl im Projektunterricht als auch immer wieder im Unterrichtsalltag einsetzen.

Literatur zum Weiterlesen

Themen wie „Die sprachliche Vielfalt" oder „Sprachen im Vergleich" eignen sich besonders gut für das projektorientierte Lernen. Wenn Sie mehr über sogenannte Mini-Projekte erfahren möchten oder darüber, wie man größere Projekte durchführen kann, empfehlen wir Ihnen die Einheit *Aufgaben, Übungen, Interaktion* dieses Fortbildungsprogramms.

4.3 Welche Ähnlichkeiten und Unterschiede zwischen Sprachen gibt es?

Die linguistischen Eigenschaften der Sprachen haben Einfluss auf die Prozesse, die Menschen bei ihrem Erlernen durchlaufen. Ob sich die Erstsprache und die Zielsprache in ihren Strukturen ähneln oder ob sie ganz unterschiedlich sind, ob man schon Vorkenntnisse in Aussprache, Grammatik, Wortschatz oder in der Orthografie der Zielsprache hat, wird sich auf das Tempo und den Erfolg des Lernprozesses auswirken. Besonders viele Parallelen lassen sich zwischen Sprachen entdecken, wenn diese miteinander verwandt sind.

Wenn Sie dieses Teilkapitel bearbeitet haben, dann
- kennen Sie Gemeinsamkeiten und Unterschiede zwischen dem Englischen und dem Deutschen,
- wissen Sie, dass Gemeinsamkeiten zwischen den Sprachen Ihrer Lernenden und Deutsch beim Deutschlernen helfen können,
- kennen Sie gute Argumente für den Sprachvergleich,
- können Sie Merkmale des Englischen und des Deutschen benennen, die sich erleichternd oder erschwerend auf das Erlernen der Sprachen auswirken,
- wissen Sie, dass Ähnlichkeiten zwischen Sprachen auch zu Fehlern, sogenannten Interferenzen, führen können.

In diesem Teilkapitel beschäftigen wir uns genauer mit den Beziehungen zwischen Sprachen. Wir identifizieren Gemeinsamkeiten und Unterschiede zwischen Sprachen und überlegen, welche Konsequenzen sich daraus für den Deutschunterricht ergeben.

Aufgabe 99

Lesen Sie die folgenden Sätze und Wendungen in den verschiedenen Sprachen. Welche verstehen Sie? Notieren Sie Ihre Übersetzungen.

Allt það besta
Sretan Rodendan
BenvenutoApologjiMiluji te
T'estimo Tere Gullukkig Niuw Jaar
Joyeux Noël! ëch vermëssen dech
Egészségére! Sudie !Krismas Njema Na heri!
God påskeVšetko najlepšielyi şanslar
obrigadoPaşte Fericit ja sam te pozelilja
Hyvää syntymäpäivää dziękuję
Escusa Mucha suerte
Goddag Labdien

Sie haben sicher gemerkt, dass Sie einige Wörter und Sätze auch in Sprachen verstehen können, die Sie bisher noch nicht gelernt haben. Oft ist uns gar nicht bewusst, welche Sprachenkenntnisse uns beim Verstehen unbekannter Wörter oder Strukturen helfen, und in den meisten Fällen ist es so, dass wir mehr Sprachen oder mehr in einer Sprache verstehen, als wir je vermutet hätten.

Wenn Sprachen zu derselben Sprachfamilie gehören, gibt es Ähnlichkeiten in den Strukturen und im Wortschatz. Sprachen derselben Sprachfamilie haben manchmal zwar andere Laute oder verwenden ein anderes Alphabet, es lassen sich aber auch Parallelen feststellen. Diese Parallelen sind hilfreich, wenn man Wörter oder Texte aus den verwandten Sprachen verstehen möchte. Die genetischen Ähnlichkeiten zwischen Sprachen erleichtern den Neueinstieg in eine Sprache und das Vergleichen von Strukturen bleibt auch beim weiteren Lernen eine wichtige Strategie.

Wenn es gelingt, die Parallelen zwischen verwandten Sprachen systematisch zu erfassen und die Regelmäßigkeiten zu analysieren, kann man auf der Grundlage dieser Parallelen weitere unbekannte Regeln verstehen. So kann man z.B. die Regeln der Lautverschiebungen in den Gemeinsamkeiten im Wortschatz des Englischen und des Deutschen wiederfinden und dadurch Regelmäßigkeiten der Schreibung ableiten (z.B. die Laute [th] im Englischen und [d] im Deutschen: *the* – der/die/das, *to think* – denken, *thanks* – danke, *then* – dann). Natürlich gibt es in jeder Sprache auch eigene Regelmäßigkeiten und man kann mit solchen Vergleichen nicht alle Regeln erfassen. Sie sind aber eine große Hilfe, um sich einer neuen Sprache anzunähern.

Wir vergleichen hier weiterhin beispielhaft das Englische und das Deutsche und zeigen, wie die Ergebnisse des Sprachvergleichs im Deutschunterricht vorteilhaft genutzt werden können.

grammatische Ähnlichkeiten

Sowohl das Englische als auch das Deutsche unterscheiden zwischen dem bestimmten und dem unbestimmten Artikel der Nomen. Gerade für Sprecherinnen und Sprecher von Sprachen, die kein Artikelsystem haben, kann eine Sprache wie Englisch die Basis für das Erschließen des Artikelsystems der anderen Sprache sein. Der Vergleich zwischen der Artikelverwendung im Englischen und Deutschen erleichtert also das Verständnis der deutschen Artikel, auch wenn die Unterscheidung der drei Genera im Deutschen zu dem Zeitpunkt noch nicht beherrscht wird.

	f.	m.	n.	Plural
Englisch	*the*	*the*	*the*	*the*
Deutsch	die	der	das	die

Englisch	*a*	*a*	*a*	-
Deutsch	eine	ein	ein	-

Auch die Bildung der zusammengesetzten Verbformen weist im Englischen und im Deutschen Parallelen auf. Die Ähnlichkeiten werden deutlich, wenn man die beiden Sprachen mit einer Sprache aus einer anderen Sprachfamilie vergleicht, die keine zusammengesetzten Verbformen enthält.

	Gegenwart	Vergangenheit	Zukunft
Englisch	*go*	*went, has gone*	*will go*
Deutsch	geht	ging, ist gegangen	wird gehen
Litauisch	*eina*	*ėjo, eidaro*	*eis*

grammatische Unterschiede

Die beschriebenen Beispiele zeigen bereits einige Unterschiede, die im Unterricht thematisiert werden sollten, damit es nicht zu Übertragungsfehlern von einer Sprache auf die andere, also zu Interferenzen, kommt. So findet man zwar im Englischen und im Deutschen unbestimmte und bestimmte Artikel, doch im Deutschen gibt es im Gegensatz zum Englischen drei Genera und einen Pluralartikel, während das Englische keine Differenzierung der Nomen nach Genus vornimmt (siehe Übersicht oben).
Ein weiterer Unterschied ist, dass im Deutschen und im Englischen die zusammengesetzten Vergangenheitsformen unterschiedlich gebildet werden (Perfekt im Deutschen: hat gemacht, ist gegangen; present perfect im Englischen: *has done, has gone*). Um Übertragungsfehler zu vermeiden, müssen also bei einem kontrastiven Vorgehen neben den Ähnlichkeiten auch die Unterschiede aufgegriffen werden.

Ähnlichkeiten im Wortschatz

Besonders im Grundwortschatz findet man bei einem Vergleich der beiden Sprachen zahlreiche Wortfelder, die man sich mit Kenntnissen in einer der beiden Sprachen erschließen und schnell erlernen kann. So weisen die Wortfelder Freizeit, Hobbys, Monate, Zahlen, Körperteile, Kleidung, Musik usw. im Englischen und Deutschen viele Ähnlichkeiten auf. Diese erleichtern den Einstieg in die deutsche Sprache und rufen einen großen Erfolgseffekt hervor: Viele Lernende werden feststellen, dass sie bereits beim ersten Kontakt mit der deutschen Sprache einiges verstehen. Ein weit verbreitetes Vorurteil, Deutsch sei eine schwierige Sprache, wird dadurch abgebaut und die Motivation zum Deutschlernen gesteigert.
Auch im Bereich von einfachen Redemitteln lassen sich Parallelen zwischen dem Englischen und dem Deutschen entdecken (z.B. „Es ist kalt." ähnelt dem englischen *It is cold.*, im Gegensatz zu *Fa freddo. / Hace frío.* im Italienischen und Spanischen).

Unterschiede im Wortschatz

Trotz der Ähnlichkeiten in beiden Sprachen muss man auch bei der Wortschatzarbeit direkt auf die Unterschiede hinweisen. Denn in den genannten Wortschatzbereichen mit vielen Ähnlichkeiten (z.B. im Wortfeld Schulfächer: *mathematics* – die Mathematik, *geography* – die Geografie, *physics* – die Physik) finden sich auch Unterschiede (z.B. *art* – die Kunst).

Sicherlich kennen Sie auch besondere Lernschwierigkeiten, die sich bei Ihren Lernenden aus den Unterschieden zwischen der Zielsprache Deutsch und der Erstsprache bzw. den Fremdsprachen oder weiteren Sprachen ergeben. Bearbeiten Sie dazu bitte die folgende Aufgabe.

Aufgabe 100

Welche Schwierigkeiten beobachten Sie bei Ihren Lernenden beim Lernen von Deutsch?

a) Nennen Sie je eine besondere Schwierigkeit aus dem Bereich der Grammatik und eine aus dem Bereich des Wortschatzes, die sich aus Unterschieden zwischen Deutsch und der Erstsprache bzw. den Fremdsprachen Ihrer Lernenden ergeben.

Lernschwierigkeit meiner Lernenden im Bereich Grammatik:	Meine Erklärung dafür ist:	Im Unterricht gehe ich so damit um:
Lernschwierigkeit meiner Lernenden im Bereich Wortschatz:	**Meine Erklärung dafür ist:**	**Im Unterricht gehe ich so damit um:**

b) Tauschen Sie sich mit Ihren Kolleginnen und Kollegen aus: Besprechen Sie die gefundenen Lernschwierigkeiten, Ihre Erklärungen und die Wege, wie Sie mit diesen Lernschwierigkeiten umgehen.

Rolle der Erstsprache

In einigen Fällen könnten die Ähnlichkeiten zwischen der Erstsprache und dem Deutschen sicher größer als die zwischen dem Deutschen und der ersten Fremdsprache sein. Manchmal eignen sich bestimmte Strukturen in nicht verwandten Sprachen sogar besser für einen Vergleich. Im Englischen weisen die Nomen z.B. keine grammatischen Genera auf, die Nomen der meisten anderen Sprachen haben aber zwei oder drei Geschlechter. In einem solchen Fall bieten die Ausgangssprachen einen besseren Bezugspunkt für das Verständnis der deutschen Genera als das Englische.

Sehen Sie dazu wieder eine Situation aus dem Deutschunterricht an der öffentlichen Schule in Lissabon, den Sie bereits in Aufgabe 42 kennengelernt haben. Die Lehrerin Serafina Akino erarbeitet in dieser Szene den Akkusativ und Sie können sehr gut beobachten, wie die Schülerinnen und Schüler ganz von selbst den Vergleich mit der Erstsprache Portugiesisch zur Erklärung des Akkusativs nutzen. Die Lehrerin greift dies auf und bezieht die Erstsprache in ihre Erklärung mit ein.

Aufgabe 101

Sehen Sie jetzt Sequenz 5 von *Schule Lissabon* (Minute 0.56 bis 2.48). Kennen Sie ein ähnliches Beispiel auch aus Ihrem Kontext? Bei welcher Struktur / Bei welchem Wort ist der Vergleich mit der Erstsprache für Ihre Lernenden besser als der mit der Fremdsprache (z.B. Englisch)?

Deutsch	Erstsprache
Verben mit Akkusativ, z.B.:	Portugiesisch:
Ich höre einen/den Hund.	*Eu oiço um/o cão.*
Ich sehe einen/den Vogel.	*Eu vejo um/o pássaro.*

Gefahren des Sprachvergleichs?

Manche Lehrkräfte sind der Meinung, man sollte den Sprachvergleich vermeiden, damit es nicht zu einer Vermischung der Sprachen kommt. Besonders vorsichtig gehen sie mit verwandten, also vom System her ähnlichen Sprachen um, denn da erscheint die Gefahr der Interferenz (siehe Kapitel 2.3.2) noch größer.

Aufgabe 102

Viele Lehrerinnen und Lehrer stehen dem Sprachvergleich im Unterricht skeptisch gegenüber. Was könnten Sie ihnen entgegnen?

a) Lesen Sie die Äußerungen von drei Lehrkräften und notieren Sie Gegenargumente.

> Wenn ich Italienisch unterrichte, stört es mich total, dass meine Lernenden beim Sprechen manchmal Wörter aus dem Spanischen oder dem Portugiesischen benutzen. Auf Italienisch sind die dann aber falsch! Um solche Fehler zu vermeiden, versuche ich, andere Sprachen aus meinem Unterricht zu verbannen.

Angst

Mein/e Argument/e dagegen:

> Mir erscheint es logisch, im Deutschunterricht mit dem Englischen zu vergleichen. Manchmal erkläre ich sogar auf Englisch, damit meine Schüler die Grammatik besser verstehen. Aber die Erstsprachen, also z.B. Hindi oder Kannada, in den Unterricht einzubeziehen, war mir noch nie eingefallen. Unsere Sprachen sind doch ganz anders!

Rassistisch!

Mein/e Argument/e dagegen:

> Ich kann mir gut vorstellen, mit Jugendlichen oder Erwachsenen diesen Sprachvergleich zu machen. Aber mit jüngeren Lernerinnen und Lernern? Meinen Sie, sie sind in der Lage, so bewusst über die Sprachen nachzudenken? Da bin ich sehr skeptisch.

Mein/e Argument/e dagegen:

---

b) Tauschen Sie sich mit Ihren Kolleginnen und Kollegen aus und vergleichen Sie Ihre Argumente.

___

Je nach Ihren Erfahrungen geben Sie den Lehrkräften aus Aufgabe 102 ja vielleicht auch recht. Neuere wissenschaftliche Erkenntnisse belegen jedoch, dass der positive Transfer viel umfangreicher ist als falsche Übertragungen von einer Sprache in die andere und dass der Vergleich der Sprachen zur Effizienz des Unterrichts und zur Erhöhung der Lernmotivation beitragen kann. Daher ist ein bewusster Sprachvergleich sinnvoll und ratsam. Die Forderung, im Unterricht ausschließlich die Zielsprache zu nutzen (Primat der Einsprachigkeit), die lange galt, nehmen wir damit zurück.

Aufgabe 103

Wie möchten Sie mit dem Nebeneinander der verschiedenen Sprachen in Ihrem Unterricht umgehen? Vervollständigen Sie die Sätze und formulieren Sie weitere.

1. Wenn es Ähnlichkeiten zwischen den Sprachen meiner Lernenden und dem Deutschen gibt, …

___

2. Wenn es wegen falscher Übertragungen von einer Sprache auf die andere zu Fehlern kommt, …

___

3. Wenn meine Lernenden beim freien Sprechen auf andere Sprachen zurückgreifen, …

___

4. Wenn …

___

Zusammenfassung

In diesem Teilkapitel lag der Fokus auf den Erfahrungen mit verschiedenen Sprachen, die Ihre Lernerinnen und Lerner bereits in den Unterricht mitbringen. Diese sollten in jedem Fall berücksichtigt und beim Lernen der neuen Sprache aktiviert werden. In einem ersten Schritt sollten Sie als Lehrkraft deshalb zunächst die sprachlichen Kenntnisse Ihrer Lernenden zum Thema machen (siehe Kapitel 4.2). Im weiteren Lernprozess ist es dann sinnvoll, die Ähnlichkeiten und Unterschiede zwischen den Sprachen kontinuierlich aufzugreifen, damit die Lernenden dazu angeregt werden, ihre sprachlichen Vorkenntnisse aktiv einzusetzen und sie für den erfolgreichen Erwerb des Deutschen zu nutzen.

Positive Transfer ist viel umfangreicher als falsche Übertragung

4.4 Warum soll man das Vorwissen der Lernenden berücksichtigen?

Auch die Lern- und Spracherwerbstheorien halten gute Gründe dafür bereit, beim Deutschlernen sprachlichen Kontext und Lernerfahrungen der Lernenden zu berücksichtigen. Sie merken es sicher schon: Sie knüpfen nun an das an, was Sie im zweiten Kapitel dieser Einheit gelernt haben. Erinnern Sie sich in diesem Kapitel noch einmal an lerntheoretische und spracherwerbshypothetische Erkenntnisse; wir werden diese mit Blick auf das Lernen des Deutschen als zweiter Fremdsprache auswerten.

Wenn Sie dieses Teilkapitel bearbeitet haben, dann
- können Sie mit Argumenten aus den Lerntheorien und Spracherwerbshypothesen begründen, warum es wichtig ist, bereits vorhandene Sprachenkenntnisse und Sprachlernerfahrungen beim Deutschlernen zu berücksichtigen,
- können Sie die zentralen Leitgedanken der Mehrsprachigkeitsdidaktik nennen,
- kennen Sie mit der rezeptiven Mehrsprachigkeit und der Tertiärsprachendidaktik zwei wichtige didaktische Entwicklungen, die Mehrsprachigkeit fördern.

Vermutlich haben Sie als Deutschlernerin oder Deutschlerner auch mindestens zwei Fremdsprachen gelernt. Und Ihre Erfahrungen decken sich sicher zum Teil auch mit den Beschreibungen der **Lerntheorien** und **Spracherwerbshypothesen**. Reflektieren Sie doch noch einmal Ihre Erfahrungen zum Sprachenlernen in der nächsten Aufgabe.

Aufgabe 104

Welche Erfahrungen haben Sie beim Sprachenlernen gemacht? Wenn Sie den Aussagen zustimmen können, formulieren Sie passende Beispiele.

1. Wenn man eine grammatische Regel in einer 2. Fremdsprache lernt, prüft man, ob sie in ähnlicher Form auch in der 1. Fremdsprache gilt.
   Beispiel:

   ____

2. Jede/r lernt auf ihre/seine eigene Art und Weise. Das ist in der 1. wie in der 2. Fremdsprache so.
   Beispiel:

   ____

3. Wenn man nach einem bestimmten Wort sucht, fällt einem oft das entsprechende Wort in einer anderen Sprache ein.
   Beispiel:

   ____

4. Wenn man eine neue Sprache lernt, übernimmt man oft unbewusst bestimmte Strukturen aus einer Sprache, die man besser kann.
   Beispiel:

   ____

5. Wenn man in der 2. Fremdsprache eine Merkhilfe (Eselsbrücke) braucht, wird man prüfen, ob Merkhilfen aus der 1. Fremdsprache funktionieren.
   Beispiel:

   ____

Wenn Sie einigen der Aussagen aus Aufgabe 104 zustimmen konnten und dazu Beispiele gefunden haben, wissen Sie bereits, dass Lernen ein aktiver Prozess ist, dass jeder Mensch auf seine eigene Art und Weise lernt und dass die Sprachenkenntnisse, die wir erworben haben, miteinander verbunden sind. Um diese Erfahrungen zu erklären, wurden in den Kapiteln 2.2 und 2.3 verschiedene Theorien vorgestellt.

Uns ist sehr wichtig, dass Sie mit Blick auf Lerntheorien und Spracherwerbshypothesen gute Argumente dafür kennen, warum man beim Lernen einer zweiten Fremdsprache bewusst auf vorhandene Sprachenkenntnisse und Sprachlernerfahrungen aus dem Unterricht der ersten Fremdsprache zurückgreifen können sollte. Die Lerntheorien und Spracherwerbshypothesen erklären ja nicht nur besonders gut, warum reflektiertes und selbstständiges Lernen besonders effektiv sind, sondern auch, wie Lernende mehrere Sprachen nebeneinander lernen können und was wichtig ist, damit dieses Lernen möglichst erfolgreich ist.
Lesen Sie nun noch einmal die wichtigsten Argumente dafür, beim Lernen einer zweiten Fremdsprache bewusst auf vorhandene Sprachenkenntnisse und Sprachlernerfahrungen aus dem Unterricht der ersten Fremdsprache zurückzugreifen, und erinnern Sie sich an die entsprechende Lerntheorie/Spracherwerbshypothese (siehe Kapitel 2.2), die das jeweilige Argument unterstützt.

Aufgabe 105

P

Ordnen Sie den vier Argumenten jeweils eine Lerntheorie oder Spracherwerbshypothese zu.

Argumente für das Einbeziehen von vorhandenen Sprachenkenntnissen und Sprachlernerfahrungen aus dem Unterricht der ersten Fremdsprache	Lerntheorie / Spracherwerbshypothese
1. Lernende verarbeiten neue Informationen auf der Grundlage bestehenden Wissens. Vorwissen, besonders über die erste Fremdsprache und ihre Regelmäßigkeiten zu aktivieren und bewusst zu machen, unterstützt diesen Prozess.	
2. Lernende lernen auf der Grundlage ihrer Vorkenntnisse und Sprachlernerfahrungen, die durch das Lernen einer ersten Fremdsprache bereits umfassend sind, immer etwas anders. Wenn sie sich diese bewusst machen, lernen sie effektiver und selbstständiger.	
3. Ähnlichkeiten zwischen Erstsprachen und Fremdsprachen sollte man nutzen, da sie das Lernen der Fremdsprache erleichtern und das Sprachbewusstsein schärfen können. Wissen über Unterschiede zwischen den vorhandenen Sprachen hilft Fehler vermeiden.	
4. Lernende können Wissen über Sprache/n, Erfahrungen aus dem Unterricht / aus dem Sprachlernprozess der ersten Fremdsprache übertragen und dadurch orientierter, leichter und schneller lernen.	

Das, was wir heute über das Lernen einer zweiten Fremdsprache wissen, liefert Gründe für bestimmte Lehrverfahren, die man im Unterricht beobachten kann. Einige davon finden Sie in der nächsten Aufgabe beschrieben.

Aufgabe 106 **Wie wichtig finden Sie die folgenden Lehr-/Lernverfahren? Kreuzen Sie an.**

Lehr-/Lernverfahren	Das finde ich sehr wichtig. So gehe ich bereits öfter vor.	Das finde ich wichtig. Das möchte ich intensivieren.	Das finde ich nicht besonders wichtig.
1. Ich mache sprachliche und grammatische Phänomene, die auch in anderen Sprachen meiner Lernenden vorkommen, bewusst, indem ich sie mit ihnen bespreche. Ich frage z.B. bei Internationalismen: *Wie heißt dieses Wort in eurer Erstsprache oder Fremdsprache?*	☐	☐	☐
2. Ich thematisiere die Lernwege meiner Lernenden regelmäßig und halte sie dazu an, über das eigene Lernen nachzudenken. Ich frage z.B. danach, wie sie Vokabeln in ihrer ersten Fremdsprache lernen und ob sie den deutschen Wortschatz genauso lernen.	☐	☐	☐
3. Wenn ich mit einem neuen Thema beginne, aktiviere ich zuerst das Vorwissen meiner Lernenden, indem ich sie beispielsweise frage, ob sie das Thema bereits aus ihrem Englischunterricht kennen (z.B. per E-Mail ein Hotelzimmer reservieren, einen Lebenslauf schreiben usw.).	☐	☐	☐
4. Ich biete verschiedene Aufgaben zur Auswahl an, damit die Lernenden ihre eigenen Wege zum Erreichen des Lernziels gehen können. Wenn sie z.B. einen Text lesen, können sie das allein oder zu zweit tun, mit Wörterbuch oder ohne, mithilfe von Lesefragen oder ohne. Dabei können sie auf ihre Sprachlernerfahrungen aus dem Unterricht ihrer ersten Fremdsprache zurückgreifen.	☐	☐	☐

Die Fremdsprachendidaktik greift die theoretischen Erkenntnisse zum Sprachenlernen auf und entwickelt daraus konkrete Vorschläge für das Lehren und Lernen von Fremdsprachen. Für das Erlernen von Deutsch als zweiter Fremdsprache wurden in den letzten Jahren einige spezielle didaktische Konzepte entwickelt.

Mehrsprachigkeitsdidaktik

Der Begriff **Mehrsprachigkeitsdidaktik** ist ein Sammelbegriff für verschiedene Ansätze, die auf eine individuelle Mehrsprachigkeit der Lernenden abzielen; diese Ansätze beziehen alle vorhandenen Sprachenkenntnisse und Sprachlernerfahrungen der Lernenden ein und nutzen die verfügbaren Potenziale der Lernenden aus. Die **individuelle Mehrsprachigkeit** bezeichnet im Gegensatz zur gesellschaftlichen Vielsprachigkeit die Fähigkeit einer Person, sich in mehreren Sprachen zu verständigen.
Besonders stark geprägt wurde die Mehrsprachigkeitsdidaktik von der Forscher- und Didaktikergruppe um Franz-Joseph Meißner (z.B. Meißner/Reinfried 1998). Die zentralen Leitgedanken der Mehrsprachigkeitsdidaktik entsprechen den lerntheoretischen Erkenntnissen, die wir oben erläutert haben:

- Lernen wird als ein kognitiver Vorgang aufgefasst. Es wird viel Wert auf das bewusste Verarbeiten von Sprache gelegt.
- Neues Wissen wird ausgehend von bereits vorhandenem Wissen wahrgenommen bzw. mit diesem in Verbindung gebracht.
- Alle vorhandenen Sprachenkenntnisse (Erstsprache, alle Fremdsprachen) werden beim Erlernen der neuen Fremdsprache(n) passiv oder aktiv genutzt.
- Alle gelernten Sprachen, Sprachlernerfahrungen und Sprachlernstrategien werden miteinander vernetzt; es entsteht eine individuell ausgeprägte Mehrsprachigkeitskompetenz.
- Die Mehrsprachigkeitsdidaktik zielt auf ein ökonomisches Lernen ab: Sprachen sollen effizienter gelernt, bestehende kognitive Strukturen sollen genutzt und weiter ausgebaut werden. Aufgrund von vorhandenen Sprachenkenntnissen erreicht man einen schnelleren Lernfortschritt in einer neuen Fremdsprache.

Zwei fremdsprachendidaktische Entwicklungen, die dem Umstand entgegenkommen, dass Menschen in einer Gesellschaft mehrere Sprachen können müssen/wollen, stellen wir hier vor: die rezeptive Mehrsprachigkeit und die Tertiärsprachendidaktik.

Die Förderung der rezeptiven Fertigkeiten, des Hör-, Lese- und Hör-/Sehverstehens, spielt in der Mehrsprachigkeitsdidaktik eine besondere Rolle. Nach kognitivistischen Erkenntnissen stellt die Rezeption ohnehin die Basis allen Lernens dar. Vor diesem Hintergrund konzentrieren sich viele der mehrsprachigkeitsdidaktischen Ansätze sogar ausschließlich auf das Verstehen von Sprache und erarbeiten Wege, wie Lernende nah miteinander verwandte Sprachen schnell hörend und lesend verstehen können.

rezeptive Mehrsprachigkeit

Der Ansatz **rezeptive Mehrsprachigkeit** geht von Sprecherinnen und Sprechern verschiedener Sprachen aus, die miteinander kommunizieren, wobei jede/r ihre/seine Erstsprache benutzt. Dabei versteht jede/r grundsätzlich, was der Gesprächspartner sagt, ohne dessen Sprache selbst sprechen und schreiben zu können. Damit dieses Konzept Erfolg hat, müssen also beide Gesprächspartner die Sprache des anderen verstehen. In einem Unterricht, der auf rezeptive Mehrsprachigkeit abzielt, werden dementsprechend kommunikative Teilkompetenzen wie das Hör-/Sehverstehen und das Leseverstehen vermittelt.
Eine rezeptive Kompetenz kann man natürlich besonders rasch in solchen Sprachen entwickeln, die mit den bereits gelernten Sprachen nah verwandt sind. Wer Deutsch spricht, wird sich schnell einen Einstieg zum Schwedischen erarbeiten, wer Französisch beherrscht, wird auch andere romanische Sprachen schnell verstehen, Russisch kann als eine günstige **Brückensprache** für andere slawische Sprachen verwendet werden.

Tertiärsprachendidaktik

Da heute in vielen Fällen in der Schule Englisch als erste Fremdsprache gelernt wird, ist die Position der anderen Sprachen vorgegeben: Nach der Landessprache (die in den meisten Fällen auch die Schulsprache ist) und Englisch werden alle weiteren Sprachen als **Tertiärsprachen** oder Folgefremdsprachen gelernt. Die Begriffe bezeichnen die Position der jeweiligen Sprachen in der Erwerbsabfolge.
Wer vor Deutsch Englisch gelernt hat, für den ergeben sich günstige Bedingungen zum Anknüpfen an die bereits vorhandenen Sprachenkenntnisse und Lernerfahrungen. Diese Bedingungen nutzt die **Tertiärsprachendidaktik** gezielt aus und entwickelt gerade für die Konstellation Deutsch nach Englisch didaktisch-methodische Prinzipien als Orientierung für die Gestaltung des Unterrichts.
Diese Prinzipien möchten wir im nächsten Kapitel ausführlich beschreiben. Dabei konzentrieren wir uns exemplarisch auf die Sprachenreihenfolge Deutsch nach Englisch. Man kann die Prinzipien aber auch auf andere Sprachenkonstellationen (z.B. Englisch nach Deutsch, Deutsch nach Französisch oder Russisch) übertragen.

Zusammenfassung

Als wichtiges Ergebnis für die Vermittlung von Deutsch im Kontext anderer Sprachen halten wir fest: Die Theorien sprechen für die Vernetzung der gelernten und neuen Sprachen, der Sprachlernerfahrungen und für die Bewusstmachung der Lernstrategien.
Diese Erkenntnisse fließen in neue didaktische Ansätze ein. Die Ansätze der Mehrsprachigkeitsdidaktik zielen darauf ab, dass sich Menschen in mehreren Sprachen verständigen können, und setzen die bereits vorhandenen Sprachenkenntnisse und Sprachlernerfahrungen der Lernenden bewusst ein.

4.5 Wie knüpft man im Unterricht an vorhandene Kenntnisse an?

Ziel dieses Teilkapitels ist, dass Sie
- erkennen, dass Lernende auf verschiedenen Ebenen an vorhandene Kenntnisse und Erfahrungen anknüpfen können,
- Lehr-/Lernverfahren kennenlernen, mit denen Sie erreichen, dass Ihre Lernenden konkret an ihre Sprachlernerfahrungen und sprachlichen Vorkenntnissen anknüpfen können.

Die Tertiärsprachendidaktik entwickelt speziell Vorschläge für Lehr-/Lernverfahren für die Situation, wenn eine Sprache als zweite oder weitere Fremdsprache gelernt wird. Wie Sie in Kapitel 1 gelesen haben, ist in vielen Ländern die erste Fremdsprache inzwischen Englisch. Die zweite Fremdsprache setzt in vielen Bildungssystemen im 5.–7. Schuljahr ein, wird in **unterschiedlichem Stundenumfang** unterrichtet und hat meist einen **anderen Status** im Kanon der Schulfächer als die erste Fremdsprache. Nicht überall ist die zweite Fremdsprache obligatorisch, sie konkurriert oft mit anderen Fächern im Wahl(pflicht)-bereich. Dementsprechend ist die Lernmotivation der Lernenden manchmal eher gering: Wenn die zweite Fremdsprache keine Anerkennung vonseiten der Schulleitung und Eltern erfährt, leiden auch ihr Ansehen und die Bereitschaft, sie zu lernen.

Auf der anderen Seite gibt es aber auch günstige Voraussetzungen für das Erlernen der zweiten Fremdsprache: Da die Zielgruppe des Tertiärsprachenunterrichts Jugendliche oder junge Erwachsene sind, sind sie bereits in der Lage, über das eigene Lernen nachzudenken und selbstständiger beim Lernen vorzugehen (siehe Kapitel 3.2 – 3.4). Im Tertiärsprachenunterricht können Lehrende also auf den vorhandenen Kenntnissen und Erfahrungen der Lernenden aufbauen. Wir sprechen in diesem Zusammenhang von **Anknüpfen**.

Anknüpfen kann man beim Lernen einer zweiten Fremdsprache auf verschiedene Weise:

Anknüpfen an Wissen über Sprachunterricht

Lernende einer zweiten Fremdsprache haben bereits einige Erfahrung mit Sprachunterricht, z.B. mit der **Organisation von Unterricht**. Wenn sie Arbeitsformen wie Projektarbeit oder Stationenlernen aus dem Unterricht der ersten Fremdsprache wiedererkennen, wenn sie bereits gelernt haben, in Gruppen zusammenzuarbeiten und Lernaufgaben gemeinsam zu lösen, finden sie sich leicht zurecht und profitieren von ihrem Wissen über den Unterricht. Außerdem wissen sie in der Regel, welche Lehr-/Lernaktivitäten und Arbeitsformen ihnen besonders liegen, und können sich, wenn sie die Auswahl haben, rasch entscheiden.

Lernende einer zweiten Fremdsprache können auch bereits auf eine **Terminologie** zurückgreifen, mit der sie über Sprache und ihre Phänomene sprechen. Es ist sinnvoll, die Terminologie zu verwenden, die den Lernenden aus dem Unterricht in anderen Sprachen bereits bekannt ist. Analog zu dem im Englischunterricht verwendeten grammatischen Terminus *noun* sollte im Deutschunterricht z.B. die Bezeichnung Nomen verwendet werden anstatt Substantiv oder Hauptwort.
Aber auch Bezeichnungen für Arbeitsformen, Lerntechniken oder Ähnliches wie z.B. Lerntagebuch, Sprachenportfolio, Lernplattform, Lernstrategie, Vokabelkartei, Selbstevaluation oder Lernziel sollten in den Fremdsprachenfächern konsequent und einheitlich verwendet werden.

Anknüpfen an Wissen über das eigene Sprachenlernen

Beim Erlernen ihrer ersten Fremdsprache haben die Schülerinnen und Schüler bereits Wissen über ihr eigenes Sprachenlernen erworben. Sie wissen, was sie gut können und welche Bedingungen beim Lernen erfüllt sein sollten, damit es gut funktioniert. Sie wissen auch, wie es sich anfühlt, fremd klingende Wörter auszusprechen, Fehler zu machen oder Wörter nicht zu finden. Der Unterricht in der Tertiärsprache sollte dieses Wissen in Erinnerung rufen und den Lernenden die Gelegenheit bieten, an erworbene Fähigkeiten anzuknüpfen.

Die **Reflexion über das Lernen** kann durch konkrete Arbeitsanweisungen der Lehrkraft, aber auch durch Fragen oder Äußerungen der Lernenden selbst angestoßen werden. Manche Lehrkräfte machen auch das Lernen bewusst zum Thema und zu einem Lernziel ihres Unterrichts. In Kapitel 3.2 dieser Einheit haben Sie dazu schon viele Anregungen erhalten. Für die Thematisierung von Lernerfahrungen und Lernstrategien spricht immer auch ihr Beitrag zum Weiterlernen von Sprachen und zum lebenslangen Lernen allgemein.

Anknüpfen an Inhalte des Sprachunterrichts

Wenn Lernende Deutsch nach Englisch lernen, begegnen ihnen Inhalte aus ihrem ersten Fremdsprachenunterricht wieder. Auch im Deutschunterricht werden wieder sprachliche Strukturen und Regeln vorgestellt, die ihnen vielleicht zum Teil schon bekannt vorkommen; sprachliche Handlungsformen wie z.B. das Sich-Beschweren werden eingeübt, es werden bestimmte Textsorten geschrieben oder gesprochen, landeskundliche Themen bearbeitet und vieles mehr. An diese Inhalte des Sprachunterrichts kann man anknüpfen.

Anknüpfen an Wissen über Sprache

Sie können viele **Parallelen in Grammatik und Wortschatz** zwischen dem Deutschen und Englischen erkennen – das haben Sie bereits an den Beispielen in Kapitel 4.3 gesehen. Beim Erklären einer neuen grammatischen Struktur oder bei der Einführung von neuem Wortschatz sollte man an diese Parallelen zwischen den Sprachen anknüpfen. Viele Lernende machen dies von sich aus unbewusst, sie vergleichen die Phänomene der neuen Fremdsprache mit bereits bekannten Elementen aus anderen Sprachen. Doch man kann beobachten, dass gerade die schwächeren Lernenden Hilfe dabei benötigen, einen solchen **Sprachvergleich** vorzunehmen. Sie möchten/müssen kleinschrittig und nachvollziehbar an neue Inhalte herangeführt werden. Wenn man ihnen die Strategie des Sprachvergleichs jedoch bewusst macht, können sie diese Vorgehensweise auch in anderen Kontexten eigenständig anwenden.

Viele Lehrende befürchten, dass ihre Sprachkompetenz in Englisch für einen solchen Sprachvergleich nicht reicht. Dafür ist es jedoch meist gar nicht nötig, die Vergleichssprache umfassend zu beherrschen. Schon elementare Grundlagen und rezeptive Kenntnisse in der englischen Sprache ermöglichen es, Parallelen zwischen grammatischen Strukturen und Elementen des Basiswortschatzes der Erstsprache, dem Englischen und Deutschen zu erkennen.

Anknüpfen an kulturelles und landeskundliches Wissen

Möglichkeiten der Anknüpfung ergeben sich auch im Bereich des **Weltwissens** sowie der **Kulturen und ihrer Beziehungen** zueinander. Durch die neue Sprache wird ja auch eine neue Kultur vermittelt. Neues landeskundliches oder kulturelles Wissen wird zu bereits bekanntem Wissen in Bezug gesetzt. Lernende stellen Wissen oder Einstellungen und Urteile durch die Auseinandersetzung mit der neuen Kultur infrage, korrigieren oder bestätigen sie. Im Optimalfall fördert ein Unterricht, der die eigene und fremde Welt zum Thema macht, bei den Lernenden die Fähigkeit, kulturelle Phänomene zu reflektieren und sich darüber eine fundierte Meinung zu bilden. Im Unterricht der ersten Fremdsprache wird dafür meist die Grundlage gelegt und interkulturelle Kompetenz gefördert. Die meisten Lernenden begegnen der neuen Zielkultur bereits neugierig und emphatisch.

Aufgrund der Erfahrungen aus dem Unterricht der ersten Fremdsprache können also bereits erworbene Kenntnisse und Kompetenzen in den Erwerbsprozess der zweiten Sprache eingebracht werden. Es handelt sich dabei konkret um die Übertragung bzw. den Transfer von

- Wissen über Unterricht und wie Sprachenlernen im Unterricht abläuft,
- Wissen darüber, mit welchen Strategien man eine Fremdsprache lernen kann und wie man selbst gern lernt,
- Wissen über Sprache, über Kultur und Landeskunde sowie über Kommunikations- und Verhaltensformen.

Diese drei Ebenen des Transfers sind für den Vorgang des Anknüpfens grundlegend. In der nächsten Aufgabe können Sie für sich festhalten, inwieweit Sie das Anknüpfen in Ihrem Unterricht Deutsch als zweite Fremdsprache intensivieren wollen.

Aufgabe 107

Welche der oben beschriebenen Möglichkeiten des Anknüpfens könnten Sie in Ihrem Unterricht noch intensivieren? Notieren Sie Ihre Ideen und ergänzen Sie gegebenenfalls weitere.

1. An die Erfahrungen meiner Lernenden mit Unterricht und an ihre Sprachlernerfahrungen möchte ich anknüpfen, indem ich ...

2. An das Wissen meiner Lernenden über Sprache möchte ich anknüpfen, indem ich ...

3. Wenn ich neue landeskundliche Themen erarbeite, dann knüpfe ich an, indem ich ...

4. Wenn ...

4.6 Wie vermittelt man Deutsch als zweite Fremdsprache?

Lernziele dieses Teilkapitels sind, dass Sie
- didaktisch-methodische Prinzipien kennenlernen, nach denen Deutsch als zweite Fremdsprache unterrichtet wird,
- die Umsetzung dieser Prinzipien in Lehr-/Lernmaterialien erkennen und einschätzen können,
- Übungsformen kennenlernen, die Sie in Ihrem Unterricht von Deutsch als zweiter/weiterer Fremdsprache einsetzen können und die diese Prinzipien widerspiegeln.

Das so wichtige Anknüpfen an vorhandene Kenntnisse und Erfahrungen kann in Bezug auf die drei unten skizzierten Ebenen stattfinden. Diese drei Ebenen bilden auch den Hintergrund für fünf Prinzipien für den Unterricht von Deutsch als zweiter Fremdsprache, die die Tertiärsprachendidaktik als Leitlinien für sich aufgestellt hat (Neuner u.a. 2009). Diese sind:

Prinzipien im Unterricht Deutsch als zweite Fremdsprache

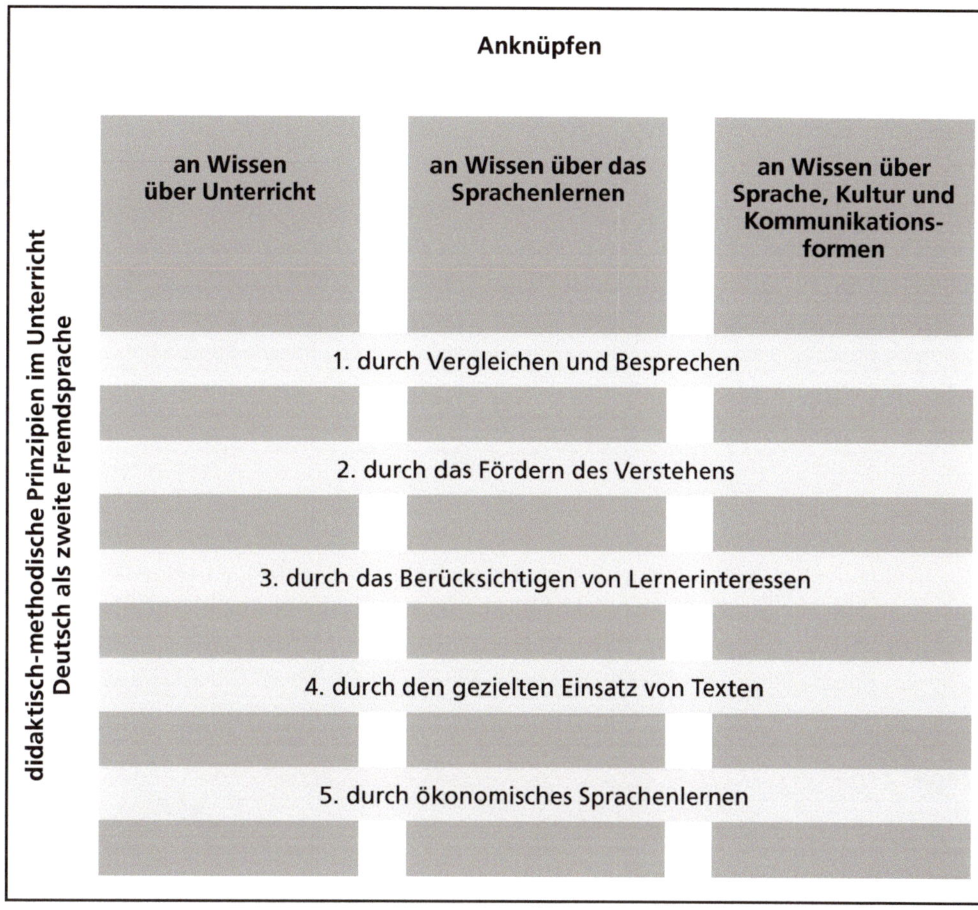

Die Grafik verdeutlicht, dass jedes der fünf didaktisch-methodischen Prinzipien auf dem Anknüpfen basiert.

Die Prinzipien 1, 2 und 4 sind sehr konkret, Prinzip 3 und 5 allgemeiner formuliert. Wenn man die Prinzipien 1–4 umsetzt, kommt es zum Anknüpfen auf den drei Transferebenen. Das fünfte Prinzip ist ein allumfassendes Prinzip. Somit sind alle Prinzipien fest miteinander verbunden.

In den folgenden Kapiteln 4.6.1 bis 4.6.5 erklären wir die Prinzipien genauer.

4.6.1 Prinzip vergleichen und besprechen

Dieses Prinzip zielt darauf ab, dass die Lernenden ihr Wissen über die Erst- und Fremdsprache(n) bewusst aktivieren, darüber im Unterricht sprechen und es zum Memorieren von neuem Wissen nutzen. In diesem Prozess können die Lehrkraft oder die Lernaktivitäten in den Lehrwerken die Lernenden unterstützen.

Lehrerinnen und Lehrer können ihren Lernenden für das Vergleichen und Besprechen durch folgende Fragen Hilfestellung geben:

- Was erkennst du an dieser sprachlichen Struktur wieder?
- Was sieht daran ganz ähnlich aus wie in den Sprachen, die du schon kannst oder lernst?
- Was ist anders? Wie kannst du dir das Lernen der Struktur leicht machen?
- Worauf musst du ganz besonders achten, damit du die Struktur nicht wie im Englischen bildest?

Die folgenden Fragen können die Reflexion über das Sprachenlernen unterstützen:

- Womit hast du beim Sprachenlernen bisher Erfolg gehabt?
- Wie hast du dies im Englischen gelernt?
- Welche Hilfsmittel hast du schon einmal benutzt, die hilfreich waren?
- Gibt es vielleicht noch einen effizienteren Weg, dies zu lernen?

Sehen Sie sich nun anhand von zwei Beispielen aus Lehrwerken an, wie diese das Vergleichen und Besprechen anleiten.

Beispiel 1

nach B7 WS

12 Zahlen 13–19, 20–90: Ordne zu, ergänze und vergleiche.

sechzehn · dreizehn · fünfzehn · achtzehn · neunzehn · siebzehn · vierzehn
sechzig · dreißig · fünfzig · achtzig · neunzig · siebzig · vierzig · zwanzig

Englisch		Deutsch	Meine Sprache
13 thir		drei	
14 four			
15 fif			
16 six	teen	!	
17 seven		!	
18 eigh			
19 nine			

Englisch		Deutsch		Meine Sprache
20 twen		! zwan		
30 thir		!		
40 for				
50 fif	ty		zig	
60 six		!		
70 seven		!		
80 eigh				
90 nine				

deutsch.com 1, Arbeitsbuch, S. 13.

In Beispiel 1 bilden die englischen Zahlwörter die Basis dafür, dass die Lernenden die deutschen Zahlwörter ergänzen können; die Erstsprache der Lernenden kommt als Vergleichsgröße und Hilfe dazu. Die Ausrufezeichen in der Tabelle machen darauf aufmerksam, wo sich das Zahlwort in den zusammengesetzten Zahlen verändert, wo also erhöhte Aufmerksamkeit notwendig ist oder eine Lernschwierigkeit bestehen könnte.

Beispiel 2

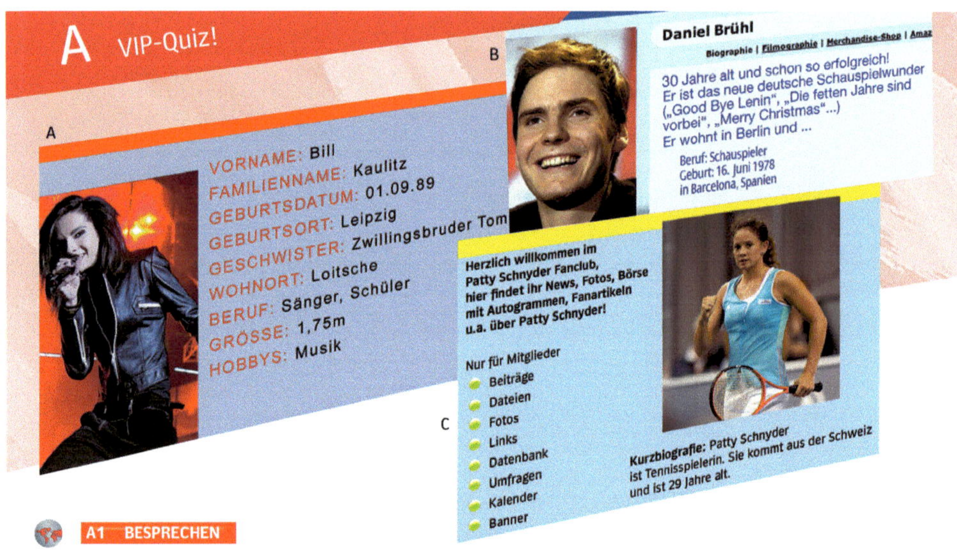

A1 BESPRECHEN

a) Lest und sammelt 3 Informationen zu jeder Person.

A	B	C
Name: Bill	Name:	Name:
1 01.09.89	1	1
2	2	2
3	3	3

b) Vergleicht die Informationen aus A1.
c) Warum versteht ihr das? Kreuzt an.

☐ Fotos ☐ Zahlen ☐ andere Sprachen ☐ meine Sprache ☐ Das kenne ich.

deutsch.com 1, Arbeitsbuch, S. 30.

In Beispiel 2 notieren die Lernenden zunächst Informationen aus den Texten, die sie verstanden haben. Sie vergleichen danach untereinander ihre Ergebnisse. Schließlich denken sie darüber nach, was ihnen beim Lesen geholfen hat bzw. warum sie die Informationen verstehen konnten. Auf diese Weise beginnen sie damit, den Leseprozess und die Strategien beim Textverstehen zu reflektieren.

Wichtig ist, dass das Besprechen und damit das Reflektieren nicht zu kurz kommt. Die Lernenden sollen sich bewusst machen, wie und was sie miteinander vergleichen und zu welchen Ergebnissen sie durch den Vergleich kommen. Dadurch kann man erreichen, dass die Lernenden nicht nur zu richtigen Lösungen kommen, sondern dass ihnen auch bewusst ist, wie sie zu der Lösung gekommen sind.

Das Prinzip vergleichen und besprechen macht die Lernenden zu aktiven Gestalterinnen und Gestaltern ihres eigenen Lernprozesses. Sie begeben sich auf die Suche nach sprachlichen Regelmäßigkeiten und setzen ihre eigenen Vorkenntnisse ein. Diese tragen zur Lösungsfindung bei und gewinnen somit auch an Wert. Das Sprachenlernen wird zum bewussten Prozess der Spracherkundung. Parallelen zwischen den Sprachen ermöglichen es, die bis dahin getrennt betrachteten Sprachen in einem Gesamtsystem zu verbinden.

Prüfen Sie nun Ihr eigenes Lehrwerk daraufhin, inwiefern es Lernaktivitäten anbietet, in denen die Lernenden beim Vergleichen von Fremdsprachen angeleitet werden.

Aufgabe 108 **Inwieweit setzt das Lehrwerk, mit dem Sie gerade arbeiten, das Prinzip vergleichen und besprechen um? Prüfen Sie, ob die folgenden Lernaktivitäten angeregt werden.**

Lernaktivitäten	im Lehrwerk nicht vertreten	in meinem Lehrwerk vertreten / Beispiel
1. sprachliche Strukturen nach bestimmten Kriterien ordnen und Regelmäßigkeiten und Ähnlichkeiten zu anderen Sprachen entdecken	☐	☐ …
2. auf Deutsch vorgegebene Sätze in andere Sprachen übersetzen und die Strukturen vergleichen	☐	☐ …
3. eine sprachliche Struktur, z.B. die Dativergänzung, in verschiedenen Sprachen vergleichen	☐	☐ …
4. Vorgehensweisen beim Vokalbellernen in verschiedenen Fremdsprachen besprechen und vergleichen	☐	☐ …
5. notieren, wie Sprachvergleich beim Verstehen/Behalten geholfen hat	☐	☐ …
6. landeskundliches Wissen zu Themen aktivieren, die auch schon im Unterricht der 1. Fremdsprache als interkulturell interessant aufgefallen sind	☐	☐ …
7. beim Kennenlernen der elementaren Satzstrukturen im Deutschen Parallelen in anderen Fremdsprachen suchen	☐	☐ …
8. Lernschwierigkeiten aufgrund von Unterschieden zwischen den Fremdsprachen markieren	☐	☐ …

Sprachen-lernen als kognitiver Prozess

Das Prinzip vergleichen und besprechen ist eines der wichtigsten Prinzipien der Tertiärsprachendidaktik. Es geht davon aus, dass das Sprachenlernen ein kognitiver Prozess ist. Die Sprachlernbewusstheit wird gefördert und das Gesamtnetz der Sprachenkenntnisse wird durch den kontinuierlichen sprachlichen, kulturellen und lernstrategischen Vergleich ständig erweitert.

4.6.2 Prinzip Verstehen fördern

Die Tertiärsprachendidaktik zielt darauf ab, dass Lernende möglichst früh viel vom sprachlichen Input verstehen können. Dies motiviert sie vor allem auch im Anfangsunterricht und lässt sie aktiv von ihren Verstehensstrategien Gebrauch machen. Anhand geeigneter Texte können Lernerinnen und Lerner erfahren, wie viele Informationen sie im Unterricht Deutsch als zweite Fremdsprache bereits mit wenigen sprachlichen Grundlagen erschließen können. Das Vorurteil, Deutsch sei schwierig zu erlernen, kann dadurch revidiert werden.

Im Unterricht des Deutschen als zweiter Fremdsprache ist also die Rezeption und das Verstehen von Äußerungen und Texten besonders wichtig.

Verstehensstrategien vermitteln

Aus Beobachtungen von Unterricht wissen wir, dass Lernende sich oft darauf konzentrieren, was sie noch nicht verstehen – sie versuchen die Texte Wort für Wort zu übersetzen, ärgern sich über ihre geringen Kenntnisse, werden schnell unkonzentriert und unmotiviert. Um diese unglückliche Situation und die damit verbundene Frustration zu vermeiden, ist es wichtig, die Aufmerksamkeit vom Unbekannten auf das Bekannte, Verständliche zu lenken. Mithilfe effektiver Verstehensstrategien werden die Lernenden merken, dass sie das Wesentliche in Texten sehr schnell verstehen und die Aufgaben erfolgreich lösen können. Diese Verstehensstrategien müssen jedoch bewusst gemacht und besprochen werden, denn sie sind gerade schwächeren Lernenden oft nicht geläufig. Zu den Strategien beim Verstehen von Texten gehört z.B., dass Lernende auf die Bilder und Überschriften achten, die den Text umgeben, oder versuchen, Bedeutung über **Internationalismen** zu erfassen.

Der Einsatz von Verstehensstrategien (hier Leseverstehens-, Hörverstehens- und Textverstehensstrategien) hängt von den gewählten Texten und den Zielen ab, die beim Textverstehen erreicht werden sollen. Es ist ratsam, solche Strategien mit Aufgaben zu verbinden, die die Lernenden durchlaufen, bevor man über die Strategie spricht. Auf diese Weise können Lernende zuerst Erfahrungen sammeln, wie diese Vorgehensweise funktioniert und was sie bringt, und können sie so besser einschätzen.

Es gibt Strategien, die das Verstehen noch vor dem tatsächlichen Lesen / Hören / Hör-Sehen entlasten. Es sind vielleicht Strategien, die die Lernenden auch schon vom Lesen von Texten in ihrer ersten Fremdsprache kennen. Andere Strategien eignen sich eher dazu, rückblickend zu bilanzieren, was hilfreich war, was leicht- oder schwergefallen ist und was man auch bei anderen Texten nutzen könnte.

Aufgabe 109 **Wann sind diese Verstehensstrategien sinnvoll? Kreuzen Sie an.**

Verstehensstrategien	vor dem Hören / Lesen / Hör-Sehen	nach dem Hören / Lesen / Hör-Sehen
1. anhand der Überschrift Hypothesen über den Inhalt des Textes/Films aufstellen	☐	☐
2. besondere Merkmale des Textes erkennen und deuten (z.B. Überschrift, Bilder, Layout, Zahlen usw.) mit dem Ziel, wichtige Informationen zu erfassen	☐	☐
3. gezielt Internationalismen in Texten identifizieren	☐	☐
4. Schlüsselwörter im Text identifizieren und über diese den Textinhalt klären	☐	☐
5. auf bestimmte orthografische Ähnlichkeiten zwischen deutschen und englischen Wörtern achten und über diese Ähnlichkeiten auf die Bedeutung von Wörtern schließen	☐	☐
6. Nachrichten im Radio/Internet auf Englisch / in der anderen Fremdsprache hören/sehen	☐	☐

Die Bewusstmachung der Verstehensstrategien bewirkt, dass die Lernenden sie auch auf andere Lern- und Sprachgebrauchskontexte übertragen können.

Natürlich darf im Fremdsprachenunterricht trotz der Orientierung am Verstehen auch die Sprachproduktion nicht vernachlässigt werden. Die produktiven Fertigkeiten müssen in jeder Unterrichtseinheit geübt werden. Verstehensorientierung als Prinzip betont jedoch mit besonderem Nachdruck, dass Lernende schon beim ersten Kontakt mit der neuen Fremdsprache auf Vorkenntnisse zurückgreifen können, die Verstehen ermöglichen.

Diese Einsicht hat Folgen für die Progression in Lehrmaterialien für Deutsch als zweite Fremdsprache: Es geht zunächst darum, Verstehbares vorzuziehen und schon früh im Sprachunterricht zu thematisieren. Themen und Inhalte, die viel verstehbares sprachliches Material enthalten, werden also zuerst behandelt. Da durch die umfangreicheren Vorkenntnisse im Tertiärsprachenunterricht insgesamt mehr und zügiger verstanden werden kann, ist es möglich, bereits früh mit **authentischen** Texten zu arbeiten. Der Fokus dieser Textarbeit liegt dann nicht darauf, den Text vollständig zu verstehen, sondern darauf, Verstehensstrategien bewusst einzusetzen und die Hauptinformationen global zu erfassen.

Wir zeigen Ihnen jetzt eine Lehrwerkseite mit kurzen Texten, die bereits in der ersten Unterrichtsstunde gelesen werden können, da sie viele Merkmale enthalten, die das Verstehen ermöglichen. Das Beispiel aus dem Lehrwerk veranschaulicht, wie das Textverstehen aufgrund von Vorkenntnissen und gezielt eingesetzten Textverstehensstrategien gefördert werden kann.

1 Hallo

A Hallo!

A B C D

Berlinale P

1 Neues von ROCK AM RING

Bereits 60 Acts für Ring und Park bestätigt.

Schon mehr als 80.000 Tickets verkauft ...

2 Zum OKTOBERFEST nach München

Auch in diesem Jahr werden bei gutem Wetter über 6 Millionen Besucher erwartet ...

3 Fußball-Länderspiel gegen die Schweiz

Am Mittwoch, 25. September, absolviert die deutsche Nationalmannschaft das Länderspiel gegen die Schweiz. Auf der Pressekonferenz sagte der Bundestrainer ...

A1 BESPRECHEN

Schaut die Fotos an! Was kennt ihr? Was ist neu?

A2 LESEN

Texte und Fotos: Ordne zu.

1 G 2 ☐ 3 ☐ 4 ☐
5 ☐ 6 ☐ 7 ☐

A3 WORTSCHATZ

a) Was verstehst du in den Texten? Markiere.

b) Wie heißen die markierten Wörter in deiner Sprache?

10 LEKTION 1 A

deutsch.com 1, Kursbuch, S. 10.

Durch Fragen wie *Was kennt ihr? Was ist neu?* oder *Was verstehst du in den Texten? Markiere!* werden die Lernenden hier dabei angeleitet, die Hauptaussage der Texte auf der Grundlage ihres Vorwissens und ihrer Erfahrung im Umgang mit fremdsprachigen Texten zu verstehen. Der Kontext der Texte (Fotos, Layout, Überschriften) hilft ihnen, Vermutungen über den Textinhalt anzustellen, und bekannte Wörter aus anderen Sprachen sowie Internationalismen sichern das Verstehen ab.

4.6.3 Prinzip Lernerinteressen berücksichtigen

Dieses Prinzip besagt, dass die Zielgruppe mit Inhalten und Lernaktivitäten arbeiten sollte, die auf ihre Bedürfnisse und Interessen abgestimmt sind. Die Zielgruppe, die Deutsch als zweite Fremdsprache lernt, kann sich in ihren Interessen und Lernbedürfnissen erheblich von den Lernenden einer ersten Fremdsprache unterscheiden.
Das Prinzip Lernerinteressen berücksichtigen oder auch **Inhaltsorientierung** bedeutet, dass Sie als Lehrkraft dafür sorgen, dass Ihre Lernenden Inhalte und Lernaktivitäten für sich als bedeutungsvoll erkennen, dass diese herausfordernd und sprachlich reichhaltig sind, dass sie die Lernenden aber nicht überfordern.

Dies sind weitere Merkmale eines inhaltsorientierten Unterrichts:
- Der Unterricht bietet Inhalte und Rede- bzw. Schreibanlässe an, die die Lernenden interessieren und motivieren.
- Die Lernenden haben Vorwissen zu den Inhalten und Themen des Unterrichts, an die sie anknüpfen können und zu denen sie etwas Eigenes beizutragen haben.
- Die Lernenden interagieren, sprechen und schreiben – angeleitet durch Aufgaben – in Situationen, in die sie auch außerhalb des Unterrichts kommen.
- Die Lernenden lernen dabei Redemittel, Routinen, Textsorten und Medien kennen, die sie ihrem Alter entsprechend gern nutzen.
- Die Lernenden haben die Möglichkeit, sich an der Auswahl und an der Erarbeitung von Inhalten und Materialien für das Sprachenlernen zu beteiligen.

Es ist offensichtlich, dass es schwer bis unmöglich ist, die Interessen jeder Lernerin und jedes Lerners im Unterricht zu berücksichtigen, besonders wenn Sprachkurse sehr heterogen zusammengesetzt sind und den Lehrkräften nicht viel Vorbereitungszeit zur Verfügung steht. Sie können als Lehrkraft jedoch schon viel erreichen, wenn Sie bei der Wahl der Lernaktivitäten und der Arbeits- und Sozialformen abwechseln und sich mit den Lehrkräften der anderen Sprachfächer über die wichtigsten Inhalte des Unterrichts abstimmen.

Wir möchten Sie nun noch einmal einladen, einen Blick in den Unterricht zu werfen und zu beobachten, wie Kollegen das Prinzip Lernerinteressen berücksichtigen umsetzen. Wir stellen Ihnen dafür zwei Unterrichtsmitschnitte zur Wahl:
1. den Mathematikunterricht auf Deutsch mit Schülerinnen und Schülern einer sechsten Klasse einer deutschen Auslandsschule, den Sie aus einer anderen Sequenz bereits aus Aufgabe 57 kennen.
2. einen Unterrichtsmitschnitt aus dem Goethe-Institut in New Delhi/Indien mit jungen Erwachsenen.

Prüfen Sie, wodurch die Kollegin bzw. der Kollege es erreicht, dass der Unterricht den Interessen der Lernenden in besonderer Weise gerecht wird.
Hier sind zuerst noch die Detailinformationen zu den Mitschnitten:

i

Ort, Jahr	Deutsche Schule Barcelona, 2011
Zielgruppe	Sekundarstufe 1, 6. Klasse, B1.2
Lehrkraft	Willi Weyers
Lernziel	Die Schülerinnen und Schüler können eine bestimmte Geldsumme mithilfe verschiedener Münzen zusammensetzen.
Lehr-/Lernaktivitäten	Der Lehrer verteilt Münzen und unterstützt die Schülerinnen und Schüler bei der Aufgabe. Diese handeln in Gruppenarbeit verschiedene Lösungen für die gestellte Aufgabe aus und halten sie schriftlich fest.
Lernmaterial	Münzen, Arbeitsblatt

Ort, Jahr	Goethe-Institut New Delhi, 2010
Zielgruppe	erwachsene Lernerinnen und Lerner, A1
Lehrkraft	Poonam Saxena
Gobales Lernziel	Die Lernenden können Ja-/Nein-Fragen stellen.
Lehr-/Lernaktivitäten	Die Lernenden bilden in Gruppen Fragen an die Lehrkraft, die diese mit Nein beantworten können soll.

Aufgabe 110

Sehen Sie die Sequenzen 9 und 10 von *Deutsche Schule Barcelona* oder den Mitschnitt *Goethe-Institut New Delhi*. Inwieweit entsprechen Inhalte, Sozial- und Arbeitsformen sowie Lernmaterialien in diesen Unterrichtssequenzen dem Prinzip Lernerinteressen berücksichtigen? Beobachten Sie und geben Sie Beispiele.

Merkmale für das Prinzip Lernerinteressen berücksichtigen	Ihre Beobachtungen in *Deutsche Schule Barcelona*	Ihre Beobachtungen in *Goethe-Institut New Delhi*
1. Es gibt Themen und Rede- bzw. Schreibanlässe, die die Lernenden interessieren und motivieren.		
2. Es gibt Lernaktivitäten, denen die Lernenden fast intuitiv Aufmerksamkeit schenken.		
3. Die Lernenden haben Vorwissen zu den Inhalten und Themen des Unterrichts, an die sie anknüpfen können und zu denen sie etwas Eigenes beizutragen haben.		
4. Die Lernenden interagieren, sprechen und schreiben – angeleitet durch Aufgaben – in Situationen, in die sie auch außerhalb des Unterrichts kommen können.		
5. Die Lernenden benutzen Redemittel, Routinen, Textsorten und Medien, die ihrem Alter entsprechen.		

Wenn Deutsch als zweite Fremdsprache unterrichtet wird, ist es besonders wichtig, dass Themen und Lernaktivitäten für die Lernenden bedeutungsvoll und anregend sind. Lernende möchten selbst Zugänge und Lösungen zu Aufgaben entwickeln, sie möchten agieren und mit anderen Lernenden in möglichst realistischen Situationen zusammenarbeiten. In solchen Lernsituationen muss der sprachliche Input reichhaltig sein und es sollten verschiedene Medien eingesetzt werden.

4.6.4 Prinzip Texte gezielt einsetzen

Sie haben in den vorherigen Teilkapiteln Beispiele aus Lehrwerken gesehen, die speziell für Lernende entwickelt wurden, die Deutsch als zweite Fremdsprache lernen. Wir zeigen Ihnen jetzt ein weiteres Lehrwerkbeispiel, in dem mit kurzen Texten gearbeitet wird.

Notieren Sie bitte Ihre ersten Eindrücke zu der Arbeit mit Texten, wie sie hier vorgeschlagen wird.

Aufgabe 111 **Durch welche Merkmale zeichnet sich die Arbeit mit Texten in diesem Lehrwerkbeispiel aus? Wie schätzen Sie die Textarbeit ein?**

Lernaktivität in *deutsch.com* 1	Merkmale der Textarbeit	Ihre Beobachtungen / Kommentare
C1		
C2		
C3 a), b)		
C4		

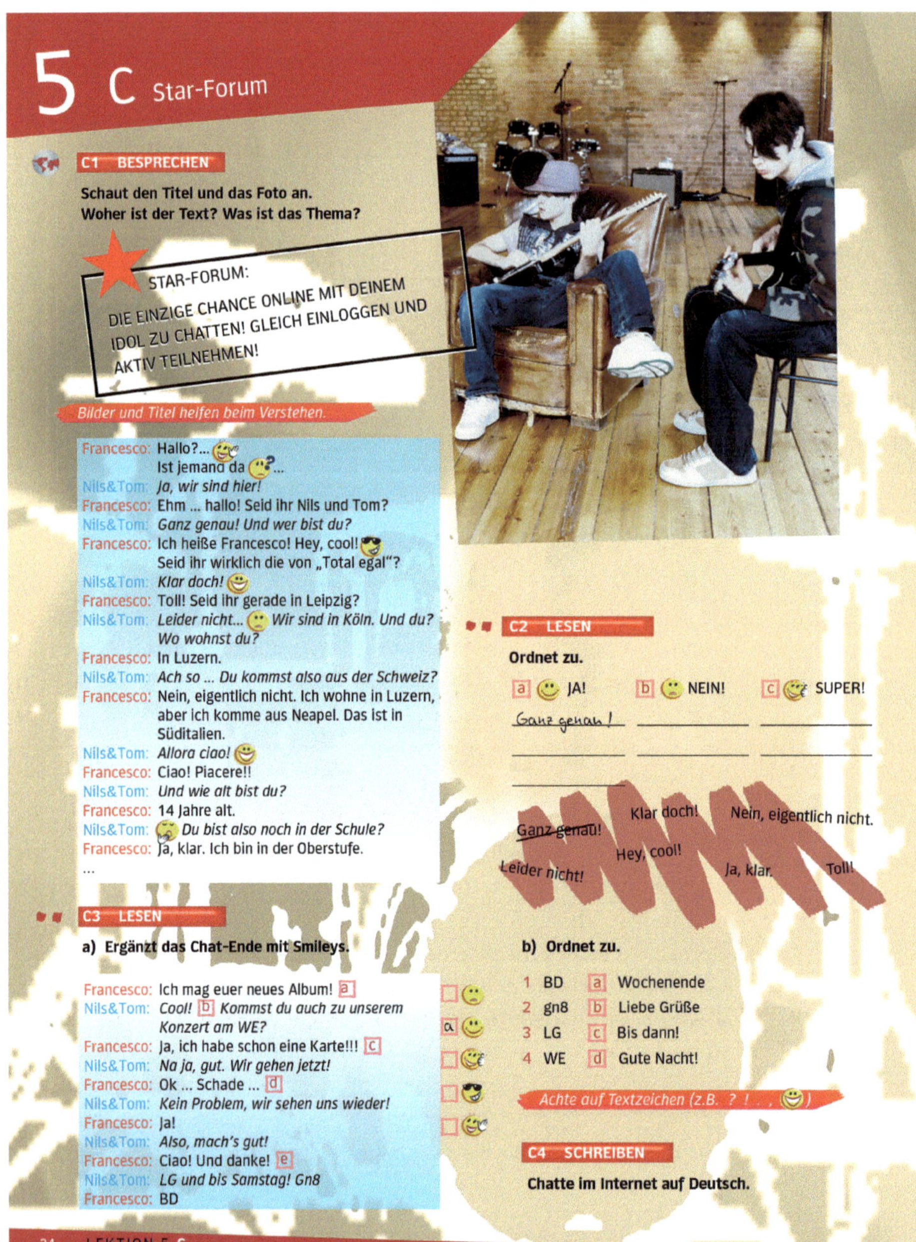
5 C Star-Forum

C1 BESPRECHEN

Schaut den Titel und das Foto an.
Woher ist der Text? Was ist das Thema?

STAR-FORUM:
DIE EINZIGE CHANCE ONLINE MIT DEINEM IDOL ZU CHATTEN! GLEICH EINLOGGEN UND AKTIV TEILNEHMEN!

Bilder und Titel helfen beim Verstehen.

Francesco: Hallo?...
Ist jemand da ...
Nils&Tom: *Ja, wir sind hier!*
Francesco: Ehm ... hallo! Seid ihr Nils und Tom?
Nils&Tom: *Ganz genau! Und wer bist du?*
Francesco: Ich heiße Francesco! Hey, cool!
Seid ihr wirklich die von „Total egal"?
Nils&Tom: *Klar doch!*
Francesco: Toll! Seid ihr gerade in Leipzig?
Nils&Tom: *Leider nicht... Wir sind in Köln. Und du? Wo wohnst du?*
Francesco: In Luzern.
Nils&Tom: *Ach so ... Du kommst also aus der Schweiz?*
Francesco: Nein, eigentlich nicht. Ich wohne in Luzern, aber ich komme aus Neapel. Das ist in Süditalien.
Nils&Tom: *Allora ciao!*
Francesco: Ciao! Piacere!!
Nils&Tom: *Und wie alt bist du?*
Francesco: 14 Jahre alt.
Nils&Tom: *Du bist also noch in der Schule?*
Francesco: Ja, klar. Ich bin in der Oberstufe.
...

C2 LESEN

Ordnet zu.

a JA! b NEIN! c SUPER!

Ganz genau!

Ganz genau! Klar doch! Nein, eigentlich nicht. Hey, cool! Leider nicht! Ja, klar. Toll!

C3 LESEN

a) Ergänzt das Chat-Ende mit Smileys.

Francesco: Ich mag euer neues Album! a
Nils&Tom: *Cool! b Kommst du auch zu unserem Konzert am WE?*
Francesco: Ja, ich habe schon eine Karte!!! c
Nils&Tom: *Na ja, gut. Wir gehen jetzt!*
Francesco: Ok ... Schade ... d
Nils&Tom: *Kein Problem, wir sehen uns wieder!*
Francesco: Ja!
Nils&Tom: *Also, mach's gut!*
Francesco: Ciao! Und danke! e
Nils&Tom: *LG und bis Samstag! Gn8*
Francesco: BD

b) Ordnet zu.

1 BD a Wochenende
2 gn8 b Liebe Grüße
3 LG c Bis dann!
4 WE d Gute Nacht!

Achte auf Textzeichen (z.B. ? ! . ,)

C4 SCHREIBEN

Chatte im Internet auf Deutsch.

34 LEKTION 5 C

deutsch.com 1, Kursbuch, S. 34.

Das Prinzip Texte gezielt einsetzen, das auch als **Textorientierung** bekannt ist, hängt eng mit den Prinzipien der Verstehens- und Inhaltsorientierung zusammen. In der Tertiärsprachendidaktik steht die Arbeit mit Texten im Unterricht von Anfang an an zentraler Stelle – wie man anhand des Beispiels sehen kann. Alle Informationen aus der „fremden Welt" erreichen die Lernenden in Textform: Ob es schriftliche Texte im Internet, in Büchern, Zeitungen, Briefen, Informationsbroschüren, Zeitplänen und Gebrauchsanweisungen sind oder mündliche Texte im Fernsehen, Radio, in Gesprächen oder Diskussionsrunden. Unterschiedlich sind lediglich die Medien und die Textsorten, über die die Themen vermittelt werden. Deshalb ist es wichtig, dass Sie Ihren Lernenden bewusst machen, dass sie auch auf A1-Niveau schon viele Texte verstehen können, die für sie relevant sind.

Die Auswahl der Texte hängt davon ab, wie viel verstehbares Material sie enthalten und ob das Thema der Lerngruppe entspricht. Im Beispiel in Aufgabe 111 wird ein Text bearbeitet, dessen Textsorte der Zielgruppe der Jugendlichen bekannt sein dürfte und dessen Thema den Interessen der Jugendlichen entspricht (Gespräch mit Mitgliedern einer Band). Grundsätzlich ist bei der Zielgruppe des Tertiärsprachenunterrichts die Arbeit mit anspruchsvolleren Texten schon zu einem frühen Zeitpunkt möglich.
Die Texte werden gezielt eingesetzt, um bestimmte sprachliche, landeskundliche oder kulturelle Inhalte zu erarbeiten. Man kann **Paralleltexte**, d.h. Texte in verschiedenen Sprachen (Deutsch, Englisch, Erstsprache), einsetzen und Parallelen in grammatischen Strukturen oder im Wortschatz erarbeiten.

verstehensorientiert lesen

Auch bei der Arbeit mit Texten sollen die Lernenden erkennen, was sie bereits alles verstehen können. Hier kommen die sprachlichen und strategischen Vorkenntnisse wieder stark zum Tragen. Auch vorhandenes Weltwissen wird gezielt eingesetzt: Schon bei der ersten Auseinandersetzung mit dem unbekannten Text kann der Inhalt durch die Analyse der **Textsorte** vorentlastet werden. Die Textsorte (erkennbar durch das Layout in Schriftform oder durch Hintergrundgeräusche und den Hörkontext bei Hörtexten) enthält schon viele Informationen über den möglichen Textinhalt und liefert oft entscheidende Hinweise zum globalen Textverstehen.

den passenden Lesestil wählen

Aus der Leseforschung weiß man, dass kaum ein Text Wort für Wort gelesen wird. Ein so gründliches Lesen kommt eher selten vor, daher ist es auch nicht nötig, dies im Deutschunterricht zu praktizieren. Wichtig ist die Wahl eines angemessenen **Lesestils**, der immer mit den Lesezielen, den Leseerwartungen und den gesuchten Informationen zusammenhängt. In Lehrwerken wird der Lesestil meist durch die Aufgabenstellung vorgegeben. Soll der Text nur **global** verstanden und das Thema bzw. die Hauptaussage des Textes erfasst werden, wird ein schnelles Überfliegen unter Beachtung des Titels und der dazugehörigen visuellen Informationen für das Lösen der Aufgabe reichen. Sollen bestimmte Informationen wie z.B. eine Uhrzeit der Zugabfahrt oder der Grund für ein Ereignis gefunden werden, wird der Text beim ersten Überfliegen zuerst global erfasst, um dann die Stelle mit der gesuchten Information genauer zu lesen. Wir sprechen dann von **selektivem Lesen**. Sollen alle Informationen eines Textes erschlossen werden, muss er **detailliert** gelesen werden.
Diese Lesestile sind wie auch die Verstehensstrategien durchaus nicht allen Lernenden bekannt. Deshalb ist es wichtig, über Lesestile und Leseerwartungen zu sprechen und Eigenschaften von Textsorten zu thematisieren. Dasselbe gilt natürlich auch für die Arbeit mit Hörtexten.

Aufgabe 112

Wie werden die Prinzipien Verstehen fördern, Lernerinteressen berücksichtigen und Texte gezielt einsetzen in dem Lehrwerkbeispiel aus *deutsch.com* 1 in Aufgabe 111 umgesetzt? Notieren Sie und bewerten Sie die Umsetzung.

Prinzip	Umsetzung im Lehrwerkbeispiel	Ihre Bewertung der Umsetzung
Verstehen fördern	*Verstehensstrategien werden aktiviert, ...*	
Lernerinteressen berücksichtigen		
Texte gezielt einsetzen		

An dem Prinzip Texte gezielt einsetzen erkennt man besonders gut, wie eng die Prinzipien für den Unterricht von Deutsch als Zweitsprache miteinander verwoben sind. Die Beispiele aus den Lehrwerken zeigen, dass man die Zielgruppe schon im Anfangsunterricht mit Texten in Kontakt bringen kann, die sie selbst auch in ihrer Freizeit wählen würden.

4.6.5 Prinzip ökonomisches Sprachenlernen

Dieses Prinzip fasst die zuvor beschriebenen Prinzipien zusammen bzw. ist in jedem der einzelnen Prinzipien bereits enthalten. Ökonomisches Lernen bedeutet, dass das Lernen der zweiten Fremdsprache so effizient und planvoll wie möglich sein sollte. Die Gründe dafür fassen wir hier zusammen:

Faktor Zeit

Ökonomisches Vorgehen beim Sprachenlernen ist besonders deshalb wichtig, weil der schulische Unterricht in der zweiten Fremdsprache erst später als der in der ersten Fremdsprache einsetzt. Es müssen aber oft nach den curricularen Vorgaben beim Erlernen der zweiten Fremdsprache Ziele erreicht werden, wie sie auch für die erste Fremdsprache vorgesehen sind. Somit haben Lernende der zweiten Fremdsprache weniger Zeit, in der sie ein bestimmtes sprachliches Niveau erreichen müssen. Auch bei Erwachsenen spielt der Zeitfaktor eine wichtige Rolle: Sie lernen Fremdsprachen häufig in ihrer Freizeit oder parallel zum Beruf und wünschen sich ein rasches Vorankommen.
Im Hinblick auf das lebenslange Lernen ist es besonders wichtig, effizient zu lernen und bewusst eine Lernkompetenz aufzubauen. Der Unterricht zielt darauf ab, nicht nur sprachliche Kompetenzen und Sprachbewusstheit, sondern auch Haltungen und Meinungen sowie Sprachlernkompetenz und -bewusstheit zu fördern. In diesem Zusammenhang beschreibt das Prinzip der Ökonomisierung alle Bemühungen und Maßnahmen, die darauf abzielen, den Lernprozess zügiger, effizienter und bewusster zu gestalten.

Aktivierung der Lernenden

Lernende sollten auch im tertiärsprachendidaktisch ausgerichteten Unterricht keine passiven Abnehmer oder Konsumenten von Unterricht sein. Sie sollten vielmehr die neue Sprache aktiv erkunden und mittels Strategien leichter und bewusster Zugang zu der neuen Sprache suchen und finden. Voraussetzung dafür ist natürlich, dass sie bereit sind, sich mit sich selbst, der neuen Sprache und Kultur sowie auch mit dem eigenen Lernverhalten auseinanderzusetzen und Zeit und Energie in ihr Lernen zu investieren. Voraussetzung dafür ist jedoch auch, dass **Lerneraktivierung** ein zentrales Prinzip des Unterrichts ist.
Zeit und Energie in das Lernen zu investieren, fällt besonders Jugendlichen schwer. Das erfahren Sie sicher oft in Ihrem Unterrichtsalltag.

Lassen Sie sich aber dadurch nicht entmutigen, sondern folgen Sie der Strategie, die sich in vielen Maßnahmen und Vorschlägen dieser Einheit widerspiegelt: Trauen Sie Ihren Lernenden einiges zu und vermitteln Sie ihnen, was ihnen dafür bereits alles zur Verfügung steht.

Zusammenfassung

Sie haben nun fünf wichtige Prinzipien der Tertiärsprachendidaktik kennengelernt und einige Beispiele für ihre Umsetzung gesehen. Alle beschriebenen Prinzipien hängen miteinander zusammen und betonen jeweils andere Aspekte des Tertiärsprachenunterrichts. Ihre Umsetzung hat nicht immer etwas mit der konkreten Sprachenkonstellation (Deutsch nach Englisch oder nach anderen Sprachen) zu tun. Es sind Prinzipien, die für einen modernen Unterricht allgemein gelten, und sie zielen auf eine Lernkompetenz ab, die nicht nur beim Lernen des Deutschen oder beim Lernen von Fremdsprachen relevant ist, sondern beim Lernen überhaupt. Diese Lernkompetenz ist besonders im Hinblick auf das allgemeine Ziel des lebenslangen Lernens zu entwickeln und greift aus dem Deutschunterricht auch auf andere Fächer und Lebensbereiche über.

Aufgabe 113

P

Notieren Sie zusammenfassend in eigenen Worten zu jedem Prinzip, warum es für den Unterricht von Deutsch als zweiter Fremdsprache wichtig ist, und was Sie sich merken möchten.

Prinzip	Ist wichtig für den Unterricht von Deutsch als zweiter Fremdsprache, weil ...	Das möchte ich mir merken
vergleichen und besprechen		
Verstehen fördern		
Lernerinteressen berücksichtigen		
Texte gezielt einsetzen		
ökonomisches Sprachenlernen		

4.7 Wie setzt man tertiärsprachenspezifische Prinzipien um?

Wir möchten Ihnen nun anhand von Wortschatzarbeit und Textverstehen zeigen, wie Lehrwerke für den Unterricht von Deutsch als zweiter Fremdsprache diese tertiärsprachenspezifischen Prinzipien konkret umsetzen.
Wir zeigen Ihnen im ersten Beispiel, wie in einer Abfolge von Aktivitäten der Wortschatz erweitert und geübt wird; im zweiten Beispiel geht es um die Arbeit mit Texten und um die Förderung des Leseverstehens. Ihre Aufgabe ist es, die Merkmale und Ziele der einzelnen Aktivitäten zu erfassen. Im Anschluss an die Beispiele gehen wir dann jeweils genauer auf die didaktisch-methodischen Vorgehensweisen ein.

Ziel dieses Teilkapitels ist, dass Sie
- Merkmale von Lernmaterialien erkennen, die für den Unterricht von Deutsch als zweiter Fremdsprache gemacht wurden, und dass Sie beschreiben können, wie genau diese das Lernen von Deutsch als zweiter Fremdsprache fördern,
- Aufgaben- und Übungsformen kennenlernen, mit denen Sie die tertiärsprachendidaktischen Prinzipien selbst umsetzen können,
- selbst eine Lernaktivität nach tertiärsprachendidaktischen Prinzipien entwickeln können.

4.7.1 Umsetzung der Prinzipien am Beispiel Wortschatzarbeit

In der Lehrwerkeinheit, die wir Ihnen jetzt vorstellen, sollen sich die Lernenden durch verschiedene Lernaktivitäten ein neues Wortfeld erschließen.

Aufgabe 114

Welche Lernziele verfolgen die Lernaktivitäten und welche besonderen Merkmale der Wortschatzarbeit erkennen Sie?

9 Das Wetter
The weather

Wortschatz / A1

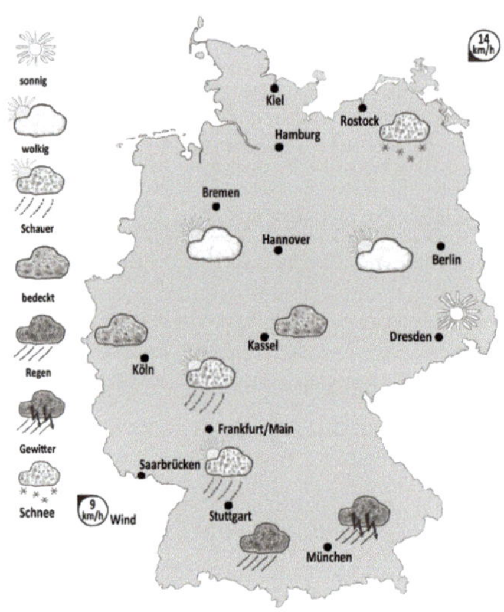

Ü 1 Studieren Sie die Wetterkarte.

Englisch	Deutsch
weather	das Wetter
wind	______
rain	______
snow	______
shower	______

Ü 2 Was gehört zusammen?

Englisch	Deutsch
sonnig	summer
die Sonne	sun
der Sommer	sunny
mild	cold
kalt	hot
heiß	mild

Ü 3 Weitere wichtige Wörter

wolkig – cloudy • die Wolke – cloud • bedeckt – covered • das Gewitter – thunderstorm

Ü 4 Richtig hören – Akzent markieren – korrekt nachsprechen 17

das Wetter – der Wind – der Regen – der Schnee – der Schauer – sonnig – die Sonne – der Sommer – mild – kalt – heiß – wolkig – die Wolke – bedeckt – das Gewitter

Ü 5 Bringen Sie die Wörter in die richtige Reihenfolge.

kalt – ... ... – heiß

Ü 6 Wie ist das Wetter? Ordnen Sie zu.

_2_ Es ist kalt. ___ Die Sonne scheint.
___ Es ist warm. ___ Es regnet nicht.
___ Es ist bewölkt. ___ Es blitzt und donnert.
___ Es schneit. ___ Nachts gibt es Gewitter.

Deutsch ist easy!, S. 28.

Lernaktivität	Lernziel	Merkmale der Wortschatzarbeit
Ü1	*Die Lernenden kennen den Wortschatz zum Thema Wetter und können eine Wetterkarte lesen.*	*Die englischen Wörter sind vorgegeben. Die Lernenden können die Aufgabe lösen, weil die vorgegebenen Wörter im Englischen und Deutschen ähnlich sind. Es wird für die Ähnlichkeiten zwischen Deutsch und Englisch im Wortschatzbereich sensibilisiert. Der Text (die Wetterkarte) wird gelesen und verstanden, ohne dass die deutschen Wörter bekannt sind. Die Motivation zum Lernen wird gesteigert, weil vieles bereits verstanden wird.*
Ü2		
Ü3		
Ü4		
Ü5		
Ü6		

Bei der Beschreibung des Vorgehens in diesem Lehrwerkbeispiel konnten Sie wieder sehen, dass der sprachliche Vergleich ganz gezielt vorgenommen wird. Ähnlichkeiten zwischen den englischen und deutschen Wörtern werden hervorgehoben, Unterschiede ebenfalls bewusst gemacht. Zu den lexikalischen Unterschieden kommt die andere Aussprache der deutschen Wörter im Vergleich zum Englischen hinzu. Außerdem gehört zu der schrittweisen Wortschatzerarbeitung, dass der Wortschatz geübt und die Produktion vorbereitet wird, sodass die Lernenden ihn auch in anderen Kontexten anwenden können.

Wenn man Wortschatzarbeit nach den didaktischen Prinzipien der Tertiärsprachendidaktik gestaltet, muss man z.B. folgende Fragen beantworten:

- Welcher Wortschatz sollte sinnvollerweise mit Blick auf die vorhandenen Sprachen gelernt werden (z.B. gemeinsamer Wortschatz von Englisch und Deutsch)?
- Welcher Wortschatz kommt in den von der Zielgruppe bevorzugten Texten und sprachlichen Wendungen häufig vor und sollte deshalb früh gelernt werden?

- Wo soll der Schwerpunkt der Wortschatzarbeit liegen?
- Was macht man mit Fällen des Sprachvergleichs, die zu Fehlern führen?
- Und letztendlich – auch wenn das nicht nur für den Tertiärsprachenunterricht relevant ist – wie können die Lernenden den Wortschatz langfristig im Gedächtnis speichern?

Auf diese Fragen geben wir jetzt eine Antwort.

Lernwortschatz

Wenn Deutsch nach Englisch gelernt wird, kann der **Lernwortschatz** aufgrund bestehender Parallelen ausgewählt werden. Einige Beispiele für diese Parallelen, gerade zwischen Deutsch und Englisch, haben Sie bereits in Kapitel 4.3 kennengelernt. Aber auch für andere Sprachenkonstellationen lässt sich der Wortschatz so auswählen, dass er möglichst zahlreiche Parallelen in den vorhandenen Sprachen enthält, z.B. in Bezug auf folgende Aspekte:

Ähnlichkeiten im Wortschatz aufgrund der Sprachverwandtschaft
Bei miteinander verwandten Sprachen gibt es einen sogenannten gemeinsamen Wortschatz – es gibt Wortfelder, die in den miteinander verwandten Sprachen leicht zu erschließen sind (z.B. Wortfelder Monate, Zahlen, Wetter usw.).

Internationalismen
Internationalismen sind Wörter meist lateinisch-griechischen Ursprungs, die auch in anderen Sprachen vorkommen, also aufgrund der Erstsprachenkenntnisse verstanden werden können, wie z.B. Taxi oder Start. Sie sind häufig in Wortfeldern wie Musik, Kunst, Medizin, Sport usw. zu finden.

Lehnwörter
Dies sind Wörter des täglichen Sprachgebrauchs, die zusammen mit den bezeichneten Objekten oder Konzepten aus anderen Sprachen übernommen worden sind. Meist sind es Anglizismen, die mit der angloamerikanischen Freizeitkultur Eingang in den täglichen Sprachgebrauch gefunden haben, z.B. im Bereich Mode (Jeans, T-Shirt, Slip usw.) oder Informationstechnologie (PC, Internet, Chat, surfen usw.) (z.B. Neuner u.a. 2009, S. 55f.).

Verstehenswortschatz

Wegen solcher Parallelen ist es wichtig, im Tertiärsprachenunterricht auf die großen Transfermöglichkeiten hinzuweisen bzw. diese zusammen mit den Lernenden zu erarbeiten. Dabei geht es in erster Linie um das Sichern des Verstehens: Ein **Verstehenswortschatz** wird gezielt aufgebaut. Dafür eignen sich Übungen, die in den Arbeitsanweisungen die Aufmerksamkeit auf die Ähnlichkeiten lenken und das Vorgehen bei der Wortschatzerarbeitung bewusst machen.

Aufgabe 115 **Welche dieser Arbeitsanweisungen eignen sich Ihrer Meinung nach dafür, den Lernenden den verstehbaren Wortschatz bewusst zu machen? Kreuzen Sie an.**

Arbeitsanweisungen	
1. Lesen Sie den Text und markieren Sie mit einem Textmarker alle Wörter, die Sie aus anderen Sprachen kennen und verstehen.	☐
2. Hier sind englische und französische Internationalismen. Wie heißen die Wörter auf Deutsch? Suchen Sie das jeweils passende deutsche Wort aus dem Schüttelkasten.	☐
3. Welche Wochentage gehören zusammen? Schreiben Sie die deutschen Wörter aus dem Schüttelkasten neben ihre englische Entsprechung.	☐
4. Hier ist der Anfang einer Reihe. Sortieren Sie die Wörter. a) Maße: das Pfund – das Kilogramm – ... b) Sprache: das Wort – ... c) Kleidung: das T-Shirt – ...	☐
5. Welche deutschen Wörter haben keine englische Entsprechung? Markieren Sie.	☐

Sie haben gesehen, dass es viele Möglichkeiten gibt, den Verstehenswortschatz im Unterricht zu fokussieren. Durch diese Arbeitsanweisungen werden die Lernenden darauf aufmerksam, wie viel sie aufgrund ihrer vorhandenen Sprachen bereits verstehen können.

falsche Freunde

Durch die zahlreichen Parallelen zwischen miteinander verwandten Sprachen kann der Verstehenswortschatz relativ zügig aufgebaut werden: Ähnliche Wörter werden an der Schreibung oder durch den Klang erkannt und verstanden. Manchmal kommt es jedoch vor, dass Wörter ähnlich aussehen oder klingen, aber etwas ganz anderes bedeuten. Solche Wörter nennt man **falsche Freunde**, weil die Übertragung in solchen Fällen zu fehlerhafter Verwendung führt. Hier sind einige Beispiele für falsche Freunde:

engl. Wort	korrekte dt. Übersetzung	engl. falscher Freund zur korrekten dt. Übersetzung	dt. Übersetzung des falschen Freundes
get, receive	bekommen	*become*	werden
poison	das Gift	*gift*	das Geschenk
way, type	die Art	*art*	die Kunst
folder/briefcase	die Mappe	*map*	der Stadtplan, die Landkarte

(nach: Neuner u.a. 2009, S. 59)

Im Vergleich zu den großen Potenzialen des Parallelwortschatzes in Deutsch und Englisch ist die Gefahr, dass Lernende einmal ein Wort fehlerhaft übertragen, relativ gering. Es ist jedoch auch im Interesse der Tertiärsprachendidaktik, dass mögliche Fehlerquellen von Anfang an thematisiert werden. Es muss also auch den Lernenden klar sein, dass man nicht alles in den beiden Sprachen ohne Weiteres übernehmen kann.

Aufgabe 116

Welche von diesen Lehr-/Lernaktivitäten finden Sie sinnvoll, um auf falsche Freunde aufmerksam zu machen?

a) Kreuzen Sie an.

	Das mache ich auch so.	Das finde ich sinnvoll / würde ich gern ausprobieren.	Das finde ich nicht so sinnvoll.
1. Gemeinsam mit den Lernenden ein Poster zu falschen Freunden gestalten und im Klassenzimmer/Kursraum aufhängen; neue Wortpaare werden dort nach und nach ergänzt.	☐	☐	☐
2. Die Lernenden anleiten, falsche Freunde bildlich darzustellen: sie zeichnen oder malen sie und gestalten ein Memory-Spiel.	☐	☐	☐
3. Wenn Fehler aufgrund von falschen Freunden auftreten, gemeinsam klären, woher die Verwechslung kommt.	☐	☐	☐
4. Kleine Geschichten darüber schreiben/erzählen, wie es aufgrund von falschen Freunden zu Missverständnissen kommen kann.	☐	☐	☐
5. Gemeinsam mit den Lernenden über Ähnlichkeiten zwischen Sprachen kritisch nachdenken und falsche Freunde selbst entdecken.	☐	☐	☐

b) Haben Sie eigene Ideen für Lehr-/Lernaktivitäten?

____

Aussprache üben

Wenn es um die aktive Verwendung eines bis dahin nur passiv verstandenen Wortes geht, hat man es als Erstes mit der korrekten Aussprache zu tun. Gerade bei Wörtern, die man im Deutschen aufgrund von Englischkenntnissen versteht, neigen Lernende dazu, mit der Wortform und -bedeutung auch die Aussprache zu übertragen, was jedoch in den meisten Fällen falsch ist. Aus diesem Grund ist die produktive Wortschatzarbeit unmittelbar mit der Arbeit an der Aussprache verbunden. Mit gezielten Übungen zur Aussprache kann das oft gefürchtete Phänomen des „Denglischen" vermieden werden. Hier dazu ein Beispiel:

Lesen Sie die folgenden Wortpaare laut. Notieren Sie die Unterschiede in Bezug auf die ***fett markierten Teile*** *der deutschen Wörter. Überlegen Sie auch, welche Aussprachefehler bei den deutschen Wörtern auftreten könnten.*

*In*f*or****mation*** – *information* ________________

F*in****g****er* – *finger* ________________

w*a****sch****en* – *wash* ________________

R*in****g*** – *ring* ________________

(Neuner u.a. 2009, S. 61)

Verankerung im Gedächtnis

Dass Lernen durch die Integration neuen Wissens in bestehende Systeme geschieht, haben Sie bereits erfahren. Im Fall des Wortschatzlernens stellen einzelne Wörter kleine Lerneinheiten dar, die in bereits vorhandene Wortschatznetze im Gedächtnis integriert werden müssen, damit sie behalten und abgerufen werden können. Je mehr Verbindungen ein Wort in so einem Netz hat, desto wahrscheinlicher ist es, dass es aktiviert werden kann. Besonders günstig ist die Verankerung neuer Wörter im Gedächtnis, wenn ähnlich aussehende oder ähnlich klingende Wörter anderer Sprachen dort bereits vorhanden sind.

Um möglichst viele Verbindungen zwischen den Wörtern herzustellen, sollte der Unterricht die Lernenden dazu anregen, den neuen Lernstoff in bekannte Kontexte einzubinden, z.B.:

- durch **Visualisierung**, wenn das neue Wortmaterial durch Bilder oder Grafiken dargestellt wird und somit Verbindungen zwischen Wörtern und Objekten geschaffen werden,
- durch **Kontextualisierung**, indem neue Wörter z.B. in Kontrast- oder Gleichheitsbeziehungen, Reihen, Ober- oder Unterkategorien geordnet werden,
- durch die **Ausführung einer Aktivität** (z.B. Wind, Regen, Sonnenschein pantomimisch darstellen), die das Wort beschreibt; so wird das Wort direkt physisch erfahren oder es werden eigene Erfahrungen dazu aktiviert,
- durch **persönliche Assoziationen**, wenn die Lernenden sich selbst Verbindungen zu den neuen Wörtern ausdenken, die ihnen helfen sollen, sich das Wort besser zu merken und abzurufen; solche Assoziationen können z.B. Eselsbrücken aus der Erstsprache sein, die bestimmte Vorstellungen der Lernenden zum Klang oder zur Schriftform des Wortes aufgreifen oder persönliche Erinnerungen an gemachte Erfahrungen mit dem Wort / der Situation enthalten.

Aufgabe 117

Wie kann man sich das Wort „traurig" mit den beschriebenen Verfahren merken? Notieren Sie Ideen und tauschen Sie sich mit Ihren Kolleginnen und Kollegen aus.

Bestimmt haben Sie viele Ideen zusammengetragen, wie man sich ein Wort wie traurig merken kann. Solche Verfahren nutzen Sie vermutlich auch in Ihrem Unterricht.

Zusammenfassung

Fassen wir zusammen, wie sich die didaktisch-methodischen Prinzipien, die Sie in den Teilkapiteln 4.6.1–4.6.5 kennengelernt haben, bei der Wortschatzarbeit im Unterricht für Deutsch als zweite Fremdsprache umsetzen lassen.

- Das Prinzip **vergleichen und besprechen** ist ausschlaggebend bei der Wortschatzarbeit. Zentrale Lehr-/Lernaktivitäten sind der Sprachvergleich, das Besprechen von Sprachlernerfahrungen und von Vorgehensweisen beim Bearbeiten von Wortschatzübungen. Lexikalische Ähnlichkeiten und Unterschiede zwischen den Sprachen der Lernenden ergeben günstige Voraussetzungen für den zwischensprachlichen Transfer.
- Das Prinzip **Verstehen fördern** betont, wie wichtig es ist, immer deutlich zu machen, wie man neue Wörter und Wendungen auf der Grundlage bereits vorhandener Sprachenkenntnisse verstehen kann. Der Verstehenswortschatz kann durch Gegenüberstellung und Sprachvergleich relativ mühelos erarbeitet werden. Kriterium für die Wortschatzauswahl ist deshalb: Wortfelder, die lexikalische Parallelen enthalten, können früher und leichter erarbeitet werden und bieten eine Basis für das weitere Sprachenlernen. Das rasche Verstehen in der bis dahin unbekannten Sprache motiviert die Lernenden zum Lernen und vermittelt ihnen gleich zu Beginn wichtige Erfolgserlebnisse.
- Das Prinzip **Lernerinteressen berücksichtigen** bedeutet, solche Inhalte und Texte auszuwählen, die nicht nur bereits verstehbares Sprachmaterial enthalten, sondern auch thematisch interessant sind, die Lernende zum Lernen motivieren und die für die Kommunikation in authentischen Situationen relevant sind.
- Das Prinzip **Texte gezielt einsetzen** wurde im analysierten Beispiel aus dem Anfangsunterricht umgesetzt, indem ein Text gewählt wurde, der sprachlich relativ einfach ist und verstehbaren und relevanten Wortschatz enthält.

- Das Prinzip **ökonomisches Sprachenlernen** umfasst alle Bemühungen, die die vorhandenen Vorkenntnisse gezielt nutzen, die Strategien bewusst machen, die das langfristige Memorieren des neuen Wortschatzes begünstigen und somit den Lernprozess beschleunigen. Gerade durch die Parallelen im Wortschatzbereich zwischen Englisch und Deutsch entstehen Möglichkeiten, die zur Effizienz des Lernprozesses beitragen – alle Ressourcen werden genutzt.

4.7.2 Umsetzung der Prinzipien am Beispiel der Textarbeit

Wir haben Ihnen im Verlauf von Kapitel 4 anhand einiger Beispiele aus Lehrwerken gezeigt, wie die fünf wichtigen Prinzipien im Unterricht Deutsch als zweite Fremdsprache umgesetzt werden können. Nun sind Sie an der Reihe. Entwickeln Sie selbst eine kurze Abfolge von Übungen, in deren Zentrum ein Text oder auch mehrere kurze Texte stehen. Entwickeln Sie die Übungen für Ihre eigene Zielgruppe und setzen Sie dabei einige der didaktisch-methodischen Prinzipien um, die Sie in Kapitel 4.6 kennengelernt haben. Sie können auch noch einmal in den Teilkapiteln 4.6.2 und 4.6.4 nachlesen, in denen Sie Lehrwerkbeispiele für die Umsetzung der Prinzipien „Verstehen fördern" und „Texte gezielt einsetzen" finden.

Wir unterstützen Sie in der Aufgabe durch Leitfragen bei der Entwicklung der Übungen. Im Anschluss zeigen wir Ihnen eine Übungsabfolge zum Textverstehen aus dem Lehrwerk *deutsch.com* 1 für jugendliche Lernende, und zwar zu einem Text mit dem Thema „Mein Hobby ist Schule". So können Sie Ihre Ideen mit denen der Lehrbuchautoren vergleichen.

Aufgabe 118

P

Entwickeln Sie eine Abfolge von Übungen mit dem globalen Lernziel, das Verstehen von Texten zu trainieren.

a) Wählen Sie einen geeigneten Text / geeignete Texte aus.

Für welche Zielgruppe entwickeln Sie diese Textarbeit (Alter, Sprachniveau)?

____

Welchen Text / Welche Texte wählen Sie aus (Quelle, Thema, Sprachniveau)?

____

b) Orientieren Sie sich an den Leitfragen 1–4 und notieren Sie die Arbeitsaufträge.

1. Wie knüpfen Sie vor dem Lesen des Textes an das Vorwissen Ihrer Lernenden an?

____

2. Wie erreichen Sie es, dass Ihre Lernenden den Text global verstehen können und dabei feststellen, wie viel sie bereits über den Text wissen, ohne ihn Wort für Wort gelesen zu haben?

____

3. Wie leiten Sie Ihre Lernenden dazu an, den Text selektiv zu verstehen?

____

4. Wie regen Sie eine Reflexion über den Leseprozess an, damit Verstehensstrategien bewusst werden und die Lernenden eigene Stärken und Schwächen erkennen?

____

c) Tauschen Sie sich mit Ihren Kolleginnen und Kollegen über Ihre Ideen aus.
Was haben Sie Neues über die Arbeit mit Texten erfahren?

Möglicherweise ist Ihnen Aufgabe 118 nicht ganz leichtgefallen. Deshalb möchten wir Ihnen die Umsetzung der didaktisch-methodischen Prinzipien bei der Textarbeit, die im Unterricht Deutsch als zweite Fremdsprache so wichtig sind, noch einmal anhand eines Beispiels zeigen. Sie können damit Ihre eigene Übungsfolge aus Aufgabe 118 vergleichen. Hier ist die Übungsfolge aus dem Lehrwerk *deutsch.com* 1, die wir dafür ausgesucht haben.

4–6

LESEN

Vor dem Lesen

1 Schau den Text an. Welche Merkmale hat er? Ordne zu.

☒ Fotos ☐ Zahlen ☐ Namen ☐ Titel

Fotos, Titel, Zahlen und Namen helfen dir beim Verstehen!

2 Was denkst du, was ist das Thema? Notiere. ______

1 → ***Mein Hobby ist Schule! – Schulfreaks oder Hobbylerner?***
Schulreport von Antje Schulz (10c) ← 2
4 ↘

Andreas, 15 3 →
Ich lerne gern! Ja, ich gehe gern zur Schule, mache meine Hausaufgaben, lese viel ... Geschichte finde ich sehr interessant, das ist auch mein Hobby!

Leonie, 14
Ich mag Musik, das ist mein Hobby. In der Schule haben wir eine Band und da singe ich mit. Ich bin also sehr gern in der Schule – da habe ich Musik und meine Freunde!

Ayşe, 16
Ich schreibe gern! Poesie, Tagebuch, Briefe, alles! Ich liebe Literatur! Das haben wir in Deutsch und das ist mein Lieblingsfach! Da bekomme ich Ideen für meine eigenen Texte.

Lukas, 16
Lernen ist manchmal langweilig ... Aber Schule nicht! Ich spiele im Basketballteam und bin oft sehr lange in der Schule! Also meine Hobbys sind: Schule, Sport und Freunde!

3 Lies zuerst die Aufgaben in 4. *Zuerst die Aufgaben lesen, dann den Text!*

Lesen 1

4 Lies die Texte schnell durch. Ordne zu.

Lesen 1: Lies ganz schnell, such nur Infos für die Aufgabe!

1 Andreas [a] Basketball
2 Leonie [b] Schreiben
3 Ayşe [c] Geschichte
4 Lukas [d] Musik

5 Lies zuerst die Aufgaben in 6.

Lesen 2

6 Was ist richtig? Kreuze an.

a) Andreas hat kein Hobby. [r] [f]
b) Leonie singt in der Schulband. [r] [f]
c) Ayşe mag Literatur. [r] [f]
d) Lukas lernt gern. [r] [f]

Meine Strategien beim Lesen: ______

______

MODUL 2 43

deutsch.com 1, Arbeitsbuch, S. 43.

Ihnen fällt vermutlich auf, dass die Übungsabfolge in *deutsch.com* 1 zum einen darauf ausgelegt ist, den Text schrittweise zu verstehen, und zum anderen die Vorgehensweise beim Lesen bzw. Textverstehen zu reflektieren. Sehen wir uns das Vorgehen etwas genauer an.

an Vorwissen anknüpfen

Schon vor dem Lesen werden Lernaktivitäten zur **Vorentlastung** des Inhalts sowie zur Aktivierung des Vorwissens angeboten. So wird eine bestimmte Leseerwartung geweckt, die vorhandenen Kenntnisse zu dem Textthema werden aktiviert und für einen Einsatz beim Lesen vorbereitet. Diese Kenntnisse können sprachlicher, kultureller und lernstrategischer Art sein.
Beispiele für Arbeitsanweisungen, die sich zur Vorentlastung eignen und an das Vorwissen der Lernenden anknüpfen, finden Sie in der folgenden Aufgabe.

Aufgabe 119

Welche Arbeitsanweisung führt zu welchem Ziel? Ordnen Sie in der Tabelle zu.

Arbeitsanweisungen	Zuordnung	Ziel der Übung
1. Lies den Titel der Lehrwerkeinheit. Zu welchen Themen werden in dieser Einheit vermutlich Texte angeboten?		A Erwartungen dazu äußern, was im Text vorkommen könnte
2. Notiere in Stichworten, was du von diesem Text erwartest.		B Textsorte erkennen und überlegen, welche Informationen in dieser Textsorte vorkommen
3. Was fällt dir spontan zu diesem Text ein, wenn du den Titel liest? Notiere.		C Hypothesen zum Thema des Textes mit Blick auf das übergeordnete Thema der Lehrwerkeinheit bilden
4. Was ist das vermutlich für ein Text? Woher kommt er? Und woran erkennst du das?		D Assoziationen zum Titel bilden und darüber Vorwissen zum Thema aktivieren
5. Hast du einen ähnlichen Text schon einmal in deiner 1. Fremdsprache gelesen?		E Vorwissen zum Thema/Text aktivieren, sich an Perspektiven aus der Welt der 1. Fremdsprache erinnern

strategisches Lesen

Beim ersten Lesen ist es wichtig, dass die Lernenden nicht anfangen, den Text Wort für Wort verstehen zu wollen. Die Lernenden können sich dem Text global nähern. Trotzdem werden in dem gewählten Text Wörter oder Strukturen vorkommen, die den Lernenden auf dem Sprachniveau noch nicht bekannt sind. Aus diesem Grund ist es wichtig, die Aufmerksamkeit zuerst auf die Aufgabe zum Text zu lenken, die im ersten Schritt meist globales Verständnis des Textes anstrebt.
Der erste Schritt des strategischen Lesens führt dazu, die wichtigsten Textaussagen zu erfassen. Dieses erste Verstehen kann mit verschiedenen Arbeitsaufträgen unterstützt und gesichert werden. Beispiele dafür finden Sie in der nächsten Aufgabe.

Aufgabe 120

Welche Arbeitsanweisungen eignen sich dafür, globales Textverstehen zu sichern? Kreuzen Sie an.

Arbeitsanweisungen	geeignet für globales Leseverstehen
1. Sieh dir die Fotos an: Was ist vermutlich das Thema des Textes? / Worum geht es in diesem Text?	☐
2. Führe den Satz fort: *Das Thema der Umfrage im Schulreport ist …*	☐
3. Fasse den Textinhalt in zwei Sätzen zusammen.	☐
4. Markiere alle Zahlen, Hervorhebungen, großgeschriebene Wörter und andere auffällige Merkmale des Textes. Worum geht es deiner Meinung nach im Text?	☐
5. Was ist das Thema des Textes? Kreuze an: a) Basketball b) Literatur c) Musik	☐
6. Diese Sätze sind falsch: a) … b) … c) … Lies im Text nach und korrigiere die Sätze.	☐

Wichtig ist, dass die Lernenden diese Arbeitsaufträge schon nach dem ersten Überfliegen des Textes bearbeiten können und auf diese Weise in ihrem Erfolg bestärkt werden. So wird mit wenig Mühe viel verstanden, noch bevor der Text vollständig entschlüsselt wird.

Verstehen sichern

In einem nächsten Schritt geht es darum, den Textinhalt genauer zu erfassen. Je nach der Funktion des Textes und dem Ziel der Textarbeit kann es sinnvoll sein, den Text **selektiv** zu erfassen oder auch **detailliert** zu verstehen. Bei einer Zeitungsanzeige wird man nur darauf achten, ob das gesuchte Produkt zum Verkauf steht, zu welchem Preis und wo. Bei einem Kochrezept oder einem Liebesbrief wird es hingegen wichtig sein, jedes Detail des Textes zu verstehen. Darum wird die Lehrkraft die Arbeitsaufträge zur Verstehenssicherung des gesamten Textes so stellen, dass sie der Textsorte entsprechen und die wichtigsten Informationen sichern.
Bei der Verstehenssicherung stellt man am besten **geschlossene Aufgaben**, die keine oder nur wenig eigene Produktion voraussetzen, da es beim Textlesen um Rezeption und weniger um eigene Produktion geht. Dafür kommen Aufgabentypen zum Einsatz wie z.B.:

- Zuordnungsaufgaben
- Multiple-Choice-Aufgaben
- Richtig-/Falsch-Aufgaben
- Ergänzung von geschlossenen Tabellen
- Lückensätze oder Lückentexte

Reflexion über den Leseprozess

Beim Bearbeiten der verschiedenen Übungen des Lehrwerkbeispiels sind bestimmte Strategien beteiligt, die beim Verstehen des Textes, beim Entschlüsseln von unbekannten Wörtern und beim Finden von gesuchten Informationen hilfreich sind. Diese mentalen Vorgänge laufen oft ganz unbewusst ab, wenn sie nicht schon bei der Arbeit mit Texten in der ersten Fremdsprache thematisiert wurden.
Die Aufgabe des Tertiärsprachenunterrichts ist es, sie ins Bewusstsein zu rufen, indem man gemeinsam über alle angewendeten Strategien spricht, sich über effektives Lesen austauscht und eventuell neue Wege ausprobiert. Zu diesem Zweck können auch gezielt Arbeitsaufträge bei der Textarbeit gestellt werden, z.B.:

- Welche Informationen des Textes hast du ganz leicht verstanden? Warum war das so?
- Was ist dir im Text beim Überfliegen als Erstes aufgefallen? Worauf hast du dich als Erstes konzentriert?
- Gib deinen Mitschülerinnen und Mitschülern drei Tipps, wie sie den Text „knacken" können.
- Schreibt eine Liste mit den Lese- und Verstehensstrategien, die euch geholfen haben, den Text zu verstehen, und gebt sie an eure Lernpartnerinnen und Lernpartner weiter.

Im Rahmen solcher Aktivitäten, die für das Lesen und Verstehen von Texten sensibilisieren, kann die Lehrkraft die Lernenden auch dabei unterstützen, sich an Strategien zu erinnern, die sie beim Lesen von Texten in der Erstsprache anwenden.

Zusammenfassung

Wenn Sie sich die didaktisch-methodischen Prinzipien für den Unterricht von Deutsch als zweiter Fremdsprache in Erinnerung rufen, werden Sie feststellen, dass sie bei der Textarbeit auf vielfältige Art und Weise umgesetzt werden können:

- Das Prinzip **Verstehen fördern** wird umgesetzt, wenn strategisches Lesen Schritt für Schritt ermöglicht wird, die Aufmerksamkeit der Lesenden gezielt auf wichtige Informationen gelenkt wird und sie sich auf Verstehbares konzentrieren. Nach diesem Prinzip müssen Texte nicht Wort für Wort verstanden werden.
- Das Prinzip **Lernerinteressen berücksichtigen** wird umgesetzt, indem z.B. ein für Jugendliche interessantes Thema wie Freizeit und Hobby ausgewählt wird, das die Jugendlichen durch den Titel „Mein Hobby ist Schule! – Schulfreaks oder Hobbylerner?" möglicherweise auch etwas provoziert. Wenn Sie die inhaltlichen Interessen Ihrer Lernenden nicht so gut kennen, können Sie eine kleine Umfrage machen – so fühlen sie sich ernst genommen und sind motivierter beim Lernen.

- In dem analysierten Lehrwerkbeispiel stehen sprachliche Lernziele nicht im Vordergrund. Dennoch wird auch hier an das Vorwissen in den zuvor gelernten Sprachen angeknüpft, indem es für das Verstehen der Teiltexte eingesetzt werden soll. Damit ist auch das Prinzip **vergleichen und besprechen** umgesetzt.
- Das Prinzip **Ökonomisierung des Sprachenlernens** wird umgesetzt, indem Vorwissen, Erfahrungen mit Texten, Strategien der Textarbeit und Parallelen zwischen Sprachen aktiviert werden und zum Einsatz kommen.

4.8 Zusammenfassung

Im vierten Kapitel dieser Einheit haben wir gezeigt, wie wichtig es ist, auf vorhandene Sprachen, Sprachenkenntnisse und Sprachlernerfahrungen beim Lernen des Deutschen als zweiter Fremdsprache zurückzugreifen, und wie dies konkret gehen kann.

Sie haben zunächst verschiedene Möglichkeiten kennengelernt, wie man die sprachliche Vielfalt der Lernenden zum Thema des Unterrichts machen und dadurch im Bewusstsein der Lernenden verankern kann. Sie haben erfahren, warum es so wichtig ist, verschiedene Sprachen beim Lernen miteinander zu verknüpfen, das Lernen bewusst zu machen und möglichst viele Möglichkeiten zum selbstständigen Lernen zu schaffen. Dies lässt sich auf der Grundlage von Lerntheorien und Spracherwerbshypothesen schlüssig begründen.

Sie haben gesehen, dass miteinander verwandte Sprachen Parallelen aufweisen, die das Erlernen der neuen Sprache erleichtern können. Gerade für die Sprachenkonstellation Deutsch nach Englisch ergibt der Vergleich aller vorhandenen Sprachen Anknüpfungspunkte für das Lernen von grammatischen Strukturen, von Wortschatz und Orthografie.

Der Schwerpunkt des Kapitels lag auf der Frage, welche Folgen sich aus der Tatsache, dass viele Menschen mehrere Sprachen nacheinander oder auch parallel zueinander lernen, für den Unterricht ergeben. Bei der Bearbeitung des Kapitels haben Sie zuerst die Anliegen der Mehrsprachigkeitsdidaktik kennengelernt, bevor Sie sich genauer mit dem Ansatz der Tertiärsprachendidaktik auseinandergesetzt haben. Zentral war dabei der Vorgang des Anknüpfens in ganz unterschiedlichen Bereichen, in denen Lernende bereits über Kenntnisse, Fertigkeiten und Erfahrungen verfügen. Sie kennen nun fünf Prinzipien der Tertiärsprachendidaktik sowie ihre Umsetzung anhand ganz konkreter Beispiele aus Lehrwerken für Deutsch als Fremdsprache.

Wir hoffen, dass Sie durch dieses Kapitel dazu inspiriert wurden, die Prinzipien des Unterrichts Deutsch als zweite Fremdsprache umzusetzen und dass Sie Ideen dafür bekommen haben, wie das Anknüpfen auf allen Ebenen zu einem zentralen Moment in Ihrem Unterricht werden kann.

5 Praxiserkundungsprojekte planen

Abschließend möchten wir Sie darin unterstützen, ein Praxiserkundungsprojekt zu planen und durchzuführen.

Das **Praxiserkundungsprojekt** ist ein wichtiges Instrument für Ihre Professionalisierung als Lehrkraft. Mit dem Praxiserkundungsprojekt können Sie einen für Sie persönlich wichtigen oder interessanten Aspekt Ihrer eigenen Praxis erkunden. Das Projekt wird in der Regel durch einen Impuls, z.B. eine neue Idee, einen Vorschlag, etwas zu verändern oder durch einen Mitschnitt von einer Unterrichtsstunde angestoßen und von einer Erkundungsfrage bestimmt. Auf diese Frage suchen Sie entweder allein oder gemeinsam mit Kolleginnen und Kollegen Antworten in Ihrem Unterricht. Sie sammeln Daten (z.B. Lernertexte, Aufgaben/Übungen, Beobachtungen in Form von Notizen), die Ihnen dabei helfen zu verstehen, was im Unterricht geschieht, und Ihr eigenes Handeln zu bewerten und möglicherweise zu verändern.

Ziel der Praxiserkundung ist, dass Sie
- sich diejenigen Fragen, die Sie mit Blick auf das Sprachenlernen Ihrer Lernerinnen und Lerner besonders beschäftigt haben, bewusst machen,
- durch die Erkundung einer dieser Fragen neue Wege und Ideen für die Unterstützung Ihrer Lernenden im Sprachlernprozess und für die Planung Ihres Unterrichts entwickeln können.

In dieser Einheit haben Sie sicher vieles kennengelernt, was Folgen für Ihre Unterrichtsgestaltung haben wird. Sie haben erfahren, wie das Lernen von Sprachen erklärt wird, welche individuellen Faktoren beim Lernen eine Rolle spielen und wie Sie ein lernförderliches Klima im Unterricht schaffen können. Außerdem haben Sie sich mit dem Konzept des selbstständigen Lernens befasst und erfahren, dass jede und jeder von uns eigene Lernwege geht und deshalb auch individuell ausgewählte Lernstrategien einsetzen sollte. Um diese Individualität auch im Unterricht zu berücksichtigen, sind verschiedene Konzepte der Binnendifferenzierung und Individualisierung vorgestellt worden. Schließlich haben Sie auch erfahren, dass in jedem Klassenzimmer und in jedem Kursraum eine sprachliche Vielfalt zu finden ist und dass man die vorhandenen Sprachenkenntnisse und die Erfahrungen der Lernenden mit Sprachunterricht sehr gut beim Lehren und Lernen der zweiten Fremdsprache Deutsch nutzen kann.

Bevor wir Ihnen einige Vorschläge für Praxiserkundungsprojekte machen, überlegen Sie doch noch einmal, welche Fragestellungen dieser Fortbildungseinheit für Sie besonders interessant waren.

Aufgabe 121

P

Sehen Sie sich noch einmal Ihre Notizen und Arbeitsblätter an und erinnern Sie sich an die Gespräche mit Ihren Kolleginnen und Kollegen. Notieren Sie.

Für mich war in dieser Einheit neu:

____

Besonders interessant finde ich:

____

Nicht zustimmen kann ich:

____

Ich möchte mehr wissen über:

Impulse für Praxiserkundungsprojekte

Wir möchten Ihnen noch einige Vorschläge für Praxiserkundungsprojekte machen, mit denen Sie Neues in Ihrem Unterricht ausprobieren können. Mit diesen Vorschlägen wollen wir Ihre eigenen Ideen für ein Praxiserkundungsprojekt jedoch nicht einschränken. Da Sie von diesem Projekt profitieren sollen, versteht es sich von selbst, dass Ihre Entscheidung für ein Thema oder eine Fragestellung Priorität hat.
Denken Sie vor allem daran: Klein, aber fein sollte Ihr Projekt sein. Nehmen Sie sich nicht zu viel vor. Entscheiden Sie sich für ein Projekt, das sich im Rahmen Ihres Unterrichtsalltags gut planen und durchführen lässt.

Fehler untersuchen (siehe Kapitel 2.3)

Möchten Sie sich intensiver mit den Fehlern Ihrer Lernenden beschäftigen und dabei herausfinden, welches typische und immer wieder auftretende Fehler sind? Möchten Sie verstehen, welche Gründe dazu führen, dass Ihre Lernenden zu einem bestimmten Zeitpunkt bestimmte Fehler immer wieder machen? Ist es Ihnen nach der Bearbeitung dieser Einheit ein Anliegen, dass sich Ihre Lernenden diese Fehler bewusst machen und sie vielleicht sogar erklären können? Dann planen Sie ein Praxiserkundungsprojekt zu diesem Thema. Sie könnten z.B. mit einer Zusammenstellung von Fehlern aus den Texten Ihrer Lernenden beginnen und sie mit Blick auf die vorhandenen Sprachen in Ihrem Klassenzimmer erklären.

Jede/r lernt anders (siehe Kapitel 2.4).

Sie stellen als Lehrkraft sicher fest, welch unterschiedliche Persönlichkeiten und Lernertypen in Ihrem Unterricht zusammenkommen. Haben Sie da vielleicht manchmal das Gefühl, mit den Arbeits- und Sozialformen und Lernmaterialien, die Sie auswählen, nicht allen Lernenden gerecht werden zu können? Erkunden Sie doch einmal mithilfe eines Fragebogens die Meinung Ihrer Lernenden zu verschiedenen Lernaktivitäten, die Sie bereitstellen; befragen Sie sie zu ihrer Einstellung zu ihren Sprachen, zum Fremdsprachenunterricht allgemein und vielleicht auch zu Ihrem Unterricht. Vielleicht sind Ihre Lernenden im Anschluss auch offen dafür, einen Fragebogen zu ihrem Lerntyp auszufüllen und in der Gruppe über die Ergebnisse zu sprechen.

beim Lernen selbstständiger werden (siehe Kapitel 3.3)

Wenn Sie die Inhalte von Kapitel 3 angesprochen haben und Sie die Selbstständigkeit Ihrer Lernenden stärker fördern möchten, dann planen Sie eine Unterrichtseinheit, in der Sie Elemente selbstständigen Lernens einbauen. Informieren und befragen Sie Ihre Lernenden im Anschluss daran, wie sie die Arbeitsweise empfunden haben. Vermutlich wird eine Unterrichtseinheit das Lernverhalten Ihrer Lernenden nicht völlig verändern, aber vielleicht kommen Sie und Ihre Lernenden zu dem Ergebnis, dass Sie die Angebote, die Ihr Lehrwerk mit Blick auf strategisches und selbstständiges Lernen macht, in Zukunft stärker nutzen möchten.

über Lernstrategien sprechen (siehe Kapitel 3.4)

Wenn Sie Ihre Lernenden darin unterstützen möchten, ihr Sprachenlernen besser zu steuern, könnten Sie ihnen Strategien an die Hand geben. Planen Sie ein Gespräch mit Ihren Lernenden darüber, wie sie bei der Bearbeitung von Aufgaben vorgehen, wie sie sich selbst beim Lernen motivieren oder darüber, auf welche Weise sie ihre Lernergebnisse selbst bewerten. Führen Sie ein oder zwei solche Gespräche und setzen Sie Beobachterinnen oder Beobachter ein, die Ihnen danach berichten, wie sie diese Gespräche wahrgenommen haben. Befragen Sie danach alle in der Lerngruppe dazu. Eine solche Erkundung könnte eine Basis dafür sein, wie solche Gespräche in Zukunft geführt werden können.

sprachliche Vielfalt erkennen (siehe Kapitel 4.2)

Sie gehen davon aus, dass Ihre Lerngruppe sprachlich homogen ist? Erarbeiten Sie mit der Gruppe Sprachenporträts, wie wir sie in Kapitel 4.2 nach einem Vorschlag von Krumm (2001) gezeigt haben. Lassen Sie Ihre Lernenden ihre Porträts ausstellen und kommentieren. Vielleicht entdecken Sie, dass es doch mehr Sprachen in Ihrem Klassenzimmer/Kursraum gibt, als Sie dachten. Sie können die Erkundung noch ergänzen, indem sie Ihre Lernenden einladen, die Migrationsbiografie der Familie zu recherchieren: Woher stammen die Eltern und Großeltern? Welche Sprachen haben sie gesprochen oder auch nur gehört? Welchen Einfluss hat das auf die Kinder/Enkel und ihre Einstellung zu Sprachen? Sprachliche Vielfalt wird über diese Geschichten sicher bewusst. Überlegen Sie dann, wie Sie mit diesen Ergebnissen im Unterricht weiterarbeiten können.

Sprachvergleich (siehe Kapitel 4.5, 4.6.1)

Sie wissen, dass Ihre Lernenden über verschiedene Sprachen verfügen, und möchten, dass sie diese Kenntnisse stärker für Sprachvergleiche nutzen? In Kapitel 4 haben Sie verschiedene Beispiele gesehen, wie Sie dabei vorgehen können. Integrieren Sie den Sprachvergleich in Ihre nächste Wortschatzarbeit und ermutigen Sie Ihre Lernenden beim Vergleichen dazu, laut zu sprechen. Sprechen Sie mit Ihrer Lerngruppe auch über die Lernstrategie: Wie schätzen Ihre Lernenden den Sprachvergleich ein, möchten sie die Strategie noch einmal ausprobieren?

Aufgabe 122

P

Formulieren Sie eine Leitfrage zu Ihrer Praxiserkundung und notieren Sie Ihre Aktivitäten zur Erkundung der Frage.

Was ich erkunden möchte ist:

____

Dies weiß ich bereits zu dieser Frage:

____

Ich möchte dabei so vorgehen:

____

Meine Ergebnisse sammle ich so:

____

Die Ergebnisse meiner Erkundung stelle ich so dar:

____

Zum Abschluss

Wir hoffen, dass Sie beim Lesen viele Anregungen dafür erhalten haben, neuen und spannenden Fragen in Ihrem Unterricht nachzugehen, und dass Sie Lust bekommen haben, weiter über das Sprachenlernen nachzudenken. Vielleicht haben Sie nun Interesse, auch in Zukunft immer mal wieder kleinere Praxiserkundungsprojekte durchzuführen, um Dinge rund ums Sprachenlernen selbst herauszufinden. Stehen Sie zu Bewährtem und behalten Sie es bei. Bleiben Sie aber zugleich neugierig und offen für neue Verfahren und testen Sie diese in kleinen Praxiserkundungsprojekten. Das wird dazu beitragen, dass die Qualität Ihres Unterrichts zunimmt und Sie sich in Ihrem professionellen Selbstverständnis weiterentwickeln.

Lösungsschlüssel

Bei Aufgaben, die Ihre Erfahrungen ansprechen, nach Ihren Vorstellungen, Ihren Lernenden oder konkreten Bedingungen vor Ort fragen, geben wir keine Lösungen an. Zu allen anderen Aufgaben finden Sie Lösungsvorschläge, wobei bei Aufgaben, in denen Sie Ideen oder Vermutungen notieren, auch andere Lösungen möglich sind.

Aufgabe 9

Arthur: Deutsch ist für ihn Fremdsprache; Beliah: Deutsch ist für sie Zweitsprache; Chloé: Deutsch ist für sie Erstsprache.

Aufgabe 16

Die neuen Verben aus dem Input konnte Serhan noch nicht mit seinem bestehenden Wissen verknüpfen; er hat das neue sprachliche Material noch nicht bewusst verarbeitet. Es hat noch kein Übergang vom Input zum Intake stattgefunden.

Aufgabe 17

Mögliche Lösungen:
Sie stellen sich gegenseitig Fragen, z.B. zu einem Text, den sie gelesen haben.
1. Sie entwickeln gemeinsam ein Rollenspiel und einigen sich auf den Dialog zwischen den Sprecherinnen und Sprechern.
2. Sie bearbeiten eine Aufgabe und vergleichen und besprechen die Ergebnisse im Plenum.
3. Sie führen ein Partnerinterview zu einem landeskundlichen Thema durch.

Aufgabe 18

Die Lernenden handeln in allen drei Beispielen, die im Lösungsschlüssel zu Aufgabe 17 genannt werden, gemeinsam Bedeutung aus.

Aufgabe 20

Adie kann auf folgende Kenntnisse und Lernerfahrungen zurückgreifen:
(...) aber trotzdem hat mir das Japanische geholfen – im Bereich des Kasus konnte ich mir durch den Vergleich viel erklären. Die deutschen Wörter konnte ich recht schnell behalten, da es im Englischen viele Begriffe gibt, die ähnlich sind. (...)
In meiner Muttersprache Tagalog gibt es viele Fremdwörter aus dem Spanischen. (...) Die Grammatik und Zahlwörter sind im Französischen und Spanischen fast gleich. (...)
[Dänisch] erscheint mir ... wie eine Mischung aus Deutsch und Englisch, weshalb ich ganz viel vergleichen kann. (...)
Vor ein paar Jahren konnte ich einen Auslandsaufenthalt in Deutschland machen, (...)

Aufgabe 21

Identitätshypothese: Fremdsprachen werden auf der Basis angeborener Sprachlernfähigkeiten gelernt.
Lehr-/Lernbarkeitshypothese: Eine vorgegebene Reihenfolge beim Spracherwerb lässt sich nicht beeinflussen oder verändern.
Interlanguage-Hypothese: Lernende bilden eine eigenständige „Zwischensprache" aus, die sich ständig verändert und weiterentwickelt.
Kontrastivhypothese: Strukturelle Unterschiede zwischen Erstsprache und Fremdsprache/n führen zu Fehlern, Ähnlichkeiten erleichtern das Lernen oftmals.
mentales Lexikon: Sprachliches Wissen wird im Gehirn vernetzt abgespeichert.
Inputhypothese: Fremdsprachenlernen ist ohne qualitativ hochwertigen Input nicht möglich. Input ist nicht gleich Intake.
Interaktionshypothese: Unterricht ist eine Sequenz potenzieller Lernmomente.
Mehrsprachigkeitsmodelle: Die verschiedenen Sprachen interagieren bei der Sprachverarbeitung/-produktion miteinander.

Aufgabe 22

Interesse, Geschlecht, Motivation, Vorkenntnisse, Alter, Lerngeschwindigkeit, Lernerfolg, Selbstständigkeit

Aufgabe 23

Kinder: *ahmen vorgesprochene Äußerungen nach*, lernen spielerisch, sind hoch motiviert und imitieren Sprecherinnen und Sprecher der Erstsprache, ihre Aussprache kann erstsprachliches Niveau erreichen.

Jugendliche: lernen Fremdsprache zunehmend bewusster, können unter Umständen auch erstsprachliches Niveau erreichen, eignen sich aber auch eher nonkonforme Ausdrucksmittel an, Sprachmischungen und Sprachwechsel sind üblicher.
Erwachsene: haben ihre Sozialisation in der Erstsprache abgeschlossen, sind oft nicht mehr offen für wiederholendes Nachsprechen und haben meist einen erkennbaren Akzent.

Aufgabe 24

1. Erwachsene verfügen über mehr Lebenserfahrung.	✘
2. Erwachsene haben beim Sprachenlernen die Lernziele deutlich vor Augen.	✘
3. Erwachsene werden strenger bewertet als Kinder.	✘
4. Erwachsene wissen mehr über das Zielsprachenland.	✘
5. Erwachsene können Regelwissen und Faktenwissen (explizites Wissen) besser verarbeiten.	✘
6. Erwachsene erwerben eine Sprache am schnellsten durch ihr Umfeld.	
7. Erwachsene haben mehr Zeit zum Sprachenlernen.	

Aufgabe 25

Nicht schon wieder ein Vokabeltest, dann bekomme ich wieder eine schlechte Note, wenn ich so viele Fehler mache wie das letzte Mal ... und das, obwohl ich gestern noch so viel gelernt habe. Mein Kopf ist ganz leer. Ich glaube, ich habe alles vergessen. Oh nein!

Aufgabe 26

Schweiß auf der Stirn, rote Ohren, glühende Wangen, zitternde Hände, Bauchschmerzen, mit dem Fuß wippen, zittrige Stimme, Blickkontakt zur Lehrerin / zum Lehrer wird vermieden

Aufgabe 28

zusammen mit Muttersprachlern/Muttersprachlerinnen einen Ausflug machen, ein deutsches Museum besuchen, einen deutschsprachigen Film anschauen, Brieffreundschaften vermitteln, aktuelle deutsche Lieder hören, Recherchen auf deutschsprachigen Internetseiten anregen usw.

Aufgabe 29

Motivierte/r Lerner/in: zeigt Interesse, meldet sich oft, denkt mit, macht immer Hausaufgaben, ist bereit sich anzustrengen, hat gute Noten.
Unmotivierte/r Lerner/in: wirkt gelangweilt, spricht häufig mit dem Nachbarn, arbeitet im Unterricht nicht mit, strengt sich nicht an, hat schlechte Noten.

Aufgabe 32

1B; 2D; 3A; 4C

Aufgabe 33

Möglichkeiten zur Motivierung von Lernenden	Vorschläge für Lehrverfahren
1. Voraussetzungen dafür schaffen, dass Lernende miteinander und voneinander lernen möchten	B, D, F, G
2. positive Einstellung zu Zielsprachenland und Zielsprache schaffen	C
3. die Motivation im Verlauf des gesamten Unterrichts aufrechterhalten	A, D, F, G
4. positive Selbstbewertungen am Ende eines Lernabschnitts ermöglichen	E, G, H, I

Aufgabe 34

Vorschläge zu 1: *Arbeits- und Sozialformen abwechseln,* Gruppenzusammensetzung auch immer wieder selbst wählen lassen
Vorschläge zu 2: die Lernenden setzen sich eigene Ziele, die sie erreichen möchten; durch Teamspiele im Unterricht oder gemeinsame Unternehmungen den Zusammenhalt in der Gruppe stärken
Vorschläge zu 3: Möglichkeiten schaffen, dass die Lernenden ihre Sprachenkenntnisse praktisch anwenden können; authentische Materialien aus der Zielkultur einsetzen
Vorschläge zu 4: regelmäßig über Fortschritte sprechen; die Erfolge der Lernenden hervorheben

Aufgabe 35

Eine hohe Sprachlerneignung zeigt sich in den Aussagen 1, 2, 5 und 6.

Aufgabe 39

auditiv: *in Kleingruppen diskutieren*, mündliche Erklärungen hören, Rollenspiele spielen, Satzmelodie mit Handbewegungen nachzeichnen, Wörter nachsprechen
visuell oder auch **motorisch/kinästhetisch:** Rollenspiele spielen, Lernplakate zeichnen, Mindmaps erstellen, Tafelbilder ansehen
kommunikativ: *in Kleingruppen diskutieren*, Rollenspiele spielen, Aufgaben gemeinsam bearbeiten
motorisch/kinästhetisch: Rollenspiele spielen, Experimente durchführen, Lernplakate zeichnen, Mindmaps erstellen, Satzmelodie mit Handbewegungen nachzeichnen, Texte abschreiben, ein Memory-Spiel spielen

Aufgabe 40

Wir nehmen wahr und merken uns ...	
10%	von dem, was wir lesen.
20%	von dem, was wir hören.
30%	von dem, was wir hören und sehen.
70%	von dem, was wir sehen, hören und reproduzieren.
90%	von dem, was wir sehen, hören und selbst machen/handeln.

Diese Angaben sind lediglich Tendenzen. Sicherlich kann es deutliche individuelle und kulturelle Unterschiede geben. Wichtig ist aber die Gesamtaussage, nämlich, dass man neue Informationen umso besser behält, je mehr Wahrnehmungskanäle bei der Informationsverarbeitung beteiligt sind. Dieses Wissen sollten Sie bei Ihrer methodischen und didaktischen Unterrichtsgestaltung berücksichtigen.

Aufgabe 41

Sequenz	Beobachtungen zu Lehr-/Lernaktivitäten	Wahrnehmungskanal
1	Lehrerin zeigt Bildkarte, Lernende nennen die Vokabeln	visuell
2	Lernende kontrollieren die Lösungen der Zuordnungsübung und tragen die Ergebnisse gemeinsam an der Tafel zusammen	auditiv, kommunikativ, visuell
3	Lehrerin spielt Tiergeräusche über den CD-Player vor, Lernende nennen die Vokabeln	auditiv

Aufgabe 44

a) Das Lernziel ist, eigene Vorlieben beim Lernen kennenzulernen und sich praktische Tipps zu überlegen, wie man diese Vorlieben beim Lernen berücksichtigen kann.
b) Wenn Lernende über ihre eigenen Vorlieben nachdenken, können sie Wege finden, wie sie am besten und effektivsten lernen. Das ist wichtig, damit sie sich nicht mit Lernaktivitäten plagen, die gar nicht so gut zu ihrem Lerntyp passen.
c) Zur Beantwortung dieser Frage wäre vielleicht ein Austausch mit einer Kollegin / einem Kollegen, die/der ebenfalls Ihre Lerngruppe unterrichtet, geeignet.
d) Zunächst wäre es sinnvoll, den Lerntypentest anhand des Lösungsschlüssels auszuwerten. Anschließend könnten sich Lernende, die dem gleichen Lerntyp entsprechen, in einer Gruppe zusammenfinden, um geeignete Lernwege und -aktivitäten zu diskutieren. Diese könnten dann, wie in dem Vorschlag aus dem Lehrwerk, auf einem Poster zusammengefasst und ausgestellt werden. In den folgenden Unterrichtsstunden sollten Sie immer wieder Freiräume in der Unterrichtsgestaltung schaffen, damit Ihre Lernenden verschiedene Lernwege und -aktivitäten ausprobieren können. Weitere Ideen, wie Sie die Individualität Ihrer Lernenden im Unterricht berücksichtigen können, finden Sie in Kapitel 3.

Aufgabe 45

Erste Anregungen und Ideen, wie Sie den Unterricht auf verschiedene Lerntypen abstimmen könnten, finden Sie in Aufgabe 41.

Aufgabe 47

b) Wissen (kognitive Ebene): 1, 5, 10
Lernwege (metakognitive Ebene): 2, 6, 7, 9
Gefühle (affektive Ebene): 3, 4, 8

Aufgabe 51

a) Mögliche Lösungen:
Lernziel und Inhalt der Unterrichtseinheit: Kommunikationstechniken erproben, die Angst vor dem Sprechen überwinden; Inhalt: Telefonate auf Deutsch führen
Fragen zum Wissen/Können: Welche Gruß- und Abschiedsformeln, die man beim Telefonieren auf Deutsch verwendet, hast du heute neu gelernt? Was hast du über geeignete Uhrzeiten für private Telefonate mit Deutschen gelernt?
Fragen zu den Lernwegen: Welche Techniken kannst du verwenden, wenn dir bei einem Telefonat mit einem Deutschen nicht einfällt, wie du etwas ausdrücken kannst? Wie kannst du dich auf ein Telefonat auf Deutsch vorbereiten?
Fragen zu den Gefühlen während des Lernens: Wie hat dir die Aktivität gefallen? Was war schwierig? Wie sollen die Lernenden diese Fragen beantworten: schriftlich, in Partnerarbeit, zu Hause, im Unterricht?

Aufgabe 53

Sophia hat erfahren, dass Deutsch gut ist, um wissenschaftliche Erkenntnisse darzustellen, weil man komplizierte Sätze verwenden kann.
Eddy glaubt, dass Deutsch schwierig ist, weil es lange Wörter hat und weil die Deutschen beim Sprechen so viele Pausen machen.
Maryam denkt, dass Deutsch ganz anders ist als ihre Muttersprache Persisch. Es gibt viel mehr Verben und die Grammatik ist kompliziert.

Aufgabe 56

a) Sophia: *Grammatik ist am wichtigsten.* Sprechen kann ich am besten in Deutschland lernen.
Eddy: Man kann deutsche Vokabeln nicht leicht lernen.
Maryam: Man kann persische Sätze nicht wörtlich übersetzen.

Aufgabe 57

b) Ein möglicher Rat wäre, die Reflexion über das Wortschatzlernen
1. in Kleingruppen gemeinsam im Unterricht zu planen. Die Lernenden können sich beim Nachdenken über ihr Vorgehen gegenseitig unterstützen und animieren.
2. schriftlich und mündlich vorzunehmen, indem ein Arbeitsblatt mit Leitfragen vorgegeben wird. Die Schülerinnen und Schüler besprechen ihre Ideen gemeinsam und machen sich Notizen. So wird die Reflexion über das Lernen konkreter.
3. Auf dem Arbeitsblatt könnten folgende Arbeitsaufträge stehen:
Wir haben im Mathematikunterricht in dieser Woche viele neue Wörter und Wendungen benutzt.
Welche habt ihr euch gemerkt?
Wo/Wie notiert ihr die neuen Wörter und Wendungen?
Wie wiederholt und lernt ihr diese Wörter und Wendungen?

Aufgabe 60

A – Ziele der Lernenden; B – Alter; C – kultureller Hintergrund der Lernenden; D – behandelte Themen und Inhalte

Aufgabe 63

Ein Kleinkind ist neugierig und interessiert sich für alles, was unbekannt oder anders ist. Es entdeckt mit allen Sinnen (hören, sehen, fühlen, schmecken) und bleibt so lange konzentriert dabei, wie es Interesse hat.

Aufgabe 65

a) Sophia: 3, 5 Eddy: 1, 4, 6 Maryam: 2, 7

Aufgabe 67

1. B, E
2. D
3. B, C, E

Aufgabe 68

1B; 2D; 3A; 4C

Aufgabe 71

kognitive Sprachlernstrategien: *Informationen im Internet hören und möglichst viel verstehen*; Zusammenhänge durch Bilder, Grafiken und Bildunterschriften einordnen; nach bekannten Wörtern suchen; neue Wörter, die mehrfach vorkommen, notieren und im Wörterbuch nachschlagen; Bilder zu neuen Wörtern zeichnen, in Vokabellernkartei eintragen und üben; sich Wörter mehrfach laut vorsagen
metakognitive Sprachlernstrategien: Mitbewohner um Hilfe bitten, sich neue Lernziele setzen, eigene Ziele überprüfen
affektive Sprachlernstrategien: vor dem Spiegel üben, damit man keine Angst mehr hat Deutsch zu sprechen, sich selbst belohnen
Kommunikationsstrategien: Mimik und Gestik einsetzen, Füllwörter verwenden

Aufgabe 73

a)–c)

	Art der Strategien	Systematisches Strategietraining (drei Schritte)?	Verwendbarkeit in Ihrem Unterricht?
Beispiel 1: *Aussichten* A1, Kursbuch	Schreiben; kognitive und metakognitive Lernstrategien	Schritt 1: Bewusstmachung	Wahrscheinlich sind Zusatzmaterialien notwendig.
Beispiel 2: *DaF kompakt* A1–B1	kognitive Sprachlernstrategien	Schritt 1: Bewusstmachung Schritt 3: Bewertung	Diese Aktivität ist eventuell als Einstieg in ein Strategientraining geeignet.
Beispiel 3: *Optimal* A2	kognitive Sprachlernstrategien	Schritt 1: Bewusstmachung Schritt 2: Ausprobieren	Es sind viele Möglichkeiten zur Anwendung / zum Ausprobieren gegeben. Begleitend ist die Anleitung zur Reflexion unerlässlich.

Aufgabe 80

Beispiel 1: Die Kinder können ihr Gesicht und ihre Haar- bzw. Augenfarben in die Silhouette des Kopfes einzeichnen. Sie können einander ansehen und sich gegenseitig beschreiben.
Beispiel 2: Die Lernenden können ihre Vorstellungen davon, was Heimat bedeutet, äußern (A3). Dabei können sie sich an dem Text, in dem Sabrina Graf ihre Vorstellung von Heimat beschreibt, orientieren.

Aufgabe 81

a)

Sequenz	Die Schülerinnen und Schüler können sich einbringen, indem sie ...
1	das eigene Befinden ausdrücken, z.B.: *Es geht mir gut, weil ..., Heute geht es mir nicht so gut, weil ...* usw.
2	Informationen über Name, Wohnort, Alter, Geschwister erfragen und austauschen

b) In einem nächsten Schritt könnte die Lehrkraft die Lernenden auffordern, in Partnerarbeit weitere persönliche Informationen untereinander auszutauschen. Die Lernenden könnten dabei selbst wählen, welche Informationen sie weitergeben möchten.

Aufgabe 82

a) **Lernziel:** im Anfängerunterricht Verben konjungieren üben, Wortschatz erweitern
Lernaktivität: Interviews zu den Hobbys der Lernenden führen (z.B.: *Was machst du gern?, Ich fahre gern Fahrrad., Was macht Ben gern?*)
Erfahrungen: Die Lernenden stellen häufig viele Fragen zu neuem Wortschatz und lernen sehr gut diejenigen Wörter, die ihre Hobbys oder ungewöhnliche Aktivitäten beschreiben. Das Konjugieren der Verben wird meist nebenbei, aber doch gründlich, geübt.

Aufgabe 84

Merkmale für ein lernförderliches Arbeitsklima beschreiben unserer Ansicht nach die Vorgehensweisen 1, 2, 3, 5, 7 und 8. Wichtig ist, dass die emotionalen Grundbedürfnisse von Lernenden befriedigt sind, bevor sie Wissen aufnehmen und verarbeiten können. Das Bedürfnis, sich sicher und zufrieden zu fühlen, ist nämlich stärker als der Drang, etwas Neues zu entdecken (Apeltauer 1997, 106). Außerdem ist eines der menschlichen Grundbedürfnisse, dass man sich gerecht behandelt fühlt. Deswegen sollten die Leistungserwartungen und klare Verhaltensregeln bekannt sein.
Die Merkmale 4 und 6 sind unserer Meinung nach keine Hinweise darauf, dass ein lernförderliches Arbeitsklima besteht. Wenn die Lehrerin den Schülern immer sofort hilft, wird sie langfristig deren Eifer schwächen, sich selbst anzustrengen. Auch die Anrede mit dem Vornamen ist nicht unbedingt ein Zeichen dafür, dass ein lernförderliches Arbeitsklima vorherrscht. Für das Arbeitsklima sind nämlich nicht die Anredeformen, sondern ein freundlicher und gerechter Umgang von Lehrkräften und Schülerinnen und Schülern entscheidend.

Aufgabe 85

a) Mitläufer: 3; Anführer: 2; Klassenclown: 1; Außenseiter: 4

Aufgabe 86

a) Das Ziel dieser Lernaktivität (Partnerinterview) ist, dass die Schülerinnen und Schüler sich besser kennenlernen und mehr über ihre Interessen und Hobbys erfahren. Auf diese Weise soll ein erster Grundstein für eine positive Lernatmosphäre geschaffen werden.
b) Diese Aktivität ist prinzipiell sinnvoll, da Lernende dabei die Zielsprache zu authentischen Kommunikationsanlässen gebrauchen und ihre Mitschüler kennenlernen können. Natürlich wären auch andere Kennenlernaktivitäten denkbar. Da wir schon mehrmals betont haben, wie wichtig das Lernumfeld für das Sprachenlernen ist, sollten neue Lerngruppen die Möglichkeit bekommen, mehr voneinander zu erfahren.

Aufgabe 88

Mögliche Lösungen:
Bild 1: Die Lehrerin wirkt freundlich und den Lernenden zugewandt. Sie ist konzentriert, aber entspannt.
Bild 2: Die Lehrerin macht einen gestressten oder genervten Eindruck. Sie reibt sich die Schläfe und wendet sich von ihren Schülern ab. Auf diese Weise signalisiert sie, dass sie in diesem Moment nicht sehr viel Spaß am Unterrichten hat, dass sie schlecht gelaunt, vielleicht sogar krank ist. Dies könnte auf die Schüler bedrohlich oder demotivierend wirken.
Bild 3: Die Lehrerin erscheint sympathisch. Sie ist auf Augenhöhe mit der Lernerin, der sie etwas erklärt oder die sie berät. Außerdem nähert sie sich der Schülerin von vorn.
Bild 4: Die Lehrerin wirkt sehr streng. Sie macht ein energisches Gesicht und zeigt auf eine Schülerin. Vermutlich spricht sie mit lauter Stimme. Sie wirkt insgesamt aggressiv oder bedrohlich.

Aufgabe 90

Merkmale einer Positivkorrektur sind 1, 2, 4 und 6.

Aufgabe 92

Die Lehrkraft schafft ein positives Arbeitsklima durch ...	Ihre Beobachtungen/Bewertungen
ihren Umgang mit den KT*.	Die Lehrerin lacht gemeinsam mit den KT. Sie ruft die KT zu sich nach vorn und steht räumlich eng mit ihnen vor der Tafel.
die Art und Weise, wie sie die KT in der Gruppe anspricht.	Die Lehrerin spricht jede/n KT persönlich mit Namen an. Sie unterstützt leise flüsternd jede/n einzelne/n KT, die Frage zu stellen und die Antwort zu geben. Sie fasst die Kompetenzen zusammen, die erreicht wurden, obwohl nicht jede/r KT das Lernziel erreicht hat. Sie wünscht allen ein schönes Wochenende.
die Art und Weise, wie sie mit Fehlern umgeht.	Die Lehrerin korrigiert leise flüsternd und unauffällig, sodass die KT mit ihrer Unterstützung korrekt kommunizieren können.

KT* = Kursteilnehmerinnen und Kursteilnehmer

Aufgabe 94

Lernaktivitäten: Die Lernenden bearbeiten am PC einen Lückentext, setzen den bestimmten Artikel, ein Adjektiv und ein Nomen ein (Sequenz 2). Die Lernenden stellen sich gegenseitig Fragen zur Bekleidung und beantworten sie; dabei nehmen sie sich mit der Aufnahmefunktion des Mobiltelefons auf und hören ihre Äußerungen ab (Sequenz 4). Eine Lernerin beschreibt die Kleidungsstücke einer Anziehpuppe und die anderen beiden Lernenden kleiden die Anziehpuppe nach der Beschreibung an (Sequenz 6).
Lernmaterialien: In Sequenz 2 arbeiten die Lernenden mit einem Lückentext auf einem Online-Arbeitsblatt, in Sequenz 4 wird die Sprechaktivität durch Lernkarten unterstützt, in Sequenz 6 arbeiten die Lernenden mit Anziehpuppen und Kleidungsstücken aus Papier.
Medien: In den Sequenzen 2 und 4 werden die Lernaktivitäten an den Stationen mit einem PC und einem Mobiltelefon mit Aufnahmefunktion durchgeführt. In Sequenz 6 wird kein digitales Medium eingesetzt: Die Lernenden arbeiten mit Anziehpuppen und Kleidungsstücken aus Papier.
Sozialformen: Die Lernenden arbeiten in Dreiergruppen.
Unterrichtssprache: Die Lernenden sprechen durchgehend Deutsch miteinander.
Rolle der Lehrkraft: Die Lehrkraft ist verantwortlich für die Organisation der Lernstationen, tritt danach aber nicht mehr in Erscheinung.
Arbeitsatmosphäre: Die Lernenden sind konzentriert und arbeitsam; sie unterstützen sich gegenseitig.

Aufgabe 97

a) Lernziele: *Die Lernenden werden für die eigenen Sprachenkenntnisse sensibilisiert*, sie erkennen den emotionalen Wert der Sprachen, wissen um den Wert, den ihre Sprachen für sie selbst haben.
b) So könnte man mit den Sprachenporträts arbeiten: diese zu Beginn des Schuljahres als eine Art Bestandsaufnahme und Ist-Zustand einsetzen. Das zeigt den Lernenden, dass ihr individuelles Sprachenprofil für den Unterricht von Bedeutung ist. Die Aktivität könnte dann zum Ende des Schuljahres oder nach zwei Jahren wiederholt werden, da sich der Wert, den eine Sprache hat, verändern kann. Interessante Fragen wären dann: *Hat sich etwas an der Verortung der Sprachen geändert? Welche äußeren/inneren Faktoren haben auf die Entwicklung bzw. Bewertung der Sprachen Einfluss genommen?*

Aufgabe 98

a) Lernziele: Die Lernenden werden für die Verwandtschaftsbeziehungen zwischen Sprachen durch die Visualisierung (Landkarte/Wasser) sensibilisiert.
b) So könnte man mit dieser Übung arbeiten: Bekannte oder erkennbare Wörter auf der Sprachen-Landkarte in verschiedenen Sprachen zeigen, Ähnlichkeiten entdecken lassen. Die Lernenden können auch selbst solche Wörter sammeln, die dann auf einem Plakat im Klassenraum sichtbar gemacht werden.

Aufgabe 99

T'estimo: Katalanisch, Ich liebe dich; Miluji te: Tschechisch, Ich liebe dich; Hyvää syntymäpäivää: Finnisch, Alles Gute zum Geburtstag; Sretan Rodendan: Kroatisch, Alles Gute zum Geburtstag; Krismas Njema Na Heri: Swahili, Frohe Weihnachten; Joyeux Noël: Französisch, Frohe Weihnachten; Gullukkig Niuw Jaar: Niederländisch, Frohes neues Jahr; obrigado: Portugiesisch, Danke; dziękuję: Polnisch, Danke; God påske: Dänisch, Frohe Ostern; Paşte Fericit: Rumänisch, Frohe Ostern; Goddag: Schwedisch, Guten Tag; Labdien: Lettisch, Guten Tag; Tere: Estnisch, Hallo; Benvenuto: Italienisch, Willkommen; Egészségére: Ungarisch, Prost; Mucha suerte: Spanisch, viel Glück; Iyi şanslar: Türkisch, viel Glück; Apologji: Albanisch, Entschuldigung; Escusa: Galizisch, Entschuldigung; Allt það besta: Isländisch, Alles Gute; Všetko najlepšie: Slowakisch, Alles Gute; Sudie: Litauisch, Auf Wiedersehen, wörtlich „mit Gott"; ëch vermëssen dech: Luxemburgisch, Ich vermisse dich; ja sam te pozelilja: Bosnisch, Ich vermisse dich.

Aufgabe 102

a) Zu den Äußerungen von Lehrkraft 1 sind folgende Gegenargumente denkbar: bereits vorhandene Sprachenkenntnisse aus anderen/verwandten Sprachen nicht als Störfaktor betrachten, sondern bewusst zum Sprachvergleich heranziehen. Das hilft den Lernenden, neue Strukturen schneller und besser zu verstehen.
Den Äußerungen von Lehrkraft 2 könnte man entgegnen: Die Unterschiede, die durch die kontrastive Auseinandersetzung mit zwei Sprachen festgestellt werden, helfen genau wie Ähnlichkeiten/Gemeinsamkeiten zwischen Sprachen, gewisse Regelmäßigkeiten zu erfassen, und machen Strukturen/Regeln für die Lernenden deutlicher.
Lehrkraft 3 könnte man sagen: Kinder entwickeln schon sehr früh metalinguistische Fähigkeiten und sind interessiert an Vergleichen zwischen Sprachen; dadurch lernen sie auch ihre Erstsprache noch einmal neu kennen; Sprachvergleiche sind möglich und motivieren.

Aufgabe 104

Vermutlich sind Ihnen Beispiele wie die folgenden eingefallen:

1. Wenn ich verstehen will, wann bei der Bildung des Perfekts „haben" und wann „sein" verwendet wird, kann ich prüfen, ob die Regel, die z.B. im Französischen für die Wahl des Hilfsverbs gilt, übertragbar ist.
2. Ich lerne am besten, wenn ich mir Notizen mache. Meine Freundin spricht vor sich hin, nimmt ihre Gespräche auf und hört sie sich an.
3. Einmal wollte ich etwas erzählen und kam nicht auf das Wort „Zucchini". Stattdessen lag mir die englische Entsprechung *courgette* auf der Zunge.
4. Wenn ich heute eine Sprache spreche, die ich nicht so gut beherrsche, will ich z.B. am Ende des Satzes ein „oder?" anhängen, obwohl es in der Sprache gar nicht üblich ist. Das „oder" am Ende des Satzes ist nämlich ein Merkmal des Deutschen.
5. Der Merksatz „Da, wo man redet, sagt und spricht, vergiss die kleinen Zeichen (Kommata) nicht" lässt sich auf einige Sprachen übertragen, auf andere jedoch nicht. Wenn man ihn verinnerlicht hat, wird man ihn jedoch sicher in Äußerungen wie „Er sagte mir, dass er um acht Uhr kommt" aufrufen.

Aufgabe 105

Argument	Lerntheorie / Spracherwerbshypothese
1	Kognitivismus
2	Konstruktivismus
3	Kontrastivhypothese
4	Modelle mehrsprachigen Lernens

Aufgabe 109

Vor dem Hören / Lesen / Hör-Sehen: 1, 2, 6
Nach dem Hören / Lesen / Hör-Sehen: 3, 4, 5

Aufgabe 110

Merkmale für das Prinzip Lernerinteressen berücksichtigen	Beobachtungen in *Deutsche Schule Barcelona*	Beobachtungen in *Goethe-Institut New Delhi*
1. Es gibt Themen und Rede- bzw. Schreibanlässe, die die Lernenden interessieren und motivieren.	Das Münzspiel ist herausfordernd und anspruchsvoll.	Die Lernenden sind ganz offensichtlich interessiert an den persönlichen Fragen, die sie ihrer Lehrkraft stellen wollen. Sie finden rasch zahlreiche Fragen und haben offensichtlich Spaß dabei, sie zu formulieren und zu stellen.
2. Es gibt Lernaktivitäten, denen die Lernenden fast intuitiv Aufmerksamkeit schenken.	Das „Knobeln", also das Herausfinden von möglichst vielen verschiedenen Lösungen für die Aufgabe, spornt die Schülerinnen und Schüler an.	Die Lernaktivität entspricht den Lernenden ganz offensichtlich (siehe oben).
3. Die Lernenden haben Vorwissen zu den Inhalten und Themen des Unterrichts, an das sie anknüpfen können und zu denen sie etwas Eigenes beizutragen haben.	In den Gruppen gelingt es offensichtlich schnell, die Aufgabe zu verstehen und verschiedene Rechenwege auszuprobieren.	Die Lernenden stellen Fragen, die sie selbst interessieren. Sie kennen ihre Lehrerin offensichtlich auch schon ein wenig, sodass sie in dem Spiel solche Fragen stellen können, die die Lehrkraft mit Nein beantworten muss.
4. Die Lernenden interagieren, sprechen und schreiben – angeleitet durch Aufgaben – in Situationen, in die sie auch außerhalb des Unterrichts kommen können.	Rechenspiele, Knobelaufgaben und Rätsel gehören auch in die Freizeit von Kindern und Jugendlichen.	Persönliche Fragen zu stellen gehört zum Alltag von jungen Erwachsenen.
5. Die Lernenden benutzen Redemittel, Routinen, Textsorten und Medien, die ihrem Alter entsprechen.	Die Schülerinnen und Schüler nutzen die ihnen bekannten Rechenwege, benutzen die Münzen, um Lösungen für die Gruppe sichtbar zu machen und verbalisieren die Rechenwege, die sie wählen, auf Deutsch. Dabei interagieren sie mit ihresgleichen.	Ja-/Nein-Fragen zählen zu den zentralen Routinen auf A1-Niveau und gehören zu den wichtigen sprachlichen Routinen junger Erwachsener.

Aufgabe 111

C1: Vorentlastung des Textes (Chat) durch Verstehensstrategien; diese werden auch bewusst gemacht.
C2: Für Jugendliche interessante Textsorte Chat; Sprache, einfacher Satzbau und Emoticons wie z.B. Smileys helfen beim Verstehen der umgangssprachlichen und fremdsprachlichen Wendungen.
C3: Verdeutlichung der das Verstehen sichernden Textzeichen (Abkürzungen, Emoticons). Die Lernenden können den Text schon sehr früh im Sprachunterricht lesen und verstehen.
C4: Die Lernenden chatten sofort selbst und ahmen Sprach- und Textstil wie auch Textzeichen nach. Authentische Kommunikation wird dadurch von Anfang an möglich.

Aufgabe 112

Prinzip **Verstehen fördern**: Es sollen nur zwei Informationen aus dem Text genannt werden (Woher stammt der Text? Was ist sein Thema?), der Austausch mit Lernpartnerinnen und -partnern zur Sicherung des Verstehens wird angeregt, das Vorgehen beim Leseverstehen wird reflektiert und besprochen.
Prinzip **Lernerinteressen berücksichtigen**: Die Texte orientieren sich an den Interessen/Vorlieben der Zielgruppe, sie sind thematisch breit angelegt, es ist kein wörtliches Leseverstehen vorgesehen.
Prinzip **Texte gezielt einsetzen**: Es sind authentische Texte in Form von Steckbrief, Kurzbiografie, Chat aus einer Jugendzeitschrift. Die Lernenden können sie früh verstehen und auch selbst produzieren. Dies motiviert sie und zeigt ihnen, was sie bereits auf Deutsch können.

Aufgabe 114

Lernaktivität	Lernziel	Merkmale der Wortschatzarbeit
Ü1	*Die Lernenden kennen den Wortschatz zum Thema Wetter und können eine Wetterkarte lesen.*	*Die englischen Wörter sind vorgegeben. Die Lernenden können die Aufgabe lösen, weil die vorgegebenen Wörter im Englischen und Deutschen ähnlich sind. Es wird für die Ähnlichkeiten zwischen Deutsch und Englisch im Wortschatzbereich sensibilisiert. Der Text (die Wetterkarte) wird gelesen und verstanden, ohne dass die deutschen Wörter bekannt sind. Die Motivation zum Lernen wird gesteigert, weil vieles bereits verstanden wird.*
Ü2	Die Lernenden können englischsprachigen Wörtern die deutsche Vokabel zuordnen.	Zusammengehörende Wörter im Englischen und im Deutschen werden verbunden. Die Ähnlichkeiten zwischen Wörtern werden bewusst gemacht. Der Verstehenswortschatz wird erweitert.
Ü3	Die Lernenden kennen weitere Wörter aus dem Wortfeld Wetter.	Es werden weitere Wörter über die Ähnlichkeiten hinaus vermittelt/thematisiert. Dabei gibt es Hinweise auf Wörter, die sich nicht durch den sprachlichen Vergleich erschließen lassen.
Ü4	Die Lernenden können Wortschatz zum Wetter richtig aussprechen.	Auch die Aussprache des neuen Wortschatzes wird geübt. Um den englisch-amerikanischen Akzent zu vermeiden, wird auf die Besonderheiten der deutschen Aussprache hingewiesen.
Ü5	Die Lernenden kennen feine Bedeutungsunterschiede bei den Adjektiven zum Wetter.	Der neu gelernte Wortschatz wird systematisiert und die Wetterwörter werden in eine Reihe geordnet. Um den neuen Wortschatz zu verarbeiten und nachhaltig abzuspeichern, werden Beziehungen zwischen den Wörtern hergestellt und Netzwerke aufgebaut.
Ü6	Die Lernenden können sprachliche Wendungen zum Wetter drei verschiedenen Fotos zuordnen.	Die gelernten Wörter werden nun in neuen Kontexten angewendet. Das Wetter in abgebildeten Situationen wird mit vorgegebenen Redemitteln beschrieben. Der gelernte Wortschatz soll gefestigt und auf neue Kontexte übertragen werden.

Aufgabe 115

Arbeitsanweisungen	Erklärungen
1.	Diese Arbeitsanweisung eignet sich, weil auf diese Art und Weise erkennbar wird, wie viele Wörter man bereits kennt. Es ist wichtig, sich beim Lernen auf das Bekannte zu konzentrieren und sich durch die unbekannten Wörter nicht verwirren zu lassen.
2.	Die Arbeitsanweisung eignet sich, weil sie den Lernenden bewusst macht, dass es Wörter gibt, die in verschiedenen Sprachen gleich oder ähnlich sind. Diese Wörter kennen sie vielleicht schon aus ihrer Erstsprache oder der ersten Fremdsprache. Durch den Vergleich und die Zuordnung der Wörter merken die Lernenden, dass sie bereits viele Wörter im Deutschen kennen.
3.	Diese Arbeitsanweisung eignet sich, weil sie bei einem Wortfeld wie Wochentage deutlich macht, wie hoch der Anteil der Wörter im Deutschen und Englischen ist, die sich stark ähneln.
4.	Diese Arbeitsanweisung fordert dazu auf, Wörter nach inhaltlichen Kriterien zu sortieren. Wörter, die in Beziehung zueinander stehen, sind leichter zu memorieren als solche, die nicht inhaltlich oder strukturell miteinander verbunden sind. Das primäre Ziel dieser Arbeitsanweisung ist zwar nicht, verstehbaren Wortschatz bewusst zu machen, sie könnte aber zur Bewusstmachung beitragen, wenn es sich wie in diesem Beispiel um Wortfelder handelt, die verwandte Vokabeln oder Internationalismen enthalten.
5.	Bei geschickter Auswahl des Wortfeldes könnte durch diese Arbeitsanweisung klar werden, wie viele Parallelen es zwischen Englisch und Deutsch gibt. So sind z.B. im Wortfeld Unterrichtsfächer die meisten Wörter im Englischen und Deutschen ähnlich, während andere (Kunst, Geschichte, Sozialkunde) keine Entsprechung im Englischen haben.

Aufgabe 119 1C; 2A; 3D; 4B; 5E

Aufgabe 120 Geeignete Arbeitsanweisungen sind: 1, 2, 4, 5

Glossar

A ... **Angst**

Der Begriff bezeichnet negative Gefühle und Unsicherheit beim Umgang mit der Fremdsprache und kann in verschiedenen Formen auftreten. Prüfungsangst tritt in Testsituationen auf, Äußerungsangst ist die Furcht, frei zu sprechen. Angst vor Gesichtsverlust hingegen ist die Angst, sich bei der Verwendung der Sprache zu blamieren. Ist eine Angst sehr stark ausgeprägt, kann sie sich negativ auf den Spracherwerb auswirken und bis hin zu einer Lernverweigerung führen.

Arbeits- und Sozialformen

Sozialformen organisieren die Beziehungen zwischen Lernenden und Lehrenden im Unterricht. Je nachdem, ob die ganze Lerngruppe angesprochen wird oder diese aufgeteilt wird, sprechen wir von einer der folgenden Sozialformen: **Frontalunterricht** (ein Vortrag einer Lehrkraft im Plenum), **Gruppenarbeit** (mehr als zwei Lernende kooperieren), **Partnerarbeit** und **Einzelarbeit**.
Arbeitsformen gestalten diese Art der Interaktion noch genauer. Partnerarbeit kann z.B. in Form einer **Kettenübung** durchgeführt werden. Weitere Arbeitsformen sind **Projektarbeit**, **Stationenlernen**, **Laufdiktat**, **Rückendiktat** usw. und viele spielerische Formen.

Aufgaben

Aufgaben sind Angebote, die es den Lernenden ermöglichen, das Gelernte anzuwenden, zu erweitern und Neues zu erarbeiten. Aufgaben unterscheiden sich nach der Offenheit der erwarteten Ergebnisse: Bei **geschlossenen Aufgaben** gibt es nur eine mögliche Lösung, bei **offenen Aufgaben** gibt es viele verschiedene mögliche Ergebnisse. Aufgaben unterscheiden sich von → **Übungen**.

Aushandeln von Bedeutung

Das Ziel von → **Aufgaben**, bei denen die Lernenden ihre Eindrücke miteinander abstimmen müssen, ist es, zu einer gemeinsamen Deutung der Situation zu kommen. Dieser Prozess der Aushandlung von Bedeutung muss sprachlich begleitet werden. In solch wechselseitig aufeinander bezogenen Handlungen entdecken und entwickeln Lernende gemeinsam Wissen. Man spricht dann von Rekonstruktion und Ko-Konstruktion von sozialer Realität.

Automatisierung

Automatisierung ist eine Lehr-/Lernaktivität, die das Ziel hat, neue sprachliche Strukturen zu festigen. Die Lernenden wenden die neuen Strukturen in verschiedenen Sprachhandlungssituationen so lange an, bis sie sie sprechen und schreiben können.

B ... **Behaviorismus**

Diese Lerntheorie geht davon aus, dass Lernen durch Reize ausgelöst wird, auf die der/die Lernende bestimmte Reaktionen, also ein bestimmtes neues (sprachliches) Verhalten zeigt. Erhält die/der Lernende den Reiz mehrfach, verfestigt sich das gewünschte sprachliche Verhalten und ein Wort, eine bestimmte Ausspracheweise oder eine sprachliche Struktur wurde gelernt.

bilingual

Als bilingual oder zweisprachig wird eine Person bezeichnet, wenn sie sich in zwei Sprachen verständigen kann. Im Regelfall ist eine der Sprachen dominant, d. h. stärker ausgeprägt als die andere. Oft handelt es sich dabei um die Sprache, die häufiger verwendet wird. Das Verhältnis zwischen den beiden Sprachen kann sich aber aufgrund von äußeren Einflüssen jederzeit verändern, ist also dynamisch.

Binnendifferenzierung

Binnendifferenzierung bezeichnet Unterrichtsformen und -angebote, die unterschiedlichen Voraussetzungen, Leistungsvermögen und Lernständen der Lernenden gerecht werden. Lernende bearbeiten differenzierte Lernangebote zur selben Zeit. Binnendifferenzierung kann in verschiedenen → **Arbeits- und Sozialformen** erfolgen.

Brückensprache
Mit Brückensprache bezeichnet man eine bereits beherrschte Sprache, deren Strukturen beim Verstehen von mit ihr verwandten Sprachen helfen. So könnte z.B. Deutsch eine Brückensprache beim Verstehen von Texten auf Schwedisch oder Niederländisch darstellen.

E

Einstellung
Mit der Einstellung einer/eines Lernenden ist ihre/seine Bereitschaft gemeint, in einer bestimmten Art und Weise auf die Zielkultur, die → **Zielsprache** und das Sprachenlernen zuzugehen. Sind Lernende interessiert und neugierig, lernen sie meist erfolgreicher. Ist die Einstellung der Lernenden zu der Zielkultur negativ, wirkt sich das mitunter nachteilig auf das Lernen aus.

Erstsprache
Die Erstsprache ist die Sprache, die Kleinkinder als Erstes in ihrer natürlichen Umgebung → **erwerben**. Das ist in der Regel die Sprache, die die Eltern des Kindes sprechen. Der Begriff Erstsprache wird alternativ zum Begriff Muttersprache verwendet, da er verdeutlicht, dass an der Spracherwerbssituation des Kindes auch andere Personen als die Mutter beteiligt sein können. Außerdem betont er die Tatsache, dass nach der Erstsprache noch viele weitere Sprachen erlernt werden können. Bei simultaner Zweisprachigkeit in den ersten Lebensmonaten eines Kindes ist ein doppelter Erstspracherwerb möglich – der Mensch wächst dann → **bilingual** auf.

erwerben
Erwerben bezeichnet den ungesteuerten, „natürlichen" Erwerb einer Sprache. Von Spracherwerb spricht man im Fall der → **Erstsprache** durch Kinder sowie beim Zweitsprach(en)erwerb in der zielsprachigen Umgebung.

Erwerbssequenzen
Erwerbssequenzen bezeichnen die verschiedenen Stadien, die beim sukzessiven Erwerb einer Sprache durchlaufen werden. Dieser Terminus wird vor allem im Kontext von Ansätzen verwendet, die von einer festen Erwerbsreihenfolge ausgehen (z.B. die → **Lehr-/Lernbarkeitshypothese**).

Europäisches Sprachenportfolio
Das *Europäische Sprachenportfolio* (ESP) ist ein 1991 verabschiedetes Instrument der europäischen Sprachenpolitik, das das sprachliche und kulturelle Zusammenwachsen Europas und die Idee eines Europas mit mehrsprachigen Bürgern unterstützen soll. Das Ziel des Portfolios ist es, dass Lernende ihr eigenes Lernen in einer Mappe oder einem digitalen Ordner dokumentieren und reflektieren. Es umfasst die drei Teile **Sprachenpass, Sprachenbiografie** und **Dossier**. Hier sammeln und dokumentieren die Lernenden ihre Leistungen, Sprachlernerfahrungen, Reflexionen zum Sprachenlernen und eigene Arbeiten.

explizites Lernen
→ **lernen**

F

Faktorenmodell des Fremdsprachenlernens
Das Faktorenmodell bildet multiples Sprachenlernen in Stufen ab, die nacheinander von Lernenden durchlaufen werden. Hauptaussage des Modells ist, dass zwischen dem Lernen einer ersten und dem Lernen einer weiteren Fremdsprache Unterschiede bestehen. Diese Unterschiede sind nicht nur quantitativ, d.h., dass noch eine oder mehrere Sprachen hinzutreten, sondern auch qualitativ.

falsche Freunde
Mit falschen Freunden werden Wörter einer Sprache bezeichnet, die eine ähnliche Laut- oder Schriftform haben wie Wörter aus einer bekannten Sprache, deren Bedeutung jedoch eine andere ist. Die Formähnlichkeit solcher Wörter führt oft zu falschen Übertragungen oder → **Interferenzen** (z.B. bekommen und *become*, Gift und *gift* usw.).

Förderung von Lernerautonomie
Die Förderung von Lernerautonomie ist ein **didaktisch-methodisches Prinzip** und zielt darauf ab, dass Lernende selbstständig, unabhängig und selbstbestimmt lernen und Verantwortung für ihr Lernen übernehmen. Autonomes Lernen beschreibt eine Lernkultur, in der das Anknüpfen an persönliche

Erfahrungen und Lernmotive sowie die Entwicklung der Fähigkeit für ein eigenverantwortliches Lernen im Zentrum stehen.

Fossilierung

Von Fossilierung spricht man, wenn der Spracherwerb der Lernenden auf einem Stand stagniert, der noch nicht in allen Punkten den Normen der → **Zielsprache** entspricht. Häufig wird dieser Punkt erreicht, sobald die Sprachkenntnisse ausreichen, um die kommunikativen Bedürfnisse zu erfüllen, die die Lernenden in der Zielsprache verfolgen. Die Aufgabe von Lehrkräften ist es, fehlerhafte Strukturen rechtzeitig zu erkennen und zu thematisieren.

Fremdsprache

Eine Fremdsprache ist eine Sprache, die nicht die → **Erstsprache** ist und bewusst gelernt werden muss. Oft geschieht dies in gesteuerten Unterrichtssituationen, die in der Regel außerhalb des Zielsprachenlandes stattfinden.

Fremdsprachenmodus

Wenn Lernende bei der zielsprachigen Produktion eher aus der zuvor gelernten Fremdsprache transferieren und Vergleiche zu den anderen von ihnen gelernten Fremdsprachen ziehen, obwohl die → **Erstsprache** eine besser geeignete Transferbasis anbieten würde, kann man davon ausgehen, dass sie sich in einem Fremdsprachenmodus befinden. Sie suchen eher Hilfen in ihren Fremdsprachenkenntnissen, weil sie diese bewusst gelernt haben und also denken, dass dort größere Ähnlichkeiten zur → **Zielsprache** zu finden sind als in ihrer Erstsprache, die für sie kein bewusstes Transferpotenzial hat.

G

geschlossene Aufgabe

→ **Aufgaben**

I

Identitätshypothese

Die Identitätshypothese geht davon aus, dass die zu lernende Sprache eine Art Spracherwerbsmechanismus auslöst, den alle Lernenden von Natur aus besitzen. Als Begründung wird die generelle Sprachfähigkeit von Menschen angeführt: Kinder erwerben die Sprache ihrer Umgebung, weil Spracherwerb biologisch in ihnen angelegt ist. Dieser Mechanismus wirkt auf das Lernen jeder weiteren Sprache ein. Aus Sicht der Identitätshypothese gleicht der Erwerb einer jeden weiteren Sprache dem der → **Erstsprache**.

implizites Lernen

→ **lernen**

Individualisierung

Individualisierung beschreibt eine konkrete Möglichkeit, → **Lernerorientierung** im Unterricht umzusetzen, indem die Lernenden in ihrer Verschiedenheit in den Mittelpunkt der Unterrichtsgestaltung und -planung rücken und der Unterricht so gestaltet wird, dass jede/r einzelne Lernende Raum hat, sich mit ihren/seinen Bedürfnissen und Interessen einzubringen.

individuelle Mehrsprachigkeit

Die individuelle Mehrsprachigkeit bezeichnet die Fähigkeit einer Person, sich in mehreren Sprachen zu verständigen. Im Gegensatz zur gesellschaftlichen Vielsprachigkeit, wo die ganze Region mehrere Sprachen verwendet (z.B. Indien, afrikanische Länder), bezieht sich die individuelle Mehrsprachigkeit auf die sprachliche Kompetenz von Individuen. Diese Kompetenz kann ganz unterschiedlich ausgeprägt sein und unterschiedliche Fertigkeiten, Fachsprachen oder Varietäten betreffen.

innere Differenzierung

→ **Binnendifferenzierung**

Input

Input beschreibt das sprachliche Material, das Lernende erreicht. Die Sprache von Lehrenden, Mitlernenden sowie Hörspiele, Gesänge und Texte können zum sprachlichen Input werden.

Inputhypothese

Die Inputhypothese geht davon aus, dass für den erfolgreichen Erwerb einer Sprache ausreichender und verständlicher → **Input** notwendig ist. Dieser Input sollte idealerweise sprachliche Strukturen enthalten, die minimal über den Sprachstand der Lernenden hinausgehen. Der Input darf nicht zu einfach, aber auch nicht zu schwierig sein, damit die Lernenden ihn aufnehmen und in ihr bestehendes Wissen integrieren können.

Intake

Intake bezeichnet jene Aspekte oder Strukturen des → **Inputs**, auf die Lernende ihre Aufmerksamkeit richten und die sie für den Spracherwerb nutzen. Damit es zu einem Lernfortschritt kommt, müssen Lernende den wahrgenommenen Input verarbeiten und schließlich in ihre → **Lernervarietät** aufnehmen. Der Input wird mit vorhandenem Wissen verglichen und im Idealfall verknüpft.

Interaktionismus

Diese Lerntheorie besagt, dass das Miteinander-in-Kontakt-Treten ein zentraler Faktor im Spracherwerbsprozess ist. Interaktion (z.B. zwischen Eltern und Kindern) ist die Voraussetzung dafür, dass sich die angeborene Fähigkeit, Sprache zu erwerben, überhaupt entfalten kann.

Interaktionshypothese

Laut dieser Hypothese handelt es sich bei Spracherwerb um einen in und durch Interaktion stattfindenden kognitiven Prozess. Indem Lernende aktiv an Interaktionen in der → **Zielsprache** teilnehmen, konstruieren sie sprachliches Wissen. Optimale Interaktion mit und zwischen Lernenden sorgt für verständlichen und angemessenen → **Input** und beinhaltet korrektives Feedback, durch das die Aufmerksamkeit auf Form und Bedeutung von Äußerungen gelenkt wird.

Interferenz

Interferenz, auch negativer → **Transfer** genannt, bezeichnet den negativen Einfluss der → **Erstsprache** auf das Erlernen einer → **Fremdsprache**. Dies gilt für grammatische Strukturen, Lexeme und Phoneme der Erstsprache, aber auch für kulturell geprägtes Verhalten, das auf die neue Situation übertragen wird, ohne passend zu sein. Fehler, die durch einen negativen Transfer von Strukturen der Erstsprache auf die Fremdsprache entstehen, nennt man **Interferenzfehler**. Typische Interferenzfehler, die bei Deutschlernenden auftreten, beziehen sich auf Artikel, wenn die Ausgangssprache keine oder andere Artikel für ein Wort verwendet.

Interlanguage-Hypothese

Nach dieser Hypothese bilden Lernende mental eine Art Zwischensprache oder → **Lernervarietät** aus. Diese weist Elemente der Erst- und Zielsprache auf, jedoch auch eigene, nicht in einer der beiden anderen Sprachen zu findende Phänomene. Dies liegt daran, dass Lernende ihren gesamten Sprachbesitz aktivieren, wenn sie eine weitere Sprache lernen. Die → **Erstsprache**, bereits gelernte Elemente der → **Fremdsprache** sowie alle weiteren Sprachen, die ein Mensch beherrscht, bilden die Lernervarietät. Diese ist gleichermaßen systematisch und variabel, d.h., Entwicklungsschritte geschehen nicht willkürlich, die Lernervarietät befindet sich aber in einem stetigen Prozess der Veränderung.

Internationalismus

Ein Internationalismus bezeichnet ein Wort, das in mehreren Sprachen mit der gleichen Bedeutung und ähnlicher Form existiert. Da Internationalismen in verschiedenen Sprachen ähnlich ausgesprochen und ähnlich geschrieben werden, sind sie leicht verständlich.

K

Kognitivismus

Der Kognitivismus beschreibt das Lernen eines Menschen als einen Prozess, in dem neue Informationen verarbeitet werden. Lernende sind aktiv in diesem Prozess und greifen auf vorhandene Wissensstrukturen zurück: auf sprachliches Wissen, auf Wissen über Sprache, ihre Regelmäßigkeiten und Formen sowie auf Wissen zum Sprachenlernen. Sie bringen also bereits gespeichertes und abrufbares Wissen mit neuem Wissen in Verbindung, wodurch sich ihr bestehendes Wissen erweitert.

Es ist sinnvoll, an die bereits vorhandenen sprachlichen Vorkenntnisse der Lernenden anzuknüpfen, Vorwissen und Erfahrungen bewusst zu machen und zu aktivieren, genauso wie Lernstrategien bewusst zu machen, über die neues Wissen aufgenommen, gespeichert und automatisiert wird.

Kompetenzen
Kompetenzen befähigen Personen, bestimmte Aufgaben zu lösen. Sie umfassen insbesondere folgende Teilbereiche: **deklaratives Wissen** (z.B. sprachliches Wissen, Weltwissen), mehr oder weniger automatisierte **prozedurale Fertigkeiten** oder **prozedurales Wissen** (z.B. etwas verstehen können, eine bestimmte Schrift beherrschen, einen Text verfassen können) und **persönlichkeitsbezogene Kompetenzen,** die Eigenschaften, Persönlichkeitsmerkmale und Einstellungen umfassen, die wichtigen Einfluss auf den Erfolg des Sprachenlernens haben (z.B. die Fähigkeit, sprachliche Fehler bei sich selbst tolerieren zu können; sich in andere hineinversetzen zu können; sich selbst motivieren zu können). Motivation, Emotion, Einstellungen, Wille, metakognitive Kontrolle und Bereitschaft zum Handeln tragen dazu bei, dass Lernende komplexe Anforderungen erfolgreich bewältigen.

Konnektionismus
Der Konnektionismus ist eine modellhafte Vorstellung davon, wie sprachliche Informationen oder Einheiten verarbeitet und somit gelernt werden: Sprachliches Wissen oder Wissen darüber, wie man Sprache verwendet, ist in einem mentalen Netzwerk aus Zellen gespeichert. Lernen geschieht dadurch, dass die Verbindungen zwischen den Einheiten des Netzwerks ständig aktiviert und dadurch gefestigt werden.

Konstruktivismus
Die konstruktivistische Lerntheorie besagt, dass Lernen auf der Grundlage bestehenden Wissens stattfindet. Sie beschreibt Lernen als eine Konstruktion von neuem Wissen, die jedes lernende Individuum für sich organisieren muss, und folgert daraus, dass Lernen immer auf der Grundlage des individuell unterschiedlich aufgebauten Wissens abläuft.

Vor diesem Hintergrund kann man erklären, warum Lernende, die denselben Unterricht besucht haben, zu unterschiedlichen Lernergebnissen kommen können. Für das Lernen einer zweiten/weiteren Fremdsprache bedeutet dies, dass Lernende Gelegenheit, Aufgaben und Übungen benötigen, die ihnen Möglichkeiten zur Konstruktion dieses neuen Wissens bieten. Lernende brauchen Unterstützung darin, sich ihre individuellen Lernwege bewusst zu machen und Lernstrategien auszuprobieren. Sie greifen dabei auf Lernerfahrung und sprachliches Wissen zurück, das sie nutzen können.

Kontrastivhypothese
Die Kontrastivhypothese geht davon aus, dass eine neue Sprache schlechter gelernt wird bzw. schwieriger zu lernen ist, wenn sie große strukturelle Unterschiede zur → **Erstsprache** aufweist. Je größer die Unterschiede zwischen Erstsprache und zweiter Sprache sind, desto mehr → **Interferenzen** ergeben sich.

L

Lehnwort
Ein Lehnwort ist ein Wort, das ursprünglich aus einer anderen Sprache stammt und sich in der → **Zielsprache** etabliert hat, z.B. Anglizismen (das Quiz, der Computer), Slawismen (das Bistro, der Wodka), Arabismen (das Sofa, der Zucker).

Lehr-/Lernbarkeitshypothese
Diese Hypothese, auch Teachability-Hypothese genannt, geht davon aus, dass beim Zweit- und Fremdsprachenlernen Strukturen in einer spezifischen Abfolge von → **Erwerbssequenzen** erworben werden, deren Reihenfolge kaum verändert werden kann. Auch kann keine der Erwerbsstufen übersprungen werden, sondern Lernende müssen sie nacheinander bewältigen. Unterricht kann durch Präsentation von passendem sprachlichen Material und Anleitung nur dazu beitragen, den Lernprozess zu beschleunigen und zu helfen, → **Fossilisierungen** zu vermeiden.

lernen
Lernen bezeichnet einen gesteuerten, bewussten Prozess, sich eine neue Sprache anzueignen. Es basiert auf den kognitiv-mentalen Fähigkeiten des Menschen. Im Kontext des Fremdsprachenlernens spricht man von Lernen (im Gegensatz zum → **Erwerben**), wenn der Erwerb der Fremdsprache mit Unterricht verknüpft ist. Außerdem unterscheidet man **implizites Lernen** (= unbewusstes, nicht willentlich gesteuertes Lernen) von **explizitem Lernen** (= bewusstes, willentliches Lernen).

Lerneraktivierung
Lerneraktivierung ist ein didaktisch-methodisches Prinzip des Unterrichts, nach dem sich die Lernenden so aktiv wie möglich am Unterrichtsgeschehen und am Lernprozess beteiligen sollen. Dieses Prinzip hat direkte Folgen für die Unterrichtsorganisation sowie für das Verhalten der Lehrkraft, die nicht mehr nur vermittelt, sondern die Lernenden zunehmend mehr in ihren Lernprozessen unterstützt und berät.

Lernerorientierung
Lernerorientierung ist ein didaktisch-methodisches Prinzip des Unterrichts, in dem den Lernenden, ihrem individuellen Lernbedarf und Lernverhalten im Unterricht möglichst viel Raum gegeben wird. Lehrkräfte berücksichtigen in ihrem Unterricht das Alter, den sozioökonomischen Hintergrund, die vorhandenen Sprachen und Interessen ihrer Lernenden sowie deren Bedürfnis, autonom zu lernen. Ein lernerorientierter Unterricht ist ein Unterricht, in dem die Lernenden möglichst viele Aktivitäten selbst verrichten, dabei aber von ihren Lehrenden in vielfacher Hinsicht unterstützt und beraten werden. Bei der Organisation von lernerorientiertem Unterricht und bei der Planung von Lernaktivitäten berücksichtigt die Lehrkraft das Lernverhalten ihrer Lernenden.

Lernervarietät
Die Lernervarietät, auch Interlanguage, Lernersprache oder Zwischensprache genannt, bezeichnet ein spezifisches Sprachsystem, das Lernende beim Erwerb einer neuen Sprache ausbilden. Es trägt Züge der Erst- und der Zielsprache, aber auch von beiden Sprachen unabhängige Phänomene. Außerdem ist die Lernervarietät dynamisch und entwickelt sich ständig weiter. Diese Vorstellung entstand im Zuge der → **Interlanguage-Hypothese**.

Lernstil
Der Lernstil beschreibt die Art und Weise, wie jemand am besten neue Informationen aufnimmt und verarbeitet. Der Begriff dient als Oberkategorie, die sich aus weiteren Kategorien zusammensetzt. Eine dieser Kategorien ist der **Lerntyp**. Verschiedene Lerntypen unterscheiden sich darin, welche Sinnes- oder Wahrnehmungskanäle sie als Lernende bevorzugt benutzen, um neue Informationen aufzunehmen: das Auge, das Ohr, die Kommunikation mit anderen oder die Berührung (Haut).

Lernstrategie
Eine Lernstrategie ist eine planvolle Vorgehensweise, um ein festgelegtes Ziel zu erreichen. Lernstrategien werden bewusst oder unbewusst eingesetzt.

Lerntyp
→ **Lernstil**

Lernwortschatz
Der Begriff Lernwortschatz bezeichnet diejenigen Vokabeln und Redemittel einer Fremdsprache, die nach Lehrplan auf einer bestimmten Lernstufe aktiv beherrscht werden müssen.

Lesestil
Lesestil ist die Art und Weise, wie ein Text gelesen wird. Man unterscheidet zwischen **globalem**, **selektivem** und **detailliertem** Lesen (es gibt jedoch auch weitere Bezeichnungen der Lesestile). Beim globalen Lesen wird der Text nur überflogen, um die wichtigsten Informationen zu erfassen. Beim selektiven Lesen werden die erfragten Informationen gezielt gesucht. Das detaillierte Lesen erfordert eine gründliche Erarbeitung des Textes. Welcher Lesestil eingesetzt werden muss, hängt von der Leseintention ab, die im Kontext des Fremdsprachenunterrichts durch Aufgaben bestimmt wird.

M

Mehrsprachigkeitsdidaktik
Darunter versteht man didaktisch-methodische Ansätze, die auf das Erlernen mehrerer Sprachen abzielen und die bereits vorhandenen Sprachenkenntnisse gezielt berücksichtigen. Charakteristisch für diese Ansätze ist die bewusste Auseinandersetzung mit Sprache(n) und dem Sprachenlernen. Viel Wert wird auf das Verstehen von Sprache gelegt.

Mehrsprachigkeitsmodelle
Mehrsprachigkeitsmodelle beschreiben das Lernen mehrerer Sprachen und die Interaktion der verschiedenen Sprachen einer Person bei der Sprachverarbeitung. Sie versuchen, Spracherwerbsmodelle, die nur von einer Erstsprache und einer Zielsprache ausgehen, zu erweitern, zu präzisieren bzw. darüber hinauszugehen. Dabei berücksichtigen sie, dass einzelne Lernende durchaus mit mehr als einer Erstsprache aufwachsen. Auch dass sich durch das Lernen mehrerer Fremdsprachen die Fremdsprachenlernhaltung ändert, wird in diesen Modellen aufgegriffen.

Mehrsprachigkeitsorientierung
Dieses didaktisch-methodische Prinzip fordert, dass der Sprachunterricht systematisch die vorhandenen Sprachenkenntnisse und Sprachlernerfahrungen der Lernenden beim Lernen einbezieht. Hirnforschungen zeigen, dass der Transfer von Wissen von einer Sprache zur nächsten möglich ist und dem Sprachenlernen zugute kommt. Dadurch erhöht sich die → **Sprachbewusstheit** der Lernenden und → **Lernstrategien** werden aktiviert.

mentales Lexikon
Das mentale Lexikon bezeichnet die Gesamtheit der gespeicherten Wörter sowie die lexikalischen Ordnungs- und Aufrufprinzipien des Gehirns. Dazu zählen z.B. Antonymie und Synonymie (Wörter mit gegensätzlicher oder ähnlicher Bedeutung). Aus den Forschungen zum mentalen Lexikon kann man für den Unterricht didaktische Hinweise ableiten. So kann man bei der Wortschatzarbeit Hinweise erhalten, wann und in welchem Kontext man ein bestimmtes Wort oder Wortfeld einführen sollte.

monolingual
Als monolingual oder einsprachig wird eine Person bezeichnet, wenn sie sich ausschließlich in einer Sprache verständigen kann.

Motivation
Motivation stellt ein affektives Lernermerkmal dar, bewirkt eine zielgerichtete Aktivität auf ein Ziel hin und beeinflusst die Ausdauer und Antriebsstärke. Sie hat im Wesentlichen Einfluss auf den Erfolg und die Geschwindigkeit beim Erlernen einer → **Zielsprache**. Motivation ist nicht direkt beobachtbar, variiert zwischen den Individuen und unterliegt Schwankungen.

multilingual
Als multilingual oder mehrsprachig wird eine Person bezeichnet, wenn sie sich in mehreren Sprachen verständigen kann.

N

Nativismus
Nativismus ist eine Position der → **Spracherwerbstheorie**, die davon ausgeht, dass Kinder von Geburt an eine kognitiv angelegte Fähigkeit zum Sprachenlernen besitzen. Es wird argumentiert, dass Kinder aus diesem Grund Wörter und andere sprachliche Strukturen bilden können, die über das hinausgehen, was sie an unmittelbarem Input erhalten.

nativistische Ansätze
→ **Nativismus**

O

Outcome
Outcome beschreibt den langfristigen Ertrag des Lernprozesses, der stabil und lang anhaltend ist.

Output
Mit Output werden alle mündlichen und schriftlichen Äußerungen bezeichnet, die die Lernenden produzieren. Es handelt es sich dabei aber nicht zwangsläufig um Produktionen, die auf einem erfolgreichen Lernprozess basieren, sondern Output umfasst auch unbewusste oder fehlerhafte Äußerungen.

P

Paralleltext
Mit Paralleltext werden im Kontext der Mehrsprachigkeitsdidaktik Texte bezeichnet, die in verschiedenen Sprachen vorliegen und die zum sprachlichen Vergleich herangezogen werden können. Beispielsweise könnte ein Textauszug in der → **Erstsprache**, in der ersten Fremdsprache und auf Deutsch dazu beitragen, sprachliche Strukturen in den verschiedenen Sprachen miteinander zu vergleichen und Regelmäßigkeiten der → **Zielsprache** zu entdecken.

Praxiserkundungsprojekt
Die Aktions- oder Unterrichtsforschung geht davon aus, dass Lehrende – wie andere Professionelle auch – die Bedingungen und Möglichkeiten ihrer eigenen Praxis erforschen können. Das Praxiserkundungsprojekt ist dabei ein zentrales Instrument. In einem Praxiserkundungsprojekt versuchen Lehrkräfte, einen für sie interessanten Aspekt der eigenen Praxis zu erkunden. Es wird in der Regel durch einen Impuls (eine neue Idee, einen Vorschlag, etwas zu verändern, eine Anregung durch einen Vortrag) angestoßen und von einer Erkundungsfrage bestimmt. Auf diese Frage versucht die Lehrkraft allein oder mit anderen eine Antwort in ihrem Unterricht zu finden. Sie plant den Unterricht und sie beobachtet ihn. Sie sammelt Daten (Texte von Lernenden, Aufgaben und Übungen, Beobachtungen in Form von Notizen usw.). Die Daten helfen dabei, zu verstehen, was im Klassenzimmer/Kursraum passiert ist. Die Lehrkraft fasst ihre Erkenntnisse zusammen, um sich mit anderen darüber auszutauschen.

R

Reflexion
Reflexion bedeutet, dass Lernhandlungen oder Erfahrungen überdacht werden. Sie werden noch einmal rekapituliert, bewertet und eingeordnet. Daraus ergibt sich die Möglichkeit, Lernen zu verändern oder zu optimieren.

rezeptive Mehrsprachigkeit
Nach der Idee der rezeptiven Mehrsprachigkeit soll die Kommunikation unter Vertreterinnen und Vertretern verschiedener Sprachen in der jeweiligen Erstsprache erfolgen, die man spricht, während man die Sprache der Gesprächspartner nur versteht, aber nicht produktiv beherrscht. Mit dem Konzept der rezeptiven Mehrsprachigkeit soll das Verstehen mehrerer miteinander verwandter Sprachen erreicht werden. Somit wird die Kommunikation mit einem breiteren Sprecherkreis ermöglicht.

S

Selbstevaluation
Bei einer Selbstevaluation schätzen Lernende selbstständig ihre erworbenen → **Kompetenzen** ein. Sie machen dabei Aussagen zu ihrer Kompetenz und belegen diese anhand eines bestimmten Verhaltens, das sie an sich selbst beobachten konnten.

sensible Phase des Spracherwerbs
Die sensible Phase des Spracherwerbs, auch die kritische Periode genannt, geht davon aus, dass es ein biologisch begrenztes Zeitfenster gibt, in dem bestimmte Eigenschaften, Fähigkeiten oder Verhaltensweisen das Lernen einer weiteren Sprache erleichtern. Ist diese abgeschlossen, kann eine Sprache nicht mehr bis zu erstsprachlichem Niveau erworben werden. In der aktuellen Fachliteratur ist häufig die Rede von der sprachsensitiven Phase.

Sprachbewusstheit
Sprachbewusstheit ist die Fähigkeit, sprachliche Phänomene wahrzunehmen und zu beschreiben. Sie ist damit die Grundlage, um Struktureigenschaften einer zu erlernenden Sprache zu begreifen.

Spracherhalt
Wenn Lernende bewusst und absichtsvoll Zeit und Energie darauf verwenden, eine einmal erlernte Sprache zu gebrauchen, können sie sich die Fähigkeit, diese Sprache zu sprechen und zu verstehen, erhalten.

Spracherwerbshypothesen
Spracherwerbshypothesen beschreiben, wie genau der Erwerb einer Sprache abläuft.

Sprachlernbewusstheit

Sprachlernbewusstheit bezeichnet die Fähigkeit, den eigenen Lernprozess aufmerksam zu beobachten und zu beschreiben, um so das eigene Lernen steuern zu können.
Im Unterschied zur → **Sprachbewusstheit** bezieht sich die Sprachlernbewusstheit nicht auf das Nachdenken über die Sprache, sondern über das Nachdenken von Sprachenlernen. Dazu zählen z.B. das Wissen um den eigenen **Lerntyp**, die beim Lernen am besten geeigneten Vorgehensweisen und → **Lernstrategien**, eigene Stärken und Schwächen usw.

Sprachlerneignung

Die Sprachlerneignung benennt, wie erfolgreich Lernende beim Lernen einer Sprache sind und wie schnell sie sich diese Sprache aneignen. Grundsätzlich sind alle Menschen in der Lage, Sprachen zu lernen, doch kann es individuelle Unterschiede geben, wie schnell oder wie umfassend der Sprachlernprozess ist.

Sprachvergleich

Der Sprachvergleich ist eine kognitive → **Lernstrategie**. Sprachen aus derselben Sprachfamilie zeigen viele Elemente, die in beiden Sprachen leicht erkennbare Entsprechungen haben. Vergleicht man Elemente aus Wortschatz, Grammatik, Aussprache/Intonation und Rechtschreibung z.B. der → **Erstsprache** oder ersten → **Fremdsprache** mit denen der → **Zielsprache**, kann dies lernförderlich sein.

Stationenlernen

Ein bestimmter Lerninhalt mit einem globalen Lernziel wird in mehrere Bereiche mit Teillernzielen aufgeteilt. Jedes Teillernziel können Lernende selbstständig (meist in Partner- oder Kleingruppenarbeit) an je einer Lernstation erreichen. Die Lernenden bewegen sich in der Unterrichtseinheit von Lernstation zu Lernstation und finden dort jeweils andere Lernaktivitäten, Lernmaterialien und oft auch Medien vor, die die Lerninhalte präsentieren.

T

Tertiärsprache

Die Tertiärsprache, auch Folgefremdsprache genannt, ist die Sprache, die als dritte (tertiäre) Sprache nach der → **Erstsprache,** also als zweite → **Fremdsprache,** gelernt wird.

Tertiärsprachendidaktik

Beim Erlernen einer → **Tertiärsprache** können Kenntnisse aus der → **Erstsprache** und der ersten → **Fremdsprache** genutzt werden. Auch bereits gesammelte Lernerfahrungen können gewinnbringend eingesetzt werden. Mit dem Ziel eines effizienten Fremdsprachenunterrichts entwickelt die Tertiärsprachendidaktik spezifische Vorgehensweisen zur Optimierung des Lernprozesses.

Textsorte

Der Begriff Textsorte, man spricht auch von Genre, bezeichnet Klassen oder Gruppen von Texten, die durch bestimmte sprachliche Muster, Merkmale und Funktionen bestimmt sind (z.B. Nachricht, Brief, Kontaktanzeige, Speisekarte, Ballade, Jugendroman). Textsorten lassen sich in der Regel bereits durch den Kontext, das Medium (Zeitung, Internet, Plakat usw.) und die davon abhängige grafische Gestaltung erkennen, was wiederum zum Verstehen beiträgt.

Transfer

Transfer ist die Übertragung von Elementen der → **Erstsprache** oder einer → **Fremdsprache** auf die → **Zielsprache**. Positiver Transfer bezeichnet demnach einen hilfreichen Einfluss der Erstsprache auf das Sprachenlernen, negativer Transfer (Interferenz) hingegen einen hinderlichen Einfluss.

U

Übergeneralisierung

Übergeneralisierung bezeichnet die Ausweitung einer fremdsprachlichen Kategorie oder Regel auf Phänomene, auf die sie nicht zutrifft. Ein Beispiel: Die Bildung des Präteritums regelmäßiger Verben wird auch auf unregelmäßige Verben angewendet. Aus Sicht der → **Spracherwerbshypothesen** handelt es sich hierbei um kreative Fehler, weil vorhandenes Sprachwissen aktiv beim Bilden und Testen von Hypothesen über die → **Zielsprache** eingesetzt wird.

Übung
Übungen sind Aktivitäten, die der Wiederholung, Vertiefung und Automatisierung des Gelernten dienen. Sie beziehen sich meist auf sprachliche Strukturen und Teilfertigkeiten (z.B. Aussprache, Wortschatz, einzelne Grammatikphänomene).

V

Verstehenswortschatz
Der Verstehenswortschatz oder auch der passive Wortschatz eines Menschen umfasst alle vorhandenen und potenziellen Vokabelkenntnisse, die rezeptiv abgerufen werden können, auch wenn sie bei der sprachlichen Produktion nicht oder nicht immer verfügbar sind. Der Verstehenswortschatz ist umfangreicher als der Mitteilungswortschatz, der aktiv verwendet wird.

Vorentlastung
Vorentlastung bedeutet, Aktivitäten einzusetzen, die dazu dienen, das Textverstehen zu erleichtern, indem z.B. vor dem Lesen/Hören wichtige unbekannte Wörter erarbeitet werden oder das Vorwissen der Lernenden zum Textthema aktiviert und besprochen wird. Dadurch stimmen sich die Lernenden auf das Thema ein, bauen bestimmte Erwartungen auf und können gezielter und effizienter zuhören oder lesen.

W

Wochenplanarbeit
Wochenplanarbeit bezeichnet eine Unterrichtsform, bei der die Lernenden das Lernpensum für eine Woche festlegen und in einem Plan festhalten. Sie tragen dort vorgegebene und selbst gewählte Aufgaben ein. Ziel der Wochenplanarbeit ist, das selbstständige Lernen zu fördern.

Z

Zielkultur
In Anlehnung an den Begriff → **Zielsprache** bezeichnet man mit Zielkultur die Kultur oder den Kulturkreis, in dem die Zielsprache verwendet wird. Der Begriff verweist darauf, dass Sprache kein isoliertes System ist, sondern auch immer Ausdrucksmedium von bestimmten kulturellen Werten und Normen.

Zielsprache
Die Zielsprache ist die Sprache, die ein Mensch lernen möchte. Er kann sie als → **Fremdsprache** oder als → **Zweitsprache** lernen.

Zweitsprache
Eine Zweitsprache wird im Unterschied zur → **Fremdsprache** in der zielsprachlichen Umgebung ungesteuert erworben. In der Regel → **erwerben** Migrantinnen und Migranten, die ohne Vorkenntnisse ins Zielland kommen, die neue Sprache als Zweitsprache.

Literaturhinweise

AMMAR, Ahlem / LIGHTBOWN, Patsy M. / SPADA, Nina (2010): *Awareness of L1/L2 differences: does it matter?* In: *Language Awareness*, 19:2. S. 129–146.

APELTAUER, Ernst (1997): *Grundlagen des Erst- und Fremdsprachenerwerbs.* Fernstudieneinheit 15. Berlin u.a.: Langenscheidt.

BIMMEL, Peter / KRUMM, Hans-Jürgen / NEUNER, Gerhard (Hrsg.) (2002): Themenheft *Motivation. Fremdsprache Deutsch.* Heft 26.

BIMMEL, Peter / RAMPILLON, Ute (2000): *Lernerautonomie und Lernstrategien.* Fernstudieneinheit 23. Berlin u.a.: Langenscheidt.

BUTZKAMM, Wolfgang (2003): *Lust zum Lehren, Lust zum Lernen. Eine neue Methodik für den Fremdsprachenunterricht.* Tübingen: Francke.

CROSS, Jeremy (2010): *Raising L2 listeners' metacognitive awareness: a sociocultural theory perspective.* In: *Language Awareness*, 19:4. S. 281–297.

DÖRNYEI, Zoltán (2007): *Motivational strategies in the language classroom.* 7. print. Cambridge: Cambridge Univ. Press (Cambridge language teaching library).

EDMONDSON, Willis J. / HOUSE, Juliane (2006): *Einführung in die Sprachlehrforschung.* Tübingen: Francke (UTB Sprachwissenschaft, 1697).

Europäisches Sprachenportfolio. Für Schülerinnen und Schüler von 11 bis 14 Jahren (2005). Von der Autonomen Provinz Bozen.

EUROPARAT (2001): *Gemeinsamer europäischer Referenzrahmen für Sprachen: Lernen, lehren, beurteilen.* Berlin u.a.: Langenscheidt.

FUNK, Hermann u.a. (2004): *geni@l.* Lehrerhandbuch A2. Berlin u.a.: Langenscheidt.

GARDNER, R.C. (1978): *Cognitive and Affective Variables in Foreign Language Acquisition.* In: *Research Bulletin,* 17. S. 3–15.

GOETHE-INSTITUT (Hrsg.) (1996): *Rahmenrichtlinien für den Mittelstufenunterricht am Goethe-Institut.* München.

HERDINA, Philipp / JESSNER, Ulrike (1999): *Perspektiven der Spracherwerbsforschung.* In: OHNHEISER, Ingeborg / KIENPOINTER, Manfred / KALB, Helmut (Hrsg.): *Sprachen in Europa. Sprachsituation und Sprachpolitik in europäischen Ländern.* Innsbruck: Innsbrucker Beiträge zur Kulturwissenschaft. S. 477–489.

HUFEISEN, Britta (2003): *L1, L2, L3, L4, Lx – alle gleich? Linguistische, lernerinterne und lernerexterne Faktoren in Modellen zum multiplen Spracherwerb.* In: *Zeitschrift für Interkulturellen Fremdsprachenunterricht*, Jg. 8. S. 2–3.

HUFEISEN, Britta (2010): *Theoretische Fundierung multiplen Sprachenlernens – Faktorenmodell 2.0.* In: *Jahrbuch Deutsch als Fremdsprache.* Band 36. München: Iudicium. S. 200–207.

KLEPPIN, Karin (2005): *Die Förderung der Fähigkeit Selbstevaluation beim Fremdsprachenlernen.* In: BURWITZ-MELZER, Eva u.a. (Hrsg.): *Niemals zu früh und selten zu spät. Fremdsprachenunterricht in Schule und Erwachsenenbildung.* Festschrift für Jürgen Quetz. Berlin: Cornelsen. S. 107–118.

KOLB, Annika (2007): *Portfolioarbeit. Wie Grundschulkinder ihr Sprachenlernen reflektieren.* Tübingen: Narr.

KRUMM, Hans-Jürgen / JENKINS, Eva-Maria (Hrsg.) (2001): *Kinder und ihre Sprachen – lebendige Mehrsprachigkeit.* Sprachenporträts – gesammelt und kommentiert von Hans-Jürgen Krumm. Wien: Eviva.

LEGUTKE, Michael / SCHART, Michael (2012): Lehrkompetenz und Unterrichtsgestaltung. Deutsch Lehren Lernen. Band 1. Berlin u.a.: Langenscheidt

LIST, Gudula (2010): *Sprachlern-Eignung und Sprachlern-Bereitschaft.* In: KRUMM, Hans-Jürgen u.a. (Hrsg.): *Handbuch Deutsch als Fremd- und Zweitsprache.* Neubearbeitung. Berlin / New York: Walter de Gruyter. S. 900–905.

MEISSNER, Franz-Joseph / REINFRIED, Marcus (1998): *Mehrsprachigkeitsdidaktik. Konzepte, Analysen, Lehrerfahrungen mit romanischen Sprachen.* Tübingen: Narr.

MORKÖTTER, Steffi (2005): *Language Awareness und Mehrsprachigkeit.* Frankfurt/Main: Peter Lang.

Netzwerk Deutsch (2010): Statistische Erhebung 2010. Die deutsche Sprache in der Welt. Verfügbar unter: http://www.goethe.de/mmo/priv/5759818-STANDARD.pdf (zuletzt zugegriffen am 11.07.2012).

NEUNER, Gerhard u.a. (2009): *Deutsch als zweite Fremdsprache.* Fernstudieneinheit 26. Berlin u.a.: Langenscheidt.

RIEMER, Claudia (2010): *Motivation.* In: HALLET, Wolfgang / KÖNIGS, Frank (Hrsg.): *Handbuch Fremdsprachendidaktik.* Fulda: Klett / Kallmeyer. S. 168–172.

ROST-ROTH, Martina (2010): *Affektive Variablen / Motivation.* In: KRUMM, Hans-Jürgen u.a. (Hrsg.): *Internationales Handbuch Deutsch als Fremd- und Zweitsprache.* Neubearbeitung. Berlin/New York: Walter de Gruyter. S. 875–885.

SCHLAK, Thorsten (2008): *Fremdsprachenlerneignung: Tabuthema oder Forschungslücke? Zum Zusammenhang von Fremdsprachenlerneignung, Fremdsprachenlernen und Fremdsprachenvermittlung.* In: *Zeitschrift für Fremdsprachenforschung*, Jg. 19: 1. S. 3–30.

SCHWERDTFEGER, Inge Christine (2001): *Gruppenarbeit und innere Differenzierung.* Fernstudieneinheit 29. Berlin u.a.: Langenscheidt.

ZENTRALSTELLE FÜR DAS AUSLANDSSCHULWESEN (2009): *Rahmenplan „Deutsch als Fremdsprache" für das Auslandsschulwesen.* Köln.

Quellenangaben

Aussichten A1.1 (2009): Kurs- und Arbeitsbuch. Von Lourdes ROS u.a. Stuttgart: Klett.

DaF kompakt A1–B1 (2011): Kursbuch mit 3 Audio-CDs. Von Ilse SANDER u.a. Stuttgart: Klett.

Der grüne Max 1 (2007): Deutsch als Fremdsprache für die Primarstufe. Arbeitsbuch 1 mit Audio-CD. Von Elzbieta KRULAK-KEMPISTY, Lidia REITZIG und Ernst ENDT. Berlin u.a.: Langenscheidt.

Der grüne Max 1 Neu (2012): Deutsch als Fremdsprache für die Primarstufe. Lehrbuch 1. Von Elzbieta KRULAK-KEMPISTY, Lidia REITZIG und Ernst ENDT. Berlin u.a.: Langenscheidt.

deutsch.com 1 (2008): Kursbuch. Von Gerhard NEUNER u.a. Ismaning: Hueber. [Austausch von Fotos auf Seite 10: Dom von Kirsten Kruse, Riesenrad und Berlinale von Panther Media GmbH.]

deutsch.com 1 (2008): Arbeitsbuch. Von Gerhard NEUNER u.a. Ismaning: Hueber.

Deutsch ist easy! (2006): Von Anta KURSIŠA und Gerhard NEUNER. Ismaning: Hueber. [Austausch der Grafik auf Seite 28: Wetterkarte vom Goethe-Institut e.V.]

Dimensionen 1 (2001): Lernstationen. Von: Eva-Maria JENKINS u.a. Ismaning: Hueber.

Europäisches Sprachenportfolio. Für Schülerinnen und Schüler von 11 bis 14 Jahren (2005). Von der Autonomen Provinz Bozen.

geni@l Zertifikatsniveau (2004): Kursbuch B1. Von Hermann FUNK u.a. Berlin u.a.: Langenscheidt.

Optimal A2 (2005): Lehrwerk für Deutsch als Fremdsprache. Von Martin MÜLLER u.a. Berlin u.a.: Langenscheidt.

Planetino. Deutsch für Kinder (2009): Arbeitsbuch 1. Von Gabriele KOPP, Siegfried BÜTTNER und Josef ALBERTI. Ismaning: Hueber.

Planetino. Deutsch für Kinder (2009): Arbeitsbuch 2. Von Gabriele KOPP, Siegfried BÜTTNER und Josef ALBERTI. Ismaning: Hueber.

Planetino. Deutsch für Kinder (2009): Kursbuch 2. Von Gabriele KOPP, Siegfried BÜTTNER und Josef ALBERTI. Ismaning: Hueber.

Schritte 5 (2003): Kurs- und Arbeitsbuch. Von Silke HILPERT u.a. Ismaning: Hueber.

Tangram 1A (2002): Lehrerbuch. Von Ina ALKE u.a. Ismaning: Hueber.

Angaben zu den Autorinnen

Sandra Ballweg ist wissenschaftliche Mitarbeiterin am Fachgebiet Mehrsprachigkeitsforschung an der Technischen Universität Darmstadt und Leiterin des SchreibCenters. Ihre Arbeitsschwerpunkte sind: Schreiben in der Fremd- und Zweitsprache, Portfolioarbeit sowie DaF-/DaZ-Lehrerausbildung.

Sandra Drumm ist wissenschaftliche Mitarbeiterin am Fachgebiet Mehrsprachigkeitsforschung und Deutsch als Fremd- und Zweitsprache am Institut für Sprach- und Literaturwissenschaft / Technische Universität Darmstadt. Ihre Arbeitsschwerpunkte sind: Deutsch als Zweitsprache, Bildungssprachenförderung sowie Lehrerausbildung.

Britta Hufeisen ist Professorin am Fachgebiet Mehrsprachigkeitsforschung und Deutsch als Fremd- und Zweitsprache am Institut für Sprach- und Literaturwissenschaft / Technische Universität Darmstadt; Leiterin des Sprachenzentrums. Ihre Arbeitsschwerpunkte sind: Deutsch als zweite oder weitere Fremdsprache, Mehrsprachigkeit, Schreiben in der Fremdsprache.

Johanna Klippel ist wissenschaftliche Mitarbeiterin am Fachgebiet Mehrsprachigkeitsforschung und Deutsch als Fremd- und Zweitsprache am Institut für Sprach- und Literaturwissenschaft / Technische Universität Darmstadt. Ihre Arbeitsschwerpunkte sind: Austauschforschung und Curriculumentwicklung.

Lina Pilypaitytė ist wissenschaftliche Mitarbeiterin am Fachgebiet Mehrsprachigkeitsforschung und Deutsch als Fremd- und Zweitsprache am Institut für Sprach- und Literaturwissenschaft / Technische Universität Darmstadt und Lehrwerkautorin. Ihre Arbeitsschwerpunkte sind: Fremdsprachenlehrerausbildung, Mehrsprachigkeitsdidaktik, Sprachenpolitik sowie Lehrmaterialienentwicklung.

Übersicht über die Videos auf der DVD

Aus der Datenbank mit Unterrichtsmitschnitten des Goethe-Instituts werden in dieser Einheit folgende Videos oder Ausschnitte aus Unterrichtsmitschnitten – Sequenzen – benutzt. Sie finden sie auf der beiliegenden DVD.

Unterrichtsmitschnitte	
Schule Lissabon	Sequenz 1/6 Sequenz 2/6 Sequenz 3/6 Sequenz 5/6
Goethe-Institut Pune	Sequenz 2/9 Sequenz 3/9 Sequenz 4/9 Sequenz 5/9 Sequenz 6/9 Sequenz 7/9 Sequenz 8/9 Sequenz 9/9
Deutsche Schule Barcelona	Sequenz 1/12 Sequenz 9/12 Sequenz 10/12
Schule New Delhi	Sequenz 1/5 Sequenz 2/5
Goethe-Institut Berlin	
Goethe-Institut Madrid	Sequenz 2/9 Sequenz 4/9 Sequenz 6/9
Goethe-Institut New Delhi	